GROSSE LÉGUME, REINE DES POMMES & HERBES FOLLES

Les secrets de 1 001 expressions fleuries et fruitées

Direction éditoriale : Stéphane Chabenat
Éditrice : Tiphaine Aubé
Mise en pages : Soft Office
Conception graphique de la couverture : olo.éditions

Les éditions de l'**Opportun**
16, rue Dupetit-Thouars
75003 Paris

www.editionsopportun.com

Françoise Guerard

GROSSE LÉGUME, REINE DES POMMES & HERBES FOLLES

Les secrets de 1 001 expressions fleuries et fruitées

Opportunéditions

À Alain Rey,
malin génie
de la langue française.
In memoriam.

SOMMAIRE

PRÉSENTATION

Du jardin d'Éden aux jardins suspendus de Babylone, de l'Alhambra de Grenade aux parcs à la française, de la pomme d'or volée par Hercule aux roses d'Ispahan, les jardins ont inspiré les poètes et nourri nos rêves.

De leurs fleurs et de leurs fruits sont nés proverbes, aphorismes, dictons, adages et maximes ; jolis mots et vilains mots. On les lit dans les romans, on les entend au coin de la rue, on les fredonne dans les chansons.

On s'attachera ici à la vie quotidienne, au langage de tous les jours, aux expressions populaires. On n'emmènera pas Mignonne voir si la rose avait « déclose sa robe de pourpre » ; on abandonnera à ses tourments Félix de Vandenesse transi d'amour pour le lys dans la vallée ; on laissera Armand Duval pleurer la dame aux camélias ; Swann et Odette feront catleya en toute intimité.

Bousculés, éraflés, cognés, hurlés, susurrés, murmurés, les mots du jardin s'encanaillent. On ne croisera pas ici Bossuet, Agrippa d'Aubigné ou Henry Bordeaux. Mais Audiard et San-Antonio, Tristan Bernard et Louis Forton, Hergé et Alphonse Allais, Prévert et Coluche. Venus des polars et des livres d'enfants, des bandes dessinées et de la presse, des dialogues de films et des blagues de potaches, ces mots débordent de couleur et d'énergie.

Expressions énigmatiques, raccourcis sauvages, sens détournés, les mots du jardin nous entraînent dans un voyage aléatoire et décousu, plein de surprises et d'aventures. À la rencontre des chansonniers et des bateleurs ; des piliers de comptoir et des mauvais garçons. Dans les cours d'école et les travées des stades. Au cœur de la vie.

*

L'ouvrage rassemble un millier d'expressions organisées autour des noms des plantes du jardin et du verger, des champs et des chemins, des bois et des landes. La langue retenue est familière ou populaire, avec quelques mots d'argot. Les citations sont contemporaines (au sens large : XXe et XXIe siècles) ; les locutions trop anciennes ou désuètes ont été, sauf exception, négligées. Ces expressions ont une histoire ; on navigue d'époque en époque, des salons du faubourg Saint-Germain aux bistrots de quartier, des médecins de Molière aux loubards de banlieue, des bouges d'Eugène Sue aux coulisses des théâtres de boulevard.

De rencontre improbable en carambolage hasardeux, on croise, au gré des mots, au détour de l'alphabet, les clients mécontents d'une gargote des faubourgs et Panurge protestant de sa verdeur ; des crieurs de gazette et un empereur aztèque au bûcher ; des gamins courant les rues de Paris vers l'an 1400 et des hommes politiques des années 2000. On s'amuse des ennuis conjugaux de Jupiter, on découvre la verte semonce d'un ange houspillant Charlemagne. Au mépris du poète Horace pour les amateurs de pois chiches fait écho celui des académiciens pour les mangeurs de carottes. Le déclin de la rose devenue gratte-cul désole Ronsard, mais Saint-Simon s'en amuse en brocardant une beauté sur le retour.

Poétiques, scabreuses, cruelles, ironiques ou tendres, les expressions ici relevées ont mille ans, mille jours, mille heures… Elles ont les vives couleurs de la jeunesse ou la patine du temps. Elles sont notre histoire, l'histoire d'un très vieux parler et d'une très jeune langue, elles nous entraînent dans le tourbillon de la vie.

NOTE AU LECTEUR

Les citations et les titres d'ouvrages figurent ici avec leur orthographe d'origine. Jusqu'à l'apparition de l'imprimerie en Europe (1452), avec la Bible de Gutenberg, la plus grande fantaisie régnait dans l'écriture des mots, les scribes s'en donnant à cœur joie. À partir de la seconde moitié du XVe siècle, des milliers de livres ont été mis sur le marché. Il a fallu normaliser. Les érudits, férus d'étymologie grecque et dédaigneux de la phonétique, et les imprimeurs, soumis à des contraintes d'ordre pratique, ont fini par bricoler une orthographe bâtarde. Non sans mal : cent cinquante ans après Gutenberg, c'était encore la foire d'empoigne ; en 1609, un certain Robert Poisson, « équier », fait paraître à Paris, « dedié Au Roi de Franse & de Navarre Henri IIII », chez « Jaqes Planchon, tenant sa boutiqe au mont S. Hilére ioignant l'Eglize », son *Alfabet nouveau de la vrée & pure ortografe Fransoize, & Modéle sus iselui, en forme de Dixionére*. Vous y êtes ? À part cet *équier*, qui est un écuyer, la lecture à haute voix aide à lever les ambiguïtés. Un siècle – ou peu s'en faut – après l'œuvre aussi méconnue que jubilatoire de ce M. Poisson, dont on ne connaît rien d'autre, la normalisation se met en place avec *Le dictionnaire de l'Académie françoise, dedié au Roy*, en 1694. Des graphies résiduelles se maintiennent jusque vers 1830, avant de disparaître à partir de l'édition 1835 de ce même dictionnaire.

On retrouve ces hésitations dans les abréviations, l'emploi des italiques, des majuscules, des accents et des signes de ponctuation. Tout cela témoigne de l'histoire mouvementée d'une langue écrite depuis plus de mille ans, parlée différemment au nord et au sud de la Loire, riche des multiples apports des langues locales. Il nous a paru dommage de passer cette exubérance au rabot du parler parisien respectueux de la bienséance académique.

Sur ce chemin buissonnier, on croise des métaphores d'origine religieuse. Beaucoup de nos manières de parler sont nées aux champs. Jusque vers 1880, environ 80 % des Français étaient des ruraux. La France était chrétienne ; au village, la vie était rythmée par la cloche de l'église, les fêtes votives et la messe du dimanche. De cette tradition sont nées nombre de façons de dire.

Les expressions et citations ici retenues ne sont pas (sauf rares exceptions) antérieures au XXe siècle ; on en rencontre de plus anciennes dans les notes historiques, elles sont alors datées.

N.B. On trouve des traces d'orthographe « ancienne » dans certaines notes historiques ; peu nombreuses, elles transcrivent en général la prononciation de l'époque.

- Les accents sont remplacés par des consonnes ajoutées, souvent le *s* (*mesme* pour *même*, *estes* pour *êtes*), non vocalisées. On trouve parfois ce type d'ajout à la fin du mot (*bled* pour *blé*).
- La graphie *ai* (tu *étais*, ils *avaient*) est inconnue ; on lit « *estois* », « *avoient* », comme cela se prononçait alors.

- La lettre *j* s'est invitée assez récemment dans notre alphabet ; on écrivait « *ie* suis » pour « je suis ». Il en est de même de la lettre *u* ; en particulier du *U* majuscule, non utilisé dans sa graphie actuelle : pour nous, le nom de la muse Uranie se lit *Vranie*.
- On intervertissait souvent le *i* et le *y*, sans que cela change la prononciation, de même que pour le *ü*, ou les pluriels en *z* (*autoritez*). Ou d'autres variantes (*enfans* pour *enfants*).

LE JARDIN D'ÉDEN

LES FLEURS

BÉGONIA : Plante ornementale aux feuilles et aux fleurs panachées.

★ **1**. *Cherrer, charrier dans les bégonias :* exagérer. – *Celui-là, celui-là, il charrie dans les bégonias, il embrasse tout le monde. Quel dégoûtant !* (Robert Sabatier, *Trois sucettes à la menthe.*)

L'expression a parcouru un chemin long et tortueux. *Cherrer* est une variante de *charrier*, « tourmenter » au XVe siècle, puis, en argot, « escroquer » au XIXe siècle. On peut penser que *charrier* a été influencé par *cherrer*, « renchérir, devenir plus cher, plus coûteux », avec un détour par le sens propre de *charrier*, « conduire une charrette dans (un massif, une plate-bande) ». Mais pourquoi les bégonias ? On ne sait.

★ **2**. *Se bigorner dans les bégonias :* dans le langage des poilus, se casser les jambes dans un accident d'avion.

C'est aussi « dans un parterre de bégonias » qu'atterrit l'aviateur après un accident ; pourquoi ces fleurs ? Cette présence insolite intrigue depuis plus de cent ans. En 1917, pour les pionniers de l'aviation, *bigorner* (proprement « taper sur une bigorne », petite enclume à deux cornes), c'est démolir, endommager ; *se bigorner*, c'est donc avoir un accident, se blesser. Mais la présence de plantes ornementales dans la locution est inexpliquée. Les spécialistes du parler des tranchées donnent leur langue au chat : « Peut-être saura-t-on quelque jour pourquoi les aviateurs disent d'un camarade qui, tombant du ciel, se casse les deux jambes, que ledit camarade s'est *bigorné dans les bégonias.* » (François Déchelette, *L'argot des poilus*.) On dit toujours *se bigorner* pour « avoir un accident », mais les bégonias ont disparu de notre manière de parler. Ils n'avaient jamais accompagné la bagarre, la *bigorne*, le fait de *se bigorner*, se taper dessus comme on tape sur une enclume.

*

CHRYSANTHÈME : Plante ornementale originaire de Chine ; sa fleur.

★ *Inaugurer les chrysanthèmes :* pour un homme, une femme de pouvoir, se livrer à des activités purement protocolaires. – *Qui a jamais cru que le général de Gaulle, étant appelé à la barre, devrait se contenter d'inaugurer les chrysanthèmes ?* (Charles de Gaulle, conférence de presse du 9 mai 1965.)

Symbole de longévité en Chine, emblème de la dynastie impériale du Japon, le chrysanthème est, en Asie, la fleur du bonheur. Dans de nombreux pays d'Europe, en France en particulier, il est lié au souvenir des morts, aux prières pour l'âme des défunts de la messe du 2 novembre. La coutume de se rendre ce jour-là au cimetière pour fleurir les tombes est récente. Le 11 novembre 1919, pour le premier anniversaire de la victoire de 1918, le gouvernement a demandé que soient fleuris tous les monuments aux morts. Pourquoi les chrysanthèmes ? Ils fleurissent tard dans l'année et supportent le froid. La tradition s'est élargie à l'ensemble de la population et s'est déplacée du 11 novembre au 2 du même mois (jour des Morts), puis au 1er, fête de la Toussaint, jour férié, ce qui facilite les visites au cimetière. Glissement paradoxal : la Toussaint est une fête joyeuse, la fête de tous les saints du paradis qui jouissent de la félicité éternelle ; pour tout le monde, aujourd'hui, c'est un jour de deuil, de commémoration attristée. Et le chrysanthème est devenu, pour citer Georges Brassens, « la marguerite des morts ».

*

COQUELICOT : Plante sauvage à fleur d'un rouge éclatant.

> ★ *Être rouge comme un coquelicot :* avoir le visage très rouge. – *Dès qu'on lui donnait la parole [...], il se mettait à bafouiller. Du coup, il devenait rouge comme un coquelicot.* (Georges Haldas, *L'Air natal*.)

La couleur de la fleur – comme celle, par exemple, de la tomate ou de la pivoine – suffit à expliquer la comparaison ; implicitement, la rougeur est souvent associée à la timidité, à la gêne, à la confusion.

*

COTON : Duvet soyeux qui entoure la graine du cotonnier ; fibre textile qui en est issue.

★ **1**. *Avoir du coton dans les oreilles :* mal entendre, être sourd. – *Clarinette : Instrument de torture utilisé par une personne qui a du coton dans les oreilles.* (Ambrose Bierce, *Le Dictionnaire du diable,* trad. fr. B. Sallé.)

On fait remonter l'expression à l'influence supposée d'un jésuite, le R. P. Coton (ou Cotton), confesseur d'Henri IV, soupçonné de dicter sa conduite au roi en le rendant sourd aux appels de son peuple. Hypothèse farfelue (notre bon roi Henri était connu pour n'en faire qu'à sa tête) exprimée dans un calembour interminablement ressassé : « Coton : il a du Cotton dans les oreilles. *il fait le sourd, il ne veut pas oüir.* » (Antoine Oudin, *Curiositez françoises…*)

★ **2**. *Avoir les jambes en coton :* ne plus avoir de force dans les jambes. – *Il faisait un froid de vingt degrés, j'avais de la bronchite et des jambes en coton.* (Jean Bailhache, *Souvenirs d'un endormi.*)

Le coton n'est pas le seul textile utilisé pour symboliser la faiblesse ; on dit aussi *avoir les jambes en flanelle*, la flanelle étant un tissu de laine souple et fluide.

★ **3**. *Élever (un enfant) dans du coton*, lui épargner tout souci, tout effort. – *Quelle que soit sa situation sociale, élevé dans du coton, on est fragile, on se laisse manger la laine sur le dos.* (Sylvain Le Saout, in Humanite.fr, 19 août 1993.)

Mme de Sévigné faisait déjà d'un environnement « en coton » le symbole de la mollesse ; la comparaison s'est popularisée et s'applique aujourd'hui presque exclusivement à des méthodes éducatives.

★ **4**. *Filer un mauvais coton :* être malade ; avoir de graves ennuis ; courir à la ruine. – *Inutile de se voiler la face, il file un mauvais coton.* (Ellis Peters, *La Rançon du mort*, trad. fr. S. Chwat.)

On ne disait pas autrefois *filer* (un mauvais coton), mais *jeter*, au sens alors courant de « donner, produire » ; en 1600, Olivier de Serres, dans son *Théâtre d'agriculture et mesnage des champs*, dit du cotonnier qu'il « jette de petites pommes ». Et l'arbre vieillissant « jette du mauvais coton ». Plus tard, *jeter un vilain coton*, c'était « se ruiner », en référence non plus au vocabulaire agricole, mais à celui du tissage : *jeter du coton* signifiait, en parlant d'une étoffe, « pelucher, perdre son aspect lisse ». On ne quitte pas l'atelier du tisserand en passant de *jeter* à *filer*, nous sommes toujours dans le domaine du textile.

★ **5**. *Avoir du coton*, des ennuis, des difficultés. – *Mais demain nous aurons du coton : nécessité d'émettre depuis Paris, et notre centrale, près de la gare de Lyon, est tombée aux mains de la Gestapo.* (Jacques Yonnet, *Rue des Maléfices. Chronique secrète d'une ville.*)

On ne dit plus guère *avoir du coton* pour « rencontrer des difficultés », mais l'expression était courante dans les tranchées : pour les poilus, s'il « y a[vait] du coton », c'est que le combat était dur.

★ **6**. *C'est coton :* c'est difficile. – *Montalbano comprit tout de suite qu'avec don Antonio, ce serait coton.* (Andrea Camilleri, *Les Ailes du sphinx*, trad. fr. S. Quadruppani.)

On est passé du mode personnel (*quelqu'un a* des difficultés) au mode impersonnel, et du substantif à l'adjectif : *c'est* difficile (quelque chose est difficile) ; et plus personne ne sait ce que cette plante exotique aux graines duveteuses vient faire dans une âpre négociation, le concours d'entrée d'une grande école, un exploit sportif…

On retrouve le mot *coton* dans quelques locutions désuètes ou devenues des coquetteries littéraires. Traiter quelqu'un de « porte-coton », c'était le traiter de « lèche-cul » (Hector France, *Dictionnaire de la langue verte*) ou, plus poliment, le prendre pour un personnage vil et méprisable, prêt à toutes les bassesses. Pourquoi ? Au XVIIe siècle, le porte-coton était, à la cour, le valet de la garde-robe. Pas du tout le valet de chambre imperturbable qui, dans les romans victoriens, prend soin des costumes de son maître : la garde-robe, c'était alors « le lieu où était la chaise percée », autrement dit les cabinets d'aisance. Le porte-coton était le préposé aux latrines qui présentait la serviette au roi, laquelle serviette était en coton.

Autre expression, demeurée usuelle celle-là, dont le sens ne saute pas aux yeux : pourquoi le premier anniversaire d'un mariage se nomme-t-il « noces de coton » ?

En revanche, les caractéristiques de cette fibre textile correspondent bien à un type de discours, cette « langue de coton » qui « se distingue de son homologue de bois, dur et soviétique, par son côté rassurant, chaud, moelleux, qui fait oublier sa totale insignifiance » (Jean Dion, in *Le Devoir*, 10 décembre 1998).

*

FLEUR : Partie apparente de nombreux végétaux, aux pétales légers, souvent colorés et parfumés.

★ **1**. *La fleur, la fine fleur de... :* ce qu'il y a de meilleur, de plus beau dans... – *La Fine Fleur de la chanson française*. (Émission radiophonique de Luc Bérimont.)

Dès le XIe siècle, les poètes font de la fleur le symbole de la perfection ; dans *La Chanson de Roland*, Charlemagne, qui pleure la mort de Roland et de ses preux, se faire admonester par un ange : « Chevauche, Charles, chevauche, la clarté ne te fera point défaut. / Tu as perdu la fleur de la France, Dieu le sait, / Et tu peux maintenant te venger de la gent criminelle. » Cette image de l'excellence n'est pas réservée à la poésie épique, on la rencontre dans la vie quotidienne : la *fleur de farine* est une farine de qualité supérieure ; la *fleur de sel*, la mince couche de cristaux de sel, très sapides, affleurant à la surface du marais.

★ **2**. *La fleur de l'âge :* la jeunesse. – *On y voit passer les nuages / Qui vont crever. / Moi je vois se faner / La fleur de l'âge*. (Pierre Seghers et Léo Ferré, *Merde à Vauban*.)

On disait déjà au XIIIe siècle *en la fleur de son âge, de ses jours* ; la locution a pris sa forme actuelle à la Renaissance. La *fleur*, ce sont les prémisses, c'est la promesse d'un accomplissement. Marcel Proust chante les jeunes filles en fleurs ; *passer fleur*, c'est, pour une jeune femme, « se faner, perdre de sa fraîcheur ». On retrouve cette idée de fugacité dans *perdre sa fleur*, « sa virginité », comme le remarque Furetière : « On dit aussi, que la virginité est une *fleur* qu'on ne cueille qu'une fois. » L'expression *perdre sa fleur* ne s'emploie plus guère, mais le symbole demeure : « la quasi identité instituée entre la fleur […] et ce qui est neuf, pur, entier, en a fait […] le signe de la virginité. » (Chantal Tanet, article « Fleur », *Dictionnaire culturel en langue française.*) La *fleur de mari*, c'est cette virginité que l'épouse offre à son mari.

★ **3**. *Fleur de Marie :* jeune vierge. – *On l'appelait encore Fleur de Marie, mots qui, en argot, signifient Vierge. Au milieu de ce vocabulaire infâme […] nous avons surpris cette métaphore d'une poésie si douce, si tendrement pieuse : Fleur de Marie !* (Eugène Sue, *Les Mystères de Paris.*)

La *fleur*, c'est ici la personne elle-même, la vierge. Cette assimilation est prégnante dans le christianisme, surtout dans le catholicisme : Marie, mère de Jésus, est la vierge par excellence. L'expression *fleur de Marie* renvoie à la conception virginale du Christ, et non pas à l'Immaculée Conception, celle de Marie, elle-même conçue sans péché. Tardivement proclamé (1854), le dogme de l'Immaculée Conception a souvent été mal compris et confondu avec un autre, celui de la naissance virginale de Jésus, « conçu du Saint-Esprit ». La virginité, c'est aussi la *fleur de mai*, le mois de mai étant consacré à la Vierge, comme on le chantait autrefois : « C'est le mois de Marie / C'est le mois le plus beau. »

★ **4**. *Jeter des fleurs à quelqu'un, couvrir quelqu'un de fleurs*, le couvrir d'éloges. – *Il n'était pas courant qu'un grand maître du barreau […] fît appeler un modeste fonctionnaire après lui avoir littéralement* *jeté des fleurs au téléphone*. (Jean Giot, *Un certain M. Jacques*.)

Au théâtre, le public marque parfois sa satisfaction en envoyant des fleurs sur la scène ; de là vient peut-être l'expression, prise ici au sens figuré. Elle s'emploie souvent de manière hypocrite (ou ironique) ; « je ne voudrais pas me jeter des fleurs, mais... » signifie : « je suis trop modeste pour me vanter, mais... ».

★ **5**. *Faire une fleur à quelqu'un*, lui accorder une faveur, un avantage, un passe-droit. – *Il faudrait quand même lui faire une petite fleur, à celle qui dépense tous les jours une certaine somme pour parier sur les dadas*. (Honoré Bostel, *Le Roman d'un turfiste*.)

Faire une fleur n'évoque pas vraiment l'idée de cadeau, mais plutôt celle d'une transaction, même si l'enjeu est implicite. La locution, apparue vers 1930, est devenue usuelle après la Seconde Guerre mondiale.

★ **6**. *Être fleur bleue :* être naïvement sentimental. – *Je tournai ses paroles en dérision, m'étonnant que, sensée comme elle l'était, elle pût croire à des histoires aussi fleur bleue*. (Kate Sedley, *La Fille de l'orfèvre*, trad. fr. E. Kern.)

Dans le langage des fleurs, le bleu est la couleur de la tendresse, des sentiments amoureux, de l'amour inaccessible.

★ **7**. *Comme une fleur :* avec facilité, sans effort. – *Comme une fleur, plus de 150 millions de bijoux venaient d'être barbotés à la noble dame*. (Léo Malet, *La Nuit de Saint-Germain-des-Prés*.)

La comparaison *comme une fleur* évoque la légèreté de la fleur qui tombe. L'expression date des débuts de l'aviation civile, puis militaire. Pour un avion, « atterrir comme une fleur, c'est atterrir très doucement » ; et l'on dit « comme une fleur sur des œufs quand la douceur est parfaite » (Gaston Esnault, *Le poilu tel qu'il se parle*). La locution, demeurée usuelle dans l'aviation, s'est étendue à toute réussite obtenue avec élégance et sans effort apparent.

★ **8**. *La fleur au fusil :* avec courage, avec un enthousiasme patriotique insouciant, comme, dit-on, les jeunes hommes mobilisés en 1914. – *De chaque côté des masses inconscientes se précipitent la fleur au fusil vers l'apocalypse sans rien présumer de ce qui les attend*. (Frédéric Mitterrand, *Les Aigles foudroyés*.)

Popularisée par le roman de Jean Galtier-Boissière *La Fleur au fusil*, consacré aux premiers affrontements de la guerre de 1914, l'expression repose sur une réalité historique dont rend compte le romancier : « Les cris de la foule bruyante, les drapeaux qui flottent à toutes les fenêtres, les fleurs bigarrées qui ornent les képis, les capotes et les fusils, donnent à ce départ un air de fête joyeuse. » La locution a perdu sa charge émotionnelle de ferveur patriotique ; affaiblie et affadie, elle signifie aujourd'hui bien souvent « avec désinvolture, sans réfléchir ».

★ **9**. *Fleurs de cimetière :* taches de vieillesse. – *Vous avez maintenant […] deux bajoues grassouillettes, des pattes d'oie, quelques rides de plus […], des fleurs de cimetière supplémentaires sur les mains*. (Nicole de Buron, *Où sont mes lunettes ?*)

Baptiser « fleurs » les marques cutanées brunes qui témoignent du passage du temps est une manière ironique de tenir à distance l'idée de la mort.

★ **10**. *Être fleur*, sans un sou. – *Pourvu que j'aille auprès d'ma petite poule tous les quinze jours, et que le patron de la cantine me fasse crédit que j'suis fleur, c'est tout ce que je demande*. (Yves Gibeau, *Allons z'enfants*.)

Quand on « est fleur », on est fauché, non pas comme les blés, mais comme les fleurs. Pour Georges Delesalle (*Dictionnaire argot-français et français-argot*), *être fleur*, c'est aussi être « sans condamnation » ; allusion à la virginité du casier ?

★ **11**. *À fleur de :* au niveau de, à la surface de. – *Après avoir approché [...] la tête de rocher à fleur d'eau de Hazelwood, nous fîmes plusieurs fois le tour de l'îlot*. (Jean-Baptiste Charcot, *Dans la mer du Groenland*.)

La locution *à fleur de* est souvent prise au sens figuré ; la *fleur*, c'est « la partie la plus sensible de », y compris dans le domaine des sentiments, des émotions : « J'ai l'amour à fleur de cœur / Et mon cœur veille ta couche. » (Charles Aznavour, *L'Amour à fleur de cœur*.)

★ **12**. *Ni fleurs ni couronnes :* formule qui, sur les faire-part de décès, proscrit l'offrande, lors des obsèques, de couronnes mortuaires et d'arrangements floraux.

Cette mention signale que la famille du défunt n'appréciera pas les hommages ostentatoires. *Sans fleurs ni couronnes* s'emploie aussi, au sens figuré (et parfois ironiquement), pour «sans regret, sans tristesse»: «Voilà sans fleur ni couronne / Un refrain que l'on fredonne / Quand on connaît pas la donne / Peut-être tu l'entendras.» (Bernard Lavilliers, *Sans fleurs ni couronnes*.)

On retrouve la beauté et la fragilité de la fleur dans bien d'autres expressions. Le proverbe affirme qu'on ne doit pas battre les femmes même avec une fleur. Pourquoi une fleur ? demande Paul-Jean Toulet. C'est idiot, «cela ne leur ferait même pas mal» (*Les Trois Impostures*).

On ne dit plus guère (ironiquement ou non) *fleur des pois* pour «ce qu'il y a de meilleur dans»; on le disait encore au XIXe siècle: «Je ne voudrais pas affirmer que les princesses qui font bouffer leurs jupes dans ces équipages soient des dames du meilleur monde, et que les cavaliers qui caracolent autour d'elles soient la fleur des pois de la gentilhommerie française.» (Alfred Delvau, *Les Plaisirs de Paris*.) Ce compliment floral ne concernait pas seulement le plus élégant des cavaliers, le plus brillant causeur de l'assemblée, mais aussi le plus vaillant compagnon de l'atelier, la plus belle fille du bal. Disparue également la *fleur de sacristie*, remplacée par le désobligeant *grenouille de bénitier*.

La beauté juvénile est au cœur de bien des expressions faisant d'une fleur une jolie fille, que celle-ci soit de mœurs irréprochables ou fasse commerce de ses charmes: une *fleur de macadam*, *de trottoir*, *de bitume*, c'est une prostituée. Pour rester en bonne compagnie, on notera qu'une *fleur de bagne*, c'est un tatouage.

*

FLEURETTE : Petite fleur.

★ *Conter fleurette* : parler d'amour, tenir des propos galants. – *Avant d'aller conter fleurette / Aux belles âmes des damnés / Je rêv' d'encore une amourette / Je rêv' d'encore m'enjuponner...* (Georges Brassens, *Le Testament*.)

Le mot *fleurette* a signifié « propos galant » dès le XVIIe siècle. On l'employait souvent au pluriel ; Richelet en fait ses délices : « Fleurettes, cajoleries amoureuses. Galanteries que l'on dit aux Dames. » Il complète la définition par des citations. Gilles Boileau (*Avis à M. Ménage...*) se moque d'un érudit mondain : « Vos passages Grecs & Latins sont de jolies fleurettes pour gagner un cœur. » Jean de La Fontaine (*Nouvelles*) ronchonne : « Gratis est mort, plus d'amour sans païer *[payer]* / En beaux loüis *[louis]* se content les fleurettes. » De ces *fleurettes* est issu *fleureter*, d'abord « voler de fleur en fleur », devenu « badiner », sens aujourd'hui disparu. Ce verbe champêtre n'est pas à l'origine de *to flirt*, son exact équivalent anglais ; au XVIe siècle, *to flirt* signifiait « agiter », et n'a pris le sens de « conter fleurette » qu'au XVIIIe siècle, époque d'anglomanie galopante. Parenté phonétique aidant, *to flirt* a donné *flirter*, avec le sens qu'il venait d'acquérir.

*

FUCHSIA : Arbuste ornemental aux fleurs de couleur vive, souvent rouges.

★ Vin rouge, dans l'argot des poilus. – *Picrate, pive, pinasse, picmuche, fuchsia, rouquin, gros bleu, crassi... L'imagination des soldats de la Première Guerre mondiale, lorsqu'il s'agissait de nommer le vin, n'avait pas de limites.* (Charles Ridel, *L'Ivresse du soldat.*)

Le fuchsia est la seule fleur de cette liste digne de l'inventaire de Prévert. Gaston Esnault (*Le poilu tel qu'il se parle*) s'étend avec gourmandise sur l'origine de ce sobriquet : « Le soldat, aimant à ronchonner, discerne volontiers teinte de fuchsine dans son vin ; de *fuchsine*, il déduit *fuchsia* ; c'est une dérivation par l'objet interne. Il est vrai que c'est en l'honneur d'un *Fuchs*, Bavarois, qu'un arbuste a été nommé fuchsia, et en l'honneur d'un *Renard*, Lyonnais (traduit en allemand *Fuchs*), que la fuchsine a reçu son nom ; mais tant d'histoire n'est pas à la portée de tous ; il n'y a donc pas, à confondre ces deux Fuchs, un calembour, mais simplement une étymologie populaire. »

*

GÉRANIUM : Plante ornementale aux fleurs de couleur vive.

★ *Dépoter son géranium :* mourir.

Le choix de cette plante s'explique mal ; pour François Déchelette (*L'argot des poilus*), *dépoter son géranium*, ce n'est pas seulement « mourir », c'est « être tué ». L'expression ne semble pas avoir été très répandue et ne s'est pas imposée dans l'usage courant. Et plus personne ne dit *cherrer dans les géraniums* pour *cherrer dans les bégonias* ; Déchelette trouve la locution énigmatique : il se demande « par suite de quel télescopage d'idées et d'images, l'homme qui exagère une plaisanterie est accusé de *cherrer dans les géraniums* ».

*

GIROFLÉE : Plante cultivée pour ses fleurs en grappe au parfum subtil.

★ *Giroflée à cinq feuilles* : gifle. – *V'là une giroflée à cinq feuilles que j'applique sur ta joue gauche : v'lan.* (Jacques Arago, *Comme on dîne à Paris*.)

L'expression joue sans doute sur la parenté phonétique *gifle / giroflée* ; les « feuilles » sont les doigts de la main qui laissent leur empreinte sur une joue violemment souffletée. Assez courante au XIXe siècle, ce n'est plus aujourd'hui qu'une coquetterie littéraire. *Giroflée*, avec *souffleter*, a donné un mot-valise, le verbe *girofletter*, « gifler violemment », qui, lui aussi, a disparu de l'usage.

*

LIS OU LYS : Plante bulbeuse à grandes fleurs blanches très parfumées.

★ **1**. *Un teint de lis et de roses* : un teint très blanc teinté de rose. – *Jolie madame, pour conserver indéfiniment votre teint de lis et de roses, utilisez la crème de l'abbé Moldepate.* (Pierre Dac, Francis Blanche et Paul Préboist, *Une page de réclames…*)

La blancheur du teint fut longtemps, en Europe d'abord, puis hors d'Europe, par adoption progressive de modes de vie européens, un critère de beauté. Devenue fréquente au XVIIIe siècle, la locution est aujourd'hui désuète ou ironique.

★ **2**. *Le royaume des lis, les lis* : le royaume de France. – *Ces juges, ces pairs avilis / Qui te* [au duc de Bordeaux] *prédisent des merveilles / De mon temps* *juraient que les lis / Seraient le butin des abeilles.* (Béranger, *Les Deux Cousins.*)

Le royaume de France est nommé « royaume des lis » à cause de son emblème, la fleur de lis. L'expression n'est plus qu'une allusion littéraire, une référence historique, ou le témoignage nostalgique de l'attachement d'irréductibles royalistes légitimistes à un passé révolu.

Le lis blanc (*Lilium candidum*) doit à sa blancheur d'être le symbole de la virginité, la fleur de la Vierge Marie, ce qui explique sa présence immémoriale dans l'iconographie chrétienne, notamment catholique. Et lui vaut son nom populaire de « lys de la Vierge ».

*

MARGUERITE : Plante des prés ; sa fleur, aux pétales blancs et au cœur jaune.

★ *Effeuiller la marguerite :* détacher un par un les pétales, en chantonnant, par jeu ou par superstition, « Je t'aime (il ou elle m'aime) un peu, beaucoup, passionnément, à la folie, point du tout » ; le mot associé au dernier pétale donne la bonne réponse. – Flirter. – *Viens encore, viens ma favorite / Descendons ensemble au jardin / Viens effeuiller la marguerite / De l'été de la Saint-Martin.* (Georges Brassens, *Saturne.*)

L'expression est généralement datée du XIXe siècle. Mais le jeu divinatoire est ancien. Le livret du Salon de 1759 mentionne un tableau de Greuze, *La Simplicité*, ainsi décrit : « Une jeune fille effeuille la marguerite pour savoir si elle est aimée en retour.» Les fleurs faciles à effeuiller sont légion, alors, pourquoi la marguerite ? On ne sait, mais ce nom commun est aussi un prénom : « Aux marguerites tu as donné un nom de femme / Ou bien aux femmes tu as donné un nom de fleur.» (Jacques Prévert, « Fleurs et couronnes », in *Paroles*.)

Et cette fleur est une perle. Femme, fleur, bijou : en latin, *margarita* signifie « perle ». Si l'on en croit la légende, François Ier a surnommé sa sœur, reine de Navarre, la « Marguerite des Marguerites ». Pour lui, comme pour ses contemporains, Marguerite de Valois était la « perle des perles », modèle de sagesse et de savoir ; lettrée, poète, théologienne, c'était une des femmes les plus cultivées de son temps.

On retrouve ces perles dans la liturgie catholique. Dans le *Sermon sur la montagne*, le Christ enjoint à ses disciples de ne pas jeter « des perles aux pourceaux ». L'expression était jadis usuelle. Dans la première édition (1694) du *Dictionnaire de l'Académie françoise*, on lit que le mot *marguerite* signifie aussi « perle, & n'est en usage qu'en cette seule phrase tirée de l'Escriture Sainte, qu'Il ne faut pas jetter, semer les marguerites devant les pourceaux, pour dire, qu'Il ne faut pas publier les mystères des choses sacrées devant les profanes. On employe aussi ce proverbe, pour dire, qu'Il ne faut pas debiter les choses rares & curieuses devant les ignorants ». Plus question aujourd'hui de *semer des marguerites devant les pourceaux*, on se contente de *jeter des perles aux cochons*.

*

PÂQUERETTE : Petite plante des prés et des talus ; sa fleur, aux pétales blancs ou roses et au cœur jaune.

★ **1**. *Au ras des pâquerettes :* sans envergure, de façon mesquine. – *Les deux caractéristiques essentielles de l'Anglais sont l'humour et le gazon. L'Anglais tond toujours son gazon très court, ce qui permet à son humour de voler au ras des pâquerettes*. (Pierre Desproges, *Les étrangers sont nuls*.)

La petite fleur blanche qui émaille les prairies dès les premiers beaux jours, c'est la « fleur de Pâques », symbole de renouveau ; mais elle est minuscule : *au ras des pâquerettes*, c'est « à ras de terre », au plus près du sol ; pas bien haut, en somme, dans l'échelle des valeurs.

★ **2**. *Aller aux pâquerettes :* au football, ramasser le ballon au fond de la cage des buts. – *Dewar [...] forçant Thepot à « aller aux pâquerettes » à trois reprises*. (Scandar Fahmy, « France-Écosse ? Vilain match et mauvaises équipes », in *L'Écho des sports*, 12 mai 1932.)

Probablement née vers 1925, l'expression s'est appliquée à toutes sortes de chutes accidentelles, automobile dans le fossé ou avion en difficulté d'atterrissage. Ce qui vaut à Belmondo et Ventura, malfrats maladroits en rade en plein désert, l'ironique remarque d'un Blier hilare (et motorisé) : « Ça vaut mieux que d'aller aux pâquerettes. » (Michel Audiard, dialogue du film d'Henri Verneuil *Cent mille dollars au soleil*.)

★ **3**. *Envoyer aux pâquerettes :* envoyer promener. – *Et si elle a le malheur d'envoyer ces messieurs aux* *pâquerettes*... (Michel Mary, in *Disparitions*, émission télévisée, 10 juillet 2018.)

L'équivalence « sol / plante de petite taille » n'est pas seulement évoquée dans des expressions liées à un accident. On « envoie un importun aux pâquerettes » quand on l'écarte sans ménagement ; quand on l'envoie bouler, dinguer, valdinguer, valser, voler... par terre, métaphoriquement ou non.

*

PERVENCHE : Petite plante aux fleurs mauves ou bleu clair.

★ Contractuelle de la ville de Paris. – *Marie-Pervenche*. (Série télévisée des années 1980 créée par Paul Andréota.)

Plaisant et familier, le surnom est dû à l'uniforme bleu clair que ces contractuelles ont porté entre 1977 et 1993. Le temps passant, les métaphores florales et légumières (voir *aubergine*) ont disparu, l'uniforme ayant abandonné toute fantaisie chromatique pour un bleu marine d'une bienséante banalité administrative.

*

PIVOINE : Plante ornementale aux fleurs parfumées et colorées ; cette fleur.

★ *Être rouge comme une pivoine :* avoir le visage très rouge, de confusion ou de colère. – *Le jeune garçon devint rouge comme une pivoine. Ses yeux se mirent à briller et sa lèvre à trembler*. (Paul J. McAuley, *Sable rouge*, trad. fr. N. Serval.)

Les comparaisons entre la couleur d'un visage humain et celle d'une plante sont nombreuses et anciennes (voir *cerise*, *coquelicot*, *tomate*…). Dès le XVIIe siècle, les dictionnaires relèvent des expressions *rouge comme*… un objet quelconque, une plante, un animal… Furetière (*Dictionnaire universel*, 1690) utilise un chérubin, une écrevisse, un coq, le feu, mais néglige les plantes. D'autres font leurs choux gras du jardin, du potager, du verger. Mais pourquoi la pivoine ? Ses fleurs sont aussi bien blanches que roses ou rouges…

*

ROSE : Fleur du rosier ; le rosier lui-même.

★ **1**. *Frais comme une rose :* parfaitement reposé. – *Lors des sorties d'entraînement, cent cinquante bornes parfois, nous nous mettions minables et revenions à la dérive. Les autres étaient frais comme des roses*. (Willy Voet, *Massacre à la chaîne*.)

La comparaison entre une rose épanouie et un état de complète détente, de parfaite euphorie, est ancienne, probablement du XIVe siècle.

★ **2**. *Un chemin pavé, semé de roses :* un parcours agréable et facile. – *À entendre les étudiants* [qui écoutaient les conférences], *j'avais le sentiment que l'abolition* [de la peine de mort] *avait été un chemin semé de roses*. (Robert Badinter, in *Le Parisien*, 21 janvier 2009.)

Admirée – et célébrée par les poètes depuis des millénaires –, la rose fleurit sur un buisson hérissé d'épines au contact douloureux ; au velouté des pétales s'oppose l'agressivité des tiges. De ce contraste sont nés expressions et proverbes, indéfiniment repris (voir *épine*). Y compris par ce moraliste anonyme qui, en 1714, voyant le péché dans le plus innocent des plaisirs, y va de son sermon : « Le monde nous ouvre un chemin de roses : mais ce chemin nous conduit à la mort ; & les roses même dont il est couvert, ne sont que pour en cacher les épines. » (*Reflexions morales avec des notes sur le Nouveau Testament traduit en françois*.)

★ **3**. *Un lit de roses :* une situation enviable, le comble du bien-être. *Sur un lit de roses :* dans un confort parfait. – *Le lit des biffins n'est pas un lit de roses*. (Titre d'un article signé A.M.M., à propos du roman de Marc Villard *Les Biffins*, in *La Marseillaise*, 26 février 2018.)

Le lit de roses comme emblème de la félicité figure chez Rotrou (*Antigone*) comme chez La Fontaine (*Contes et nouvelles*), il renvoie à une longue histoire. Consacrée à Aphrodite, « la fleur est associée à l'amour, en particulier physique, et le *Roman de la Rose* nous a familiarisés avec ces connotations sexuelles. Le lit de roses véhicule aussi ces souvenirs suggestifs » (Jean-Claude Bologne, « Être sur un lit de roses, une allusion historique », in *Canal Académies*, 7 février 2010). Autre hypothèse sur l'origine de la locution : lors de la conquête du Mexique par les Espagnols, au début du XVIe siècle, l'empereur aztèque Cuauhtémoc avait été torturé par les conquistadores, qui l'auraient jeté sur des charbons ardents. Soumis au même supplice, le grand prêtre gémissait et hurlait de douleur ; Cuauhtémoc lui aurait alors lancé : « Et moi, je suis sur un lit de roses ? » Jean-Claude

Bologne précise que cette anecdote est invérifiable, mais courait partout au XVIIIe siècle.

★ **4**. *Envoyer sur les roses :* envoyer promener. – *En outre, il ne fallait pas omettre non plus que la plupart des types que Roberta Wickham envoyait sur les roses depuis plusieurs années étaient du genre qui ne parle que de pêche et de chasse.* (P. G. Wodehouse, *Jeeves dans la coulisse*, trad. fr. Cl. Alengry.)

Ce n'est pas à la fleur que nous renvoie cette expression très usuelle, mais au rosier et à ses épines.

★ **5**. *Être, être laissé le cul sur les roses :* se retrouver Gros-Jean comme devant. – *Elle aurait très bien pu l'avoir laissé le cul sur les roses.* (Raymond Chandler, *La Dame du lac*, trad. fr. B. et M. Vian.)

Un peu moins fréquente que la précédente, l'expression renvoie, elle aussi, aux épines du rosier. C'est l'exact synonyme d'une locution moins « piquante », *être, être laissé le cul dans l'eau*.

★ **6**. *Trouver, découvrir le pot aux roses :* dévoiler un secret, mettre au jour ce qui aurait dû rester caché. – *C'est leur terrain de jeux. Cela explique qu'ils n'ont découvert le pot aux roses, si j'ose dire, que tantôt.* (Léo Malet, *Recherché pour meurtre*.)

Le *pot aux roses* nous renvoie à la fleur, et probablement aux valeurs érotiques qu'elle suggère ; au Moyen Âge, on disait *découvrir le pot*, avec le sous-entendu de « chose cachée qu'on découvre en soulevant un couvercle ». Au XIXe siècle, on a beaucoup dit que les roses en question étaient les fards, les produits de beauté parfumés à la rose ; et ce secret serait celui des artifices des coquettes. Cela semble peu probable. Maurice Rat (*Dictionnaire des expressions et locutions traditionnelles*) suggère une autre origine : il s'agirait d'« un pot de fleurs (et non de fards), du *pot aux roses* ornant la fenêtre ou le balcon des belles, et sous lequel les galants plaçaient les billets doux qu'ils leur adressaient : *découvrir le pot aux roses*, en parlant d'un mari soupçonneux et fureteur, ce serait proprement le soulever et "découvrir" le secret message ». C'est romanesque à souhait, et imaginaire.

★ **7**. *Bébé dans les roses, dans une rose :* enfant de sexe féminin. – *Toutes les petites filles ne naissent pas dans les roses*. (Titre d'un roman de Frances Garrood.)

La fable de la petite fille trouvée dans les roses fait écho à celle du petit garçon trouvé dans un chou ; c'était une manière de cacher aux enfants les réalités de la procréation. C'est passé de mode, sauf dans les faire-part de naissance un peu kitsch.

★ **8**. *À l'eau de rose :* mièvre. – *Chacun connaît ces collections à l'eau de rose dans lesquelles une jeune fille pauvre et pourvue d'un physique ingrat, finit par épouser un richissime patron ou un chirurgien de renom*. (Daniel Lacotte, *Petite anthologie des mots rares et charmants*.)

À l'eau de rose, ou *à l'eau rose*, se disait autrefois des personnes dépourvues d'énergie ; cela s'est appliqué aux choses assez récemment, en prenant une valeur vaguement péjorative que ne mérite pas ce distillat de pétales de rose au parfum pénétrant ; mais le substantif *rose* a subi la contagion de l'adjectif qui qualifie une couleur un peu pâle, un peu molle. Et *le* rose, «adoré, détesté, controversé et toujours intrinsèquement lié aux questions de la féminité», traîne sa vieille réputation de mièvrerie, qui lui vaut d'être «trop souvent rangé au rayon layette» (Maud Gabrielson et Fiona Khalifa, «Un été spectaculaire…», in *M Le Magazine du Monde*, 13 octobre 2018.)

★ **9**. *Ne pas sentir la rose :* sentir mauvais. – *L'échappement de nos automobiles ne sent pas la rose, et nous l'acceptons fort bien.* (Jean Renoir, *Les Cahiers du capitaine Georges*.)

Les locutions *sentir / ne pas sentir la rose* se passent de glose.

★ **10**. *La rose :* la virginité. – *Non Lucien tu n'auras pas ma rose / Non Lucien tu n'auras rien / Monsieur le curé a défendu la chose.* (*Boire un petit coup c'est agréable*, chanson à boire aux multiples versions et d'auteur indéterminé.)

La rose est la fleur par excellence. *Jeter des roses* à quelqu'un, c'est lui «jeter des fleurs»; *célébrer la rose*, c'est célébrer la fraîcheur, la jeunesse: Proust s'enchante du «flux de bonheur dont le clapotis venait mourir aux pieds de ces jeunes roses» (*À l'ombre des jeunes filles en fleurs*). On «prend la rose» d'une fille comme on lui «prend sa fleur». De cette symbolique est née la coutume de couronner de roses de jeunes vierges travailleuses et méritantes, les rosières. Aujourd'hui, ces «couronnements» ne sont plus que des souvenirs ou (rarement) des survivances folkloriques dont le critère n'est plus la virginité.

On n'assimile plus les roses d'un chapeau à des privilèges, des avantages ; on ne parle plus des « plus belles roses » d'un chapeau, comme le faisait Mme de Sévigné en évoquant une charge dont on venait de priver le maréchal d'Estrées. L'expression a disparu de notre vocabulaire. Elle est ancienne, on la trouve dans Villon : « Beaux enfans, vous perdes la plus / Belle rose de vo chapeau. » Pour Oudin (*Curiositez françoises...*), la rose en question, c'est « la personne qui lui estoit le plus necessaire ». Ce n'est plus qu'une allusion littéraire ou une coquetterie stylistique.

La belle fleur piquante n'est pas seulement flatteuse, décorative et agressive, elle est aussi utile ; pour Pierre Dac, « greffer des plants de rosiers sur des plants de vigne, ça fera du vin rosé naturel ».

La rose, ce n'est pas seulement la reine de nos jardins, c'est aussi sa représentation. La *rose des vents,* c'est « le nom maritime de la boussole. Aiguille aimantée indiquant le nord, placée sur un pivot et posée sur une feuille circulaire appelée *rose des vents* » (Jean-François Deniau, *Dictionnaire amoureux de la mer*). Pourquoi la rose ? Parce qu'il s'agit d'une étoile à trente-deux divisions, dites « aires de vent », donnant les points cardinaux et collatéraux ; cette étoile évoque les pétales d'une rose largement épanouie, ce qui lui a valu son nom, attesté dès la fin du XVIIe siècle.

*

VIOLETTE : Plante herbacée à petites fleurs parfumées violettes ou blanches ; cette fleur.

★ **1**. *Une pudeur de violette :* une extrême pudeur. – *Ce genre d'établissement financier a des pudeurs de violette, il déteste qu'on braque le projecteur sur ses activités.* (Bernard Langlois, « Bloc-notes », in *Politis*, 24 septembre 2009.)

Fleurissant à ras de terre, familière des sous-bois ombreux, la violette ne symbolise pas seulement la pudeur, mais aussi la discrétion, la modestie, l'humilité, tout ce qui évoque le désir de passer inaperçu.

★ **2**. *Avoir les doigts de pied en bouquet de violettes :* se reposer, ne rien faire. – *Se glisser dans des draps sentant bon la lessive fraîche et cette odeur de linge propre, et là, s'étendre, les doigts de pied en bouquet de violettes, et dormir, dormir.* (René Bardel, *Quelques-uns des chars. 1939-1940.*)

On s'explique mal pourquoi *avoir les doigts de pied en éventail*, image même du farniente, c'est les avoir « en bouquet de violettes ». L'expression signifie aussi « être au comble de la jouissance en amour », comme le chante Pierre Perret : « Quand j'ai connu mon Agathe / Ma jolie petite tomate / J'avais le cœur par-dessus tête / Et les pieds en bouquet de violettes. » (*Mon petit amour.*)

LES FRUITS

ANANAS : Plante originaire de l'Amérique tropicale ; son fruit.

★ Grenade défensive. – *En réponse, je pique dans les tranchées anglaises quelques ananas*. (Ernst Jünger, *Orages d'acier. Journal de guerre*, trad. fr. H. Plard.)

Le surnom est dû à la forme de cette arme et à son toucher, rugueux comme la peau du fruit. La botanique a beaucoup inspiré les argots militaires : les dépôts de munitions sont des boutiques de fruits et légumes ; on y trouve, outre des « ananas » et des « grenades », des « betteraves », des « tomates », des « navets », des « pêches », des « dattes », des « prunes », des « pruneaux »... Liste non exhaustive. À part la *grenade*, mot qui a d'abord désigné, à la fin du XVIe siècle, l'ancêtre de notre arme moderne, une petite boule creuse bourrée d'explosif, ces sobriquets sont, pour la plupart, nés dans les tranchées au cours de la Première Guerre mondiale. Ils ont presque tous disparu de l'usage ; ainsi de l'« ananas » ramassé par Jünger, surnom qui traduit l'anglais *pineapple [bomb]*, grenade à fragmentation mise au point en 1915.

Ce gros fruit juteux quitte parfois le champ de bataille pour se cacher dans des endroits inattendus.

On comprend mal pourquoi, dans les rues de Chicago (*Tintin en Amérique*), un tueur poursuit notre héros en hurlant « Mille millions d'ananas ! ».

*

BANANE : Fruit comestible du bananier, charnu et de forme oblongue.

★ **1**. Décoration, au départ militaire. – *Le lieutenant, la barbe au vent, étalait ses bananes*. (Hajde Prilep, *Journal d'un poilu d'Orient*.)

Ce sobriquet a d'abord été celui de la médaille militaire, dont le ruban jaune aux bandes vert clair rappelle les couleurs du fruit. La métaphore botanique a été popularisée par les poilus, puis s'est appliquée à d'autres décorations militaires ; c'est aujourd'hui l'appellation familière des insignes de tout ordre honorifique.

★ **2**. Gand sourire. *Avoir la banane :* être heureux, être en forme. – *Sarkozy a peut-être la banane, mais la France est au régime*. (Titre à la une du *Canard enchaîné*, 1er avril 2009.)

La forme oblongue de la banane évoque une expression du visage, un sourire « jusqu'aux oreilles », et les sentiments qu'exprime ce sourire. L'expression, inconnue de Delvau (*Dictionnaire de la langue verte. Argots parisiens comparés*) et d'Hector France (*Dictionnaire de la langue verte*), ne semble pas antérieure à 1920 et s'est banalisée : *On s'est mis à la livraison à domicile. [...] Quand on arrivait chez les gens, ils avaient une de ces bananes !* (A. Bonnet, cité par E. von Bardeleben, « Quand les commerces de bouche font mouche», in *Le Monde*, 13 avril 2021.)

★ **3**. Coiffure faite d'une longue mèche de cheveux enroulée sur elle-même et retombant sur le front. – *Les vieux cons [...] sont d'anciens jeunes cons [...] qui s'accommodent aussi bien de la banane sur l'œil à 18 ans que de la casquette Ricard à 50*. (Pierre Desproges, *Chroniques de la haine ordinaire*.)

Aujourd'hui passée aux oubliettes, cette coiffure, mise à la mode par Elvis Presley et copiée par beaucoup de rockers dans les années 1960-1970, fait en effet penser à un fruit en forme de croissant perché sur la tête.

★ **4**. *En avoir ras la banane :* être excédé, exaspéré. – *Dick Rivers en a ras la banane*. (Titre d'un article de *Gala*, 21 novembre 2011.)

La *banane*, c'est bien sûr la verge. L'expression a la même origine que celles – obscènes – qui assimilent l'anus à un récipient, mais l'emploi du mot *banane* pour «pénis» est étrange, puisque la *banane* est ici prise pour l'anus ; la locution est synonyme du familier *ras le bol* (dont tout le monde a oublié l'origine : on prend *bol* pour «tête») et du vulgaire *ras le cul*. La référence phallique implicite n'a pas disparu pour autant, puisque «la jeune fille bien élevée est le seul animal qui rougit en voyant une banane» (François Cavanna, *Le saviez-vous ?*). On la retrouve sans ambiguïté dans d'autres expressions grivoises, par exemple *avoir la banane*, «être en érection».

★ **5**. Idiot. – *Tu perds encore contre toi ? – Mais non, banane ! Cette petite nana me regarde*. (Donald

P. Bellisario et Don McGill [créateurs], « L'essentiel est invisible », in *NCIS : enquêtes spéciales*, série télévisée.)

Rien de grivois dans cette apostrophe familière, amicale ou méprisante – cela dépend du contexte –, dont on s'explique mal l'origine ; elle s'est diffusée à partir des années 1950, peut-être influencée par l'anglo-américain *bananas*, « imbécile ».

★ **6**. Coup de poing. – *Tu m'as cogné plus fort que je t'ai cogné, je te dois une banane*. (Kathryn Bigelow [réalisatrice], *Démineurs*.)

Sauf à évoquer l'allitération ***ba**garre* / ***ba**nane*, on ne voit pas bien le rapport entre un horion et un fruit oblong plutôt mou. On le rencontre pourtant dans d'autres contextes comme synonyme d'ennui grave : « Il y a une banane […], une grosse banane, la méga banane ! Le secteur 3 est paralysé. » (Alian des Tours, *Un tigre, une banane, une miss et quelques filles…*)

★ **7**. *Mettre une banane à quelqu'un*, le duper, le décevoir, lui faire faux bond. – *La dernière fois, tu m'as donné un rencart devant la poste. Tu m'as mis une banane ! T'es pas venu*. (Abdelkarim Tengour, *Tout l'argot des banlieues. Le dictionnaire de la zone*.)

La *banane*, c'est ici l'entourloupe, ce qui a donné le verbe *bananer*, « flouer », synonyme (presque soutenu) du peu conventionnel *entuber*, « posséder », qui renvoie à la sodomisation.

★ **8**. *Avoir une banane en trop*, la sensation de s'être trompé.

Il ne s'agit pas ici d'« être trompé » (par quelqu'un), mais de « se tromper ». Glissement de sens qu'on retrouve dans *se bananer*, « se tromper, faire une erreur, échouer », voire « tomber », sans qu'intervienne la moindre notion de malveillance.

★ **9**. *Peau de banane :* procédé malhonnête destiné à nuire. *Glisser, mettre des peaux de banane à quelqu'un, sous les pieds de quelqu'un*, lui créer des obstacles. – *Et c'est bien le diable si on ne trouve pas une peau de banane à glisser dans les pattes du juge*. (Marie et Georges Wils, *Il faut tuer René Dousquet*.)

L'expression évoque une caractéristique physique de la peau de banane, dangereusement glissante sous les semelles ; *glisser des peaux de banane*, c'est tenter de faire déraper, de faire tomber, en usant de moyens déloyaux.

★ **10**. Hélicoptère. – *Dans la banane volante [...], on était une quinzaine de mecs*. (Jean Piérard, *Le Blues de Milo et Vénus*.)

Le surnom a d'abord été donné, pendant la guerre d'Algérie, à un type d'hélicoptère dont la forme évoquait (vaguement) celle du fruit ; il s'est vite appliqué à tout hélicoptère.

La *banane*, c'est aussi une mauvaise note (beigne psychologique, pour l'écolier), l'oreille (argot des Gadz'Arts)... Liste non limitative (et tout à fait provisoire).

*

BRUGNON : Fruit à noyau voisin de la pêche, à peau lisse d'un éclatant rouge orangé et à pulpe jaune.

★ *Être doré comme un brugnon :* avoir un teint hâlé par le soleil. – *Vous êtes déjà dorés comme des brugnons ! s'exclame maman un matin au petit déjeuner. De vrais petits brugnons d'Italie.* (Micheline Genzling, *Lucile et Julien en Italie.*)

Le brugnon, apprécié de longue date en Provence et dans le Languedoc, n'a été largement cultivé et commercialisé qu'au siècle dernier. C'était autrefois un fruit rare, comme le note, vers 1830, un jardinier d'Île-de-France se plaignant de la voracité des loirs : « J'avais un brugnon, un seul, il est vrai que c'est un fruit rare ; eh bien, monsieur, ils me l'ont dévoré du côté de la muraille, un brugnon superbe. » (Alexandre Dumas, *Le Comte de Monte-Cristo.*) L'expression *doré comme un brugnon*, aujourd'hui usuelle, est donc récente ; d'autant que, jusque vers 1920, il était mal vu d'avoir le teint hâlé. C'était celui des gens de peu, des paysans, des saisonniers, des ouvriers travaillant dehors par tous les temps. Si l'on avait du bien, si l'on appartenait à la bonne société, on ne s'exposait pas au soleil, les femmes s'en préservaient à grand renfort de parasols, d'ombrelles, de voilettes. Il leur fallait conserver un teint « de lis et de rose ». Ce n'est plus le cas aujourd'hui, et le fruit goûteux aux riches couleurs est devenu le symbole de la bonne santé, de la chaleur de l'été et des joies de la plage.

*

CALEBASSE : Gros fruit exotique qui, vidé et séché, peut servir de récipient ; ce récipient.

★ **1**. Tête. – *Il revient chez lui avec une telle figure que la pauvre, qui était à l'étage prête à jeter un chaudron d'eau sale par la fenêtre, éperdue, lui lâche ce chaudron sur la calebasse.* (Henri Pourrat, *Gaspard des montagnes*.)

Cette analogie de forme entre tête et fruit plus ou moins sphérique est relevée au XIXe siècle par Delvau (*Dictionnaire de la langue verte*), qui note : « *Calebasse :* Tête, dans l'argot des faubouriens, qui ont trouvé une analogie quelconque entre l'*os sublime* et le fruit du baobab presque aussi vides l'un que l'autre. » Il ajoute un sens aujourd'hui disparu : « *Grande calebasse*. Femme longue, maigre et mal habillée », dont on voit mal le rapport avec un fruit sphérique. D'autres expressions empruntent un chemin tortueux à partir du sens argotique de plusieurs noms de récipients (*bol*, *vase*, *pot*…) devenus synonymes de *cul*, d'*anus*. Creuse, la calebasse a rejoint la confrérie : *ras la calebasse*, *plein la calebasse* équivaut aux peu académiques *ras le cul*, *plein le cul*. Toutes expressions réservées à des échanges non conventionnels.

★ **2**. Tête en tant que siège de la pensée. – *Ses lectures lui ravageaient la calebasse.* (Léo Malet, *La Nuit de Saint-Germain-des-Prés*.)

Comme bien souvent (voir *chou*), on passe d'une partie du corps humain – ici la boîte crânienne – à ce qu'elle symbolise – la pensée.

*

CASSE : Arbre tropical, aussi nommé cassier ; son fruit ; pulpe de ce fruit.

★ *Passe-moi la casse, je te passe le séné :* faisons-nous des concessions, transigeons. – *Il faut attendre le moment où l'on me demande quelque service à moi. Je pourrai dire alors : Je vous passe la casse, passez-moi le séné.* (Honoré de Balzac, *La Cousine Bette.*)

Cette locution proverbiale fait référence aux propriétés purgatives de la pulpe de casse et de séné, dont les médecins faisaient autrefois grand cas ; c'est aujourd'hui une allusion littéraire ou une coquetterie stylistique.

*

CASSIS : Fruit du groseillier à baies noires.

★ **1**. Tête. – *Elle [...] me dit bonjour [...], se plaignit d'un violent mal au cassis et me demanda où elle était.* (Léo Malet, *La Nuit de Saint-Germain-des-Prés.*)

L'analogie de forme entre un fruit plus ou moins sphérique et la boîte crânienne joue ici comme ailleurs (voir *coloquinte*, *tomate*…), malgré la petitesse du cassis, aussi menu que savoureux.

★ **2**. Tête en tant que siège de la pensée. – *C'est pas, croyez, une petite pause que de rassurer un savant, de bien lui ancrer dans le cassis, que c'est bien lui le premier du monde.* (Louis-Ferdinand Céline, *Bagatelles pour un massacre.*)

Le chemin qui mène de l'anatomie à l'abstraction passe souvent par le potager ou le verger ; *en avoir dans le cassis*, c'est « en avoir dans le chou, dans le citron… ».

La petite baie parfumée a rejoint tardivement la tribu fruit-légume-tête ; on n'en trouve trace ni dans les dictionnaires anciens, ni dans les recueils de « langue verte » du XIXe siècle, ni dans le vocabulaire des poilus.

*

CERISE : Fruit du cerisier.

★ **1**. Tête. – *Ribouldingue, la cerise émergeant d'une fraise en papier festonné, s'avança vers Croquignol.* (Louis Forton, *Ribouldingue se marie.*)

Comme beaucoup de fruits plus ou moins sphériques, la cerise évoque une tête humaine.

★ **2**. *Se taper la cerise :* faire bombance. – *Ah ! dis donc, si on va s'taper la cerise !* (Maurice Genevoix, *Nuits de guerre.*)

Se taper la cerise, c'est « se taper la cloche » ; on retrouve la métaphore « objet creux et plus ou moins sphérique / tête », appliquée à la cloche, avec un sens ancien de *taper*, « enfoncer », puis « griser ». Le passage de la cloche, objet métallique, au petit fruit ne s'explique que par la forme de ce fruit.

★ **3**. *Se refaire la cerise :* recouvrer sa santé, sa fortune, sa réputation. – *Il bombait le torse, et marchait le cou bien droit comme quelqu'un qui ne craint plus rien. Pour se refaire la cerise sur le dos de la crise, il avait appelé à l'union médicale derrière lui.* (Olivier Bourdeaut, *En attendant Bojangles.*)

L'expression, issue du cyclisme, reprend la même image, la tête étant ici la personne tout entière.

★ **4**. *Se faire la cerise :* s'enfuir. – *Je lui ai donné le compte d'une manchette à la gorge, et Larry et moi on s'est fait la cerise.* (Albert Spaggiari, *Faut pas rire avec les barbares.*)

Se faire la cerise, c'est «se faire la malle, se faire la valise». Comment est-on passé d'un bagage à un fruit ? Le cheminement est inexpliqué. À moins d'évoquer la rime *cerise / valise* ; nos manières de parler abondent en parentés improbables de ce type.

★ **5**. *La cerise sur le gâteau :* le détail qui rend (quelque chose) parfait. – *Défendre quelqu'un qui est accusé de meurtre exige d'être au meilleur de sa forme. […] Il faut avoir la réputation même qui vous a mis au plus haut. Et, cerise sur le gâteau, il y a l'argent.* (Michael Connelly, *Les Dieux du verdict*, trad. fr. R. Pépin.)

La locution traduit mot pour mot l'anglais *the cherry on the cake*, et consacre la valeur gustative d'un fruit délicieux, «conquête de Lucullus dans le royaume du Pont», apprécié par Brillat-Savarin. Cette variante gastronomique du *bouquet* du feu d'artifice est devenue usuelle au siècle dernier, sans qu'on puisse la dater avec précision. Cette petite boule rouge (en anglais *cherry*), objet de convoitise, se glisse dans une autre expression britannique ; les tergiversations du gouvernement de Sa Majesté sur le divorce entre le Royaume-Uni et l'Union européenne sont, pour les négociateurs de Bruxelles, des tentatives de «faire du *cherry picking* ("prendre les cerises sur le gâteau")» (Raphaëlle Bacqué, Philippe Bernard, Cécile Ducourtieux, «Brexit, la saga d'une déchirure», in *Le Monde*, 31 mars-1er avril 2019).

★ **6**. *La cerise :* la malchance. – *Il proposait ici et là ses services. Mais personne n'en voulait : il avait la cerise.* (Pierre Combescot, *Les Filles du Calvaire.*)

Le sens « malchance » renvoie à *guigne* : « Beaucoup de gens ignorent que la cerise, c'est la guigne, la poisse, la malchance. Une vieille pote à moi, ma chère compagne, mon amoureuse folle. » (Alphonse Boudard, *La Cerise.*)

Bien que comestible, et en général succulente, la cerise doit à sa petite taille d'évoquer quelque chose de peu important, de négligeable ; on disait au XVIIe siècle *faire deux morceaux d'une cerise* pour « se montrer tatillon, couper les cheveux en quatre, chercher la petite bête ».

*

CHASSELAS : Raisin blanc à petits grains dorés.

★ *Avoir un coup de chasselas :* être saoul. – Avoir un coup de sirop, coup de feu, coup de bouteille, coup de chasselas, coup de picton, *être gris.* (Georges Delesalle, *Dictionnaire argot-français et français-argot.*)

Aussi longue que soit la liste des expressions liées à l'ivresse relevées par Delesalle, elle n'est pas exhaustive ; l'imagination langagière se donne libre cours en ce domaine. On se demande ce que vient faire ici le chasselas, raisin de table non destiné à la vinification. Peut-être est-il perçu, au XIXe siècle, comme moins nocif que d'autres cépages à l'origine de certains tord-boyaux. Curieusement, Delesalle parle de *griserie*, et Delvau (*Dictionnaire de la langue verte*) définit *coup de chasselas* par « demi-ébriété ». Autrement dit, quand on a un « coup de chasselas », on a un « coup dans l'aile », mais on n'est pas ivre-mort.

*

CHÂTAIGNE : Fruit du châtaignier, de petite taille, de couleur brune.

★ **1**. Coup de poing sur le visage. – *Y m'a filé une beigne, j'y ai filé un marron. / Y m'a filé une châtaigne, j'y ai filé mon blouson.* (Renaud, *Laisse béton.*)

L'œil meurtri par un coup de poing, l'œil au beurre noir, prend une couleur sombre qui évoque celle des châtaignes, consommées cuites sous le nom de *marrons*. Hors de la confiserie, les *marrons* sont, comme les *châtaignes*, des torgnoles, des mandales, des mornifles… À moins que la *châtaigne* soit « la femme du marron » (Gustave Flaubert, *Dictionnaire des idées reçues*).

★ **2**. *La châtaigne :* la rixe, la bagarre à mains nues. – *Tu sais… J'aime pas la châtaigne*. (Marcel Lebas, *Raymond la Pente.*)

De l'usage violent de ce fruit est né le verbe *châtaigner*, « distribuer des châtaignes », d'où est issue la *châtaigne*, « échange de horions en tout genre ». Au cours de la Première Guerre mondiale, les poilus donnaient à la *châtaigne* un sens un peu différent ; il ne s'agissait pas d'une bagarre privée, *aller à la châtaigne*, c'était aller au contact de l'ennemi, attaquer, aller se battre. Et, dans un registre moins guerrier, la *châtaigne*, c'est aussi un choc quelconque, par exemple une décharge électrique.

*

CITRON : Agrume de couleur jaune ou verte, fruit du citronnier.

★ **1**. Boîte crânienne. – *Il me semblait que je venais juste de poser mon citron sur l'oreiller quand la porte s'ouvrit*. (P. G. Wodehouse, *Ça va, Jeeves ?*, trad. fr. J. Raoul-Duval.)

Tout fruit en forme de boule évoque la tête humaine : on a dit, au XIXe siècle, *se licher (lécher) le citron* pour « se sucer la pomme », s'embrasser.

★ **2**. *En avoir dans le citron :* être intelligent, réfléchi. – *Ce que je n'aime pas, moi, dit Bowman, en virant au rouge, ce sont les petits gradés qui s'imaginent en avoir dans le citron*. (Robin Cook, *Les mois d'avril sont meurtriers*, trad. fr. J.-B. Piat.)

On ne parle plus ici de la tête au sens anatomique du terme, mais du cerveau en tant que siège de la pensée ; *en avoir dans le citron*, c'est « en avoir dans la cervelle », locution moins répandue et un peu désuète. Quant à *se mettre (quelque chose) dans le citron*, c'est « se convaincre de (quelque chose) » : « Mettez-vous bien cela dans le citron : je ne marche pas. » (Léo Malet, *Le Cinquième Procédé*.)

★ **3**. *Se creuser le citron, se presser le citron, travailler du citron :* se creuser la tête, réfléchir intensément. – *Il ne souhaite plus que pioncer. Ne plus se creuser le citron*. (Raymond Guérin, *L'Apprenti*.)

Ces locutions familières évoquent à la fois les notions de profondeur intellectuelle et d'effort plus ou moins pénible ; comme d'autres expressions de sens équivalent faisant appel à des symboles de la tête, du cerveau : *travailler de la touffe, du chapeau…*

★ **4**. *Presser (quelqu'un) comme un citron*, l'exploiter au-delà des limites supportables. – *Content d'avoir réussi, travailleur acharné, tyrannique avec ses collaborateurs qu'il presse et jette comme des citrons.* (Airy Routier, *Immobilier : l'affaire Pellerin. La tour infernale.*)

L'agrume en soi est ici tenu pour négligeable : il est en effet « apprécié essentiellement sous forme liquide » et la locution « souligne le peu de cas que l'on fait du fruit lui-même au profit de son jus » (Marc Fumaroli, *Le livre des métaphores*). Ainsi dédaigné, ce fruit juteux, vexé, s'enfuit : comme le remarque Pierre Dac, « plus un citron est pressé, plus il se dépêche ».

★ **5**. *Jaune comme un citron :* d'une pâleur maladive tirant sur le jaune. – *Jaune comme un citron de Nice / Prosper mourut de la jaunisse.* (Rengaine des années 1920-1930.)

La comparaison, banale, est toujours usuelle. Mais les vers de mirliton faisant intervenir un certain Prosper et un ictère se sont perdus au fil du temps.

En argot, au XIXe siècle, le mot *citron* désignait aussi, en musique, une note aigre, aiguë.

*

CITROUILLE : Plante potagère à très gros fruit comestible ; ce fruit.

★ **1**. *Avoir la tête comme une citrouille :* avoir la tête enflée, avoir la tête lourde, avoir mal à la tête.

– *Tafardel, avec un coup de crosse sur le crâne qui lui faisait la tête comme une citrouille.* (Gabriel Chevallier, *Clochemerle.*)

Le langage populaire assimile, de mille manières, le fruit (parfois, mais plus rarement, le légume) plus ou moins sphérique à la tête humaine. Les expressions qui jouent avec les sens propre (la boîte crânienne mise à mal par un coup violent) ou figuré du mot *citrouille* ne distinguent pas toujours ce qui est physiologique de ce qui est psychologique : *avoir la tête comme une citrouille* signifie aussi bien « avoir la migraine » qu'« être préoccupé, être fatigué par un gros effort intellectuel » : « J'ai la tête comme une citrouille, je pense, je pense trop, c'est ça. » (Christine de Rivoyre, *Les Sultans.*)

★ **2.** *En avoir plein la citrouille :* avoir l'esprit occupé de multiples pensées. – *J'ai la citrouille pleine d'idées, toutes plus biscornues les unes que les autres.* (San-Antonio, *Fais gaffe à tes os.*)

L'expression, moderne comme la précédente, est l'exact équivalent d'*en avoir plein la tête.* Tout comme *ne rien avoir dans la citrouille* est l'équivalent de *ne rien avoir dans le citron.*

Nous retrouvons la famille des cucurbitacées dans une kyrielle d'autres expressions ; bienvenue aux pastèques, melons, coucourdes, potirons et autres courges !

Ces comparaisons botaniques sont, en général, dépourvues de toute connotation péjorative ; ce ne fut pas toujours le cas : au XIXe siècle, traiter quelqu'un de « citrouille » ou, pire, de « grosse citrouille » était carrément insultant. Pour d'Hautel (*Dictionnaire du bas langage*), c'est un «terme de mépris, pour dire une femme petite et d'un embonpoint rustique, par allusion avec cette espèce de fruit qui est d'une grosseur monstrueuse». Au début du siècle suivant, on n'est pas plus aimable, mais l'offense n'est pas réservée au sexe dit «faible»; Gide («Souvenirs de la cour d'assises», in *Souvenirs et voyages*) décrit un homme assis à côté de lui comme «une épaisse citrouille qui sourit du haut de son ventre».

*

COING: Fruit piriforme du cognassier, âpre et très dense, que l'on consomme cuit.

★ **1**. *Être jaune comme un coing*: avoir le teint de la couleur d'un coing mûr. – *Un homme haut, épineux, très maigre, jaune comme un coing*. (Pascal Quignard, *Tous les matins du monde*.)

La botanique est une source inépuisable de comparaisons pour la couleur de la peau d'un être humain. Les locutions familières font grande consommation de fleurs, de fruits, de légumes, de buissons, de plantes sauvages... En élargissant parfois le spectre à d'autres éléments: «On dit d'Un homme qui a le teint jaune, qu'Il est jaune comme un coing, jaune comme un escu, comme soucy, comme saffran.» (*Le dictionnaire de l'Académie françoise*, 1694.) La pièce de monnaie, la fleur et l'épice ont disparu de l'usage au fil du temps.

★ **2**. *Être beurré comme un coing*: être complètement saoul. – *Vers minuit, il appela Gerfaut et lui dit qu'il allait mourir. Beurré comme un coing, Gerfaut prit la* *chose à la blague. À l'aube, Raguse était mort.* (Jean-Patrick Manchette, *Le Petit Bleu de la côte Ouest.*)

Le corps gras n'a rien à voir avec le fruit du cognassier. *Beurré* est une corruption de *bourré*, qui renvoie à *plein* (comme une outre). La comparaison fait appel à une vague ressemblance formelle, l'outre et le coing étant plus ou moins ovoïdes.

*

COLOQUINTE : Plante grimpante à gros fruit plus ou moins sphérique ; ce fruit.

★ **1**. *Avoir la coloquinte en bringue :* être sonné par un coup violent, avoir la tête douloureuse. – *J'ai la coloquinte en bringue et un œil au beurre noir*. (Eugène Sue, *Les Mystères de Paris.*)

La forme du fruit évoque celle d'une tête humaine ; la métaphore est relevée dans les dictionnaires d'argot au début du XIXe siècle. Pour Rigaud, une « coloquinte défraîchie », c'est une « tête de vieux » (*Dictionnaire du jargon parisien*). Ailleurs, il ne s'agit pas de plaisanterie, mais de vie ou de mort : « Dieu veuille avoir son âme ; il y a bientôt trois mois que *la tôle a joué au panier avec sa coloquinte* (le bourreau a fait tomber sa tête dans le panier). » (Louis François Raban et Émile Marco de Saint-Hilaire, *Mémoires d'un forçat ou Vidocq dévoilé.*)

★ **2**. *Il a une araignée dans la coloquinte :* il est un peu cinglé. – *Avoir une araignée dans la coloquinte : avoir un hanneton dans le plafond, avoir le cerveau un peu dérangé*. (Eugène Boutmy, *Dictionnaire de l'argot des typographes.*)

Dans l'argot des typographes, cette grosse courge est importunée par un arachnide ; peut-être celui qui intéressait l'académie des sciences (de Lyon) discourant sur « l'empreinte que laisse dans la poussière la patte gauche d'une araignée qui n'a pas déjeuné » (Alfred Assolant, *Aventures merveilleuses mais authentiques du capitaine Corcoran*). Squattée ou non par une araignée, cette cucurbitacée ne plaît pas au capitaine Haddock, qui en fait une de ses insultes favorites, avec, dans *Coke en stock*, la variante *coloquinte à la graisse de hérisson*.

★ **3**. *En avoir gros sur la coloquinte, plein la coloquinte :* en avoir gros sur le cœur, être blessé, exaspéré.

De « tête siège de la pensée », on passe à « cœur siège des sentiments », la coloquinte empruntant le même chemin que d'autres fruits ; *ras la coloquinte* est l'exact synonyme de *ras la calebasse*.

On retrouve cette grosse citrouille dans *en avoir dans la coloquinte*, « en avoir dans la tête, être intelligent » : « Pour inventer le brevet de grande Prêtresse Vaudou de Paris, il faut en avoir dans la coloquinte. » (Jean-Pierre Bastid et Michel Martens, *Le Rouquin chagrin*.)

*

COUCOURDE : Courge.

★ Tête humaine ; cerveau. – *Comme un éclair, une pensée lui traversa la coucourde.* (Andrea Camilleri, *Jeu de miroirs*, trad. fr. S. Quadruppani.)

La *coucourde*, c'est, au sens propre, la courge, notamment celle, oblongue, qui peut servir de récipient : « Il détacha de sa ceinture [...] une coucourde séchée et percée en son sommet. » (François Gardi, *Le Château des Vignes Hautes*, 2002.) Le mot est d'origine occitane, sa diffusion est due aux romans policiers d'Andrea Camilleri, dont le traducteur, pour rendre en français l'italien de l'original, mêlé de sicilianismes, recourt souvent à des régionalismes du sud de la France. Le héros de Camilleri, l'indiscipliné inspecteur Montalbano, a fait entrer cet équivalent de *calebasse* ou *coloquinte* dans nos façons de dire.

*

COURGE : Nom de diverses cucurbitacées cultivées pour leur fruit ; ce fruit.

★ *Avoir l'air d'une courge*, l'air idiot. – *Petit manuel pour ne pas avoir l'air d'une courge dans une épicerie bio*. (Titre d'un livre de Stéphanie de Turckheim.)

Le glissement de sens est inexpliqué ; c'est peut-être une allusion au vide interne du fruit, dont le cœur, aqueux et plein de pépins, n'est pas comestible.

*

DATTE : Fruit comestible du dattier.

★ **1**. *Pour des dattes :* pour rien. – *On fouillait le passé d'André Clément. [...] Pour des dattes, j'en étais convaincu*. (Léo Malet, *Le Cinquième Procédé*.)

On retrouve ici la connotation péjorative attachée au nom de divers fruits ou légumes de petite taille et à celui de très petits objets. *Pour des dattes*, c'est comme *pour des prunes*.

★ **2**. *Des dattes ! :* pas moyen ! rien à faire ! – *Tout ce que j'ai trouvé, ç'a été une fois, à Charonne, une botte de salsifis… Tu parles si je l'avais à la rigolade !… Oui, mais des dattes pour en tortiller un morceau, même que ça aurait cuit jusqu'à la fin du monde…* (Nonce Casanova, *La Racaille.*)

On passe au mode exclamatif dans cet équivalent de *rien du tout ! des clous !*, dont on date l'apparition de la fin du XIXe siècle. On le trouve dans des textes anarchistes, chez le poète Jehan Rictus (1867-1933), comme – souvent sous la forme *comme des dattes* – dans l'hebdomadaire *Le Père Peinard* : « Ils nous lâchent la bride s'ils savent que nous n'en profiterons pas pour faire du chabanais, sinon macache bono, c'est comme des dattes. » (*Le Père Peinard*, 7 février 1892, cité par L. Sainéan, in *Le langage parisien au XIXe siècle*, 1920.) Petite note pour le lecteur peu familier des – mauvaises – mœurs de la Belle Époque : *faire du chabanais*, c'est tout bonnement « foutre le bordel », la maison de passe sise dans cette rue parisienne étant la plus célèbre et la plus chic de la capitale.

★ **3**. *Ne pas en faire (fiche, foutre) une datte :* ne rien faire, paresser. – *M'sieu est-il chargé d'la cuistance ? – Un peu, dit Gaspard, les aut' veulent pas en foute une datte !* (René Benjamin, *Les Soldats de la guerre. Gaspard.*)

La présence d'un fruit exotique dans les tranchées est surprenante, la datte ne figurait pas au menu de la roulante. On ne connaît pas l'origine de l'expression. Elle est peut-être issue du parler des troupes algériennes engagées au cours de la Première Guerre mondiale.

Pour Maurice Rat, qui la juge vulgaire, « cette locution vient sans doute de la paresse des indigènes, lorsque, mollement, ils font la récolte des dattes » (*Dictionnaire des expressions et locutions traditionnelles*, 1957). Cette interprétation péjorative, voire insultante, n'est attestée nulle part et témoigne d'une arrogance insupportable vis-à-vis d'êtres humains, et d'un dédain injuste pour ce fruit succulent, le « doigt de lumière » (*deglet nour*) des vergers d'Orient.

Dans un autre registre, la *datte en plomb* est le projectile d'une arme à feu ; on la rencontre dans le roman populaire de Louis Bertrand, *Pépète le bien-aimé*, qui a, justement, l'Algérie pour décor : « Je vois qu'on t'a envoyé une datte en plomb qui n'est pas trop facile à digérer. »

*

FIGUE : Réceptacle charnu de l'inflorescence du figuier, contenant de petits « grains », les fruits proprement dits.

> ★ *Mi-figue, mi-raisin :* ambigu, à double sens. – *TC arborait son étrange grimace, mi-figue mi-raisin.* (Harlan Coben, *Faux rebond*, trad. fr. M. Leconte).

Rencontre incongrue entre deux fruits sans rapport de couleur, de taille, de goût. L'expression est ancienne, on la relève au XVe siècle, on la trouve chez Mme de Sévigné ; d'aucuns la font remonter plus loin : « [Elle] tirerait son origine d'une duperie des Corinthiens qui s'avisèrent autrefois de mêler indûment des figues aux raisins qu'ils expédiaient à Venise. » (Maurice Rat, *Dictionnaire des expressions et locutions traditionnelles*.) Rien ne confirme cette hypothèse, il s'agit probablement d'une explication *a posteriori*. On pense plutôt à une allusion aux fruits secs consommés en Provence la veille de Noël, les « treize desserts », ou aux modestes douceurs des temps de pénitence, ces « fruits de carême » (Richelet) que sont « les fruits secs, comme raisins, figues, prunes, &c. ».

On ne dit plus *faire la figue à quelqu'un* pour « se moquer de lui » en ponctuant la raillerie du geste obscène du poing tendu avec le pouce coincé entre l'index et le majeur. Très ancienne, courante en italien, en espagnol et dans de nombreux parlers occitans, présente chez Rabelais, la locution n'a plus cours. Son équivalent *faire la nique* est demeuré usuel.

*

FRAISE : Faux fruit charnu du fraisier portant les akènes, qui sont les vrais fruits.

★ **1**. *Sucrer les fraises :* être agité de tremblements. – *Je le regarde essayer d'allumer une cigarette avec des doigts qui sucrent les fraises*. (Raymond Chandler, *La Grande Fenêtre*, trad. fr. R. Vavasseur et M. Duhamel.)

Bien qu'il soit symptomatique de certaines maladies, le tremblement incontrôlé est, dans le langage familier, la marque de la vieillesse ; *sucrer les fraises*, c'est être âgé, voire sénile.

★ **2**. *Aller aux fraises :* chercher un lieu reculé favorable aux ébats amoureux. – *Pierrot disait : « Ton tonton, il est encore allé aux fraises. »* (Robert Sabatier, *Les Noisettes sauvages*.)

C'est à la cueillette des fraises des bois qu'on fait ici allusion : petites, peu visibles, croissant à l'ombre des arbres, elles symbolisent la discrétion ; délicieusement parfumées, elles sont source de plaisir. Avec un sous-entendu égrillard : au pluriel, les *fraises*, en argot, ce sont les bouts de sein, cachés sous les vêtements comme les fraises sous les feuilles. L'expression ne semble pas antérieure à 1920.

★ **3**. *Envoyer aux fraises :* envoyer promener. – *Le caissier de la banque [...] avait demandé une rallonge au dirlo, qui l'avait envoyé aux fraises*. (Pierre Perret, *Le petit Perret illustré par l'exemple*.)

Envoyer quelqu'un aux fraises, c'est le repousser violemment ; ici, on ne parle pas des fruits, mais du terrain sur lequel ils mûrissent, le sol sur lequel on se fait mal en tombant. Du sens concret, « envoyer bouler (en roulant sur soi-même) », on passe au sens figuré, « envoyer au diable » ou, moins académiquement, « aux pelotes, au bain ».

★ **4**. *Ramener sa fraise :* intervenir hors de propos, se mêler de ce qui ne vous regarde pas. – *Expédie-le dans les ténèbres de l'au-delà, où tout n'est que lamentations et grincements de dents*. – *C'est ce que je ferai, s'il ramène encore sa fraise*. (P. G. Wodehouse, *Jeeves dans la coulisse*, trad. fr. Cl. Alengry.)

On retrouve ici l'image – aux multiples variantes : poire, pomme... – « tête humaine / fruit plus ou moins rond ». Toujours en usage, elle inspire jusqu'aux verbicrucistes ; pour Philippe Dupuis (in *M Le Magazine du Monde*, 15 janvier 2022), « faire l'important avec sa fraise », c'est « la ramener ».

D'autres locutions sont aujourd'hui un peu désuètes. *Aller aux fraises*, c'est aussi « baguenauder, se promener sans but », glander, en somme. Avec, toutefois, une variante moderne, l'apostrophe irritée d'un automobiliste pressé à un conducteur un peu trop lent à son goût : « Alors papa, tu vas aux fraises ? »

Plus surprenant, c'est aussi « porter un pantalon trop court ». Quel rapport entre cette pièce de vêtement et la cueillette des fraises ? Apparemment aucun. Mais pour ramasser des fraises au ras du sol, le short (ou son équivalent) est plus pratique qu'un pantalon de taille normale. On peut émettre l'hypothèse, mais, en réalité, l'expression est d'origine obscure.

C'est à la petitesse du fruit que fait allusion le méchant sobriquet de « fraise des bois » attribué à François Hollande par Laurent Fabius : « A-t-on jamais caché un éléphant derrière une fraise des bois ? », demande, en 2003, l'ex- et futur ministre, en référence à la faible valeur attribuée au premier secrétaire du parti socialiste par les éléphants de ce même parti. Troupe de mastodontes dont Fabius fait naturellement partie.

*

FRUIT : Produit des plantes qui apparaît après la fleur et contient les graines.

★ **1**. *Le fruit défendu :* ce qui est d'autant plus désiré que c'est interdit. – *Les amoureux n'attendent pas tous leur nuit de noces pour goûter au fruit qui leur est défendu*. (Éléonore Sok-Halkovich, « Au Cambodge, la défaite des amoureux », in *M Le Magazine du Monde*, 10 février 2018.)

Dans la Bible, le *fruit défendu*, c'est celui de l'arbre de la science du bien et du mal, cueilli par Ève malgré l'interdiction divine (*Genèse*, III, 6). Dans la tradition chrétienne, il symbolise le désir qu'on ne peut assouvir sans péché, en particulier dans le domaine du sexe.

★ **2**. *C'est au fruit qu'on connaît l'arbre, on connaît l'arbre à ses fruits :* c'est à ses actes qu'on connaît la valeur d'un homme, à ses résultats qu'on juge une politique.

Cette maxime est aussi d'origine biblique, on la trouve dans les Évangiles : « On reconnaît chaque arbre à son fruit : on ne récolte pas de figue sur des épines et on ne vendange pas de raisin sur un buisson. » (Luc, VI, 44 ; trad. fr. J. Grosjean.) Devenue proverbiale, on la rencontre en français dès le XIIIe siècle, parfois sous d'autres formes : « De noble plante, noble fruit. » (Gabriel Meurier, *Recueil de sentences notables, dicts et dictons communs*, 1568.) Le mot *fruit* y prend souvent le sens abstrait de « résultat avantageux (de), bénéfice (tiré de) ».

★ **3**. *Le ver est dans le fruit :* la situation commence à se dégrader. – *1944. Cela laisse entendre que le ver est désormais dans le fruit. Hitler a beau se débattre, il est déjà pris à la gorge*. (Marc-André Fabre, *Dans les prisons de la Milice*.)

Certains vers sont parasites ; les dégâts qu'ils causent aux fruits sont ici pris au sens figuré, tout comme le ver et le fruit. L'expression, banale, s'applique aussi bien à des difficultés politiques qu'à des problèmes économiques, à des déboires conjugaux qu'à des défaites militaires.

★ **4**. *Tomber comme un fruit mûr :* tomber sans que rien n'arrête la chute. – *Il a ramassé un caillou et vlan ! l'a envoyé en plein visage de Touré. Touré est tombé, tombé comme un fruit mûr*. (Ahmadou Kourouma, *Allah n'est pas obligé*.)

La comparaison entre la chute d'un être humain brutalement frappé et un fruit entraîné par son poids se passe de glose. Au propre comme au figuré ; cela se dit aussi bien de ce qu'on obtient sans effort que d'un processus arrivé à un terme inéluctable : « En ce mois de novembre 1989, le Mur de Berlin semble tomber de lui-même comme un fruit trop mûr. » (Jocelyne Arquembourg, « Berlin 9 novembre 1989 », in *L'Est et l'Ouest face à la chute du Mur*, CIRAC, 2017.)

★ **5**. *Couper l'arbre pour avoir le fruit :* sacrifier une source de richesse pour en tirer un profit immédiat.

La locution qui évoque un mode exotique de récolte date du XVIIIe siècle. Dans *De l'esprit des lois*, Montesquieu reprend une anecdote extraite des *Lettres édifiantes et curieuses…*, recueils de lettres de missionnaires rendant compte de leur apostolat. Selon ces textes, « quand les sauvages de la Louisiane veulent avoir du fruit, ils coupent l'arbre au pied et cueillent le fruit ». On peut s'interroger sur la véracité de l'information, mais Montesquieu n'en a pas douté et a fait de ce comportement stupide la devise d'un gouvernement qui ruine un pays en épuisant d'un seul coup ses ressources. L'expression est devenue un peu désuète.

La symbolique du fruit se rencontre dans d'autres locutions figées. Certaines font appel au sens dérivé du mot, « résultat, bénéfice, avantage » : *le fruit du travail*, le revenu qu'on en tire ; *sans fruit*, *avec fruit*, sans résultat, avec résultat… On disait autrefois *faire du fruit* pour « être utile, rentable ».

L'expression *fruit sec* désignait, au XIXe siècle, l'élève de Polytechnique qui n'avait pas réussi son examen de sortie ; aujourd'hui, elle s'applique à toute personne qui a déçu les espoirs placés en elle.

Quant au *fruit vert*, c'est une très jeune fille, une femme en devenir. La joliesse du propos dissimule mal le sous-entendu érotique : le fruit vert, une fois mûri, deviendra sexuellement consommable.

*

GLAND : Fruit du chêne. – En anatomie, portion terminale du pénis.

★ Imbécile. – *Et si je vous dis que vous êtes deux glands ? Là, vous avez du péremptoire. C'est vous qui voyez.* (Alexandre Astier, « Unagi II », in *Kaamelott*, série télévisée.)

Le rapport entre la sottise et l'anatomie est inexpliqué. Cet emploi métaphorique, d'abord sous forme adjectivale, date sans doute du tout début du siècle dernier ; on l'attribue à Bruant (*Dans la rue. Chansons et monologues*, 1901). De *être un gland*, un imbécile, on passe à *raisonner, se conduire comme un gland*. C'est ainsi qu'André Santini, homme politique au verbe fleuri, a remporté, en 1989, le prix de l'humour politique pour avoir déclaré, l'année précédente : « Saint Louis rendait la justice sous un chêne, A. *[garde des Sceaux à l'époque]* la rend comme un gland. »

En argot, *gland* a d'abord désigné le membre viril tout entier : « J'te préviens qu'j'ai z'une avarie / Qui me rong' tout le tour du gland. » (Alphonse Karr, cité par A. Delvau, *Dictionnaire érotique moderne*, 1864.) Ce sens s'est maintenu ; du mot lui-même est né le verbe *glander* (dont plus personne ne repère le lien – grivois – avec *gland*), « perdre son temps, traînasser », qui a donné *glandeur*, « fainéant, traînard ». Entrés dans le vocabulaire courant, ces deux mots (et le dérivé *glandouiller*, comme le substantif *glandouille*) sont aujourd'hui simplement « familiers ».

*

GOURDE : Plante grimpante dont le fruit comestible est la calebasse ; ce fruit. – Récipient fait de ce fruit séché.

★ Fille, femme sotte. *Avoir l'air d'une gourde*, l'air d'une idiote. – *Je ne suis pas gourde au point de ne pas savoir à quoi je ressemble*. (*Les Jolies Choses*, film de Gilles Paquet-Brenner, d'après Virginie Despentes.)

Le sens « (personne) niaise » vient sans doute d'une contamination avec le mot *gourd*, « engourdi », puis (au figuré) « lent, inerte ». Le sens est ancien, Richelet le relève : « gourd : maladroit. Il n'a pas les mains gourdes, il est promt et habile à prendre. Il n'a pas les piez gourds, il est prêt à courir ». Contamination ou pas, l'image fait le bonheur des verbicrucistes ; Philippe Dupuis (grille n° 17-076, *Le Monde*, 30 mars 2017) propose « Gourdes quand elles ne se mangent pas ». De quoi s'agit-il ? De « tourtes », bien sûr, femmes ou filles connues pour leur sottise.

*

GOYAVE : Fruit du goyavier, arbre d'Amérique tropicale.

★ *Béké-goyave :* aux Antilles, notamment en Martinique, créole n'appartenant pas à la couche la plus fortunée de la société. – *Et puis, il y a des Békés qu'on appelle ici les Békés-goyave. Ce sont ceux qui ont travaillé pour les Békés riches.* (Ulrike Zander, « La hiérarchie "socio-raciale" en Martinique », in *Revue Ayslon(s)*, mai 2013.)

Le béké appartient à une lignée remontant au XVIIe siècle, à l'installation des premiers colons français dans les Caraïbes. Il peut (en théorie) prouver qu'aucun de ses ancêtres n'est né d'une esclave noire, et produire une généalogie où ne figure ni Noir, ni métis, ni mulâtre. Les békés-békés (1 % de la population martiniquaise) ont souvent conservé la fortune héritée de leurs aïeux, terrienne à l'origine, aujourd'hui plus diversifiée. Les békés-goyaves ne sont pas moins blancs, mais ils sont moins riches. Ils doivent leur surnom au travail de leurs parents dans les plantations : ils y étaient souvent affectés à la récolte de la goyave.

*

GRATTE-CUL : Fruit de l'églantier.

★ *Il n'est si belle rose qui ne devienne gratte-cul :* toute femme, aussi belle soit-elle, perd de sa beauté en vieillissant.

Le proverbe était autrefois d'usage courant. Cette idée de fragilité, de lente détérioration due au passage du temps, s'exprime ainsi depuis le XVIe siècle : « La rose à la parfin *[à la fin]* devient un gratecul, / Et tout avecq' le temps par le temps est vaincu. » (Pierre de Ronsard, *Thoinet et Perrot*.) Un siècle plus tard, cette mauvaise langue de Saint-Simon descend en flammes la duchesse d'Harcourt, amie de Mme de Maintenon : « Bien qu'elle ne fût pas vieille, les grâces de sa beauté s'étoient tournées en gratte-cul », et, pour faire bonne mesure, il ajoute : « la rose qui devient gratte-cul est un proverbe fait pour elle. » On trouve la même équivalence « gratte-cul / fille fanée » chez Montherlant (*Les Jeunes Filles*) évoquant des parents qui attendent, avant de la marier, que leur fille « devienne gratte-cul » et ne puisse plus trouver un bon parti.

Reste une question : pourquoi le cynorhodon (c'est le nom scientifique de ce fruit) porte-t-il ce sobriquet urticant ? Parce que sa bourre peut servir de poil à gratter. Autre question : *cynorhodon* est un mot grec littéralement traduit, en latin, par « *rosa canina* », en français « rose de chien ». Mais, pour les botanistes, le terme *rosa canina* ne s'applique qu'à l'églantier et à sa fleur, pas du tout à son fruit. Et que vient faire un chien dans une nomenclature botanique ? Cette présence insolite s'expliquerait par une ancienne croyance attribuant à la racine de l'églantier la propriété de guérir les morsures de chien enragé.

*

GRENADE : Fruit comestible du grenadier, globuleux et coriace.

★ **1**. Projectile lancé à la main ou avec un fusil muni d'un tube lance-grenade. *Pêche à la grenade*, à l'aide d'une grenade à main. – *Sport favori du poilu. Il suffit de jeter une grenade dans l'eau et l'on n'a plus qu'à cueillir les poissons morts qui viennent à la surface le ventre en l'air*. (François Déchelette, *L'argot des poilus*.)

La plus ancienne des grenades, la grenade à main, a été inventée au XIe siècle, en Chine, sous la forme d'une boule creuse en métal ou en céramique remplie de poudre. Le même type de projectile était utilisé, à la même époque, en Orient, par les croisés comme par leurs adversaires, et s'est répandu en Europe. La pêche à la grenade – ou à tout autre explosif, notamment à la dynamite – se pratique toujours – la plupart du temps illégalement – dans de nombreux pays. Aujourd'hui industrielle, cette pêche n'a rien à voir avec l'activité mi-ludique mi-utilitaire de soldats désireux d'améliorer l'ordinaire.

★ **2**. Dans le vocabulaire des prisons, objet lancé dans la cour de l'établissement par-dessus le mur d'enceinte. – *Grenade. Objet destiné o détenu ki son en promenade par une connaisance extérieur* [orthographe d'origine]. (Prison2france.skyrock.com.)

L'objet envoyé au prisonnier est balancé par-dessus le mur comme une grenade à main ; l'image est liée au geste et non pas au fruit, auquel personne ne pense dans ce contexte. L'assimilation « objet quelconque / arme » semble dater des années 2008-2015.

*

GUIGNE : Cerise à chair ferme et sucrée.

★ **1**. *Se soucier de quelqu'un, de quelque chose, comme d'une guigne*, ne pas s'en soucier du tout. – *Chantons à ceux qui d'mand'nt not' peau / Pour la plus grand' gloir' du drapeau, / Que nous nous foutons comm' d'un' guigne / De la gloire et de ses insignes*. (Gaston Couté, *La Chanson d'un gâs qu'a mal tourné*.)

Menue, la guigne occupe, dans nos manières de parler, la même place que la cacahuète, la nèfle, la prune et autres petits fruits, symboles de quelque chose de négligeable, donc négligé. La locution date sans doute de la fin du XIXe siècle.

★ **2**. Malchance. – *Aussi loin derrière lui qu'il reportât ses souvenirs, il ne se rappelait pas une seule minute de veine dans sa pauvre vie. La guigne, toujours la guigne !* (Alphonse Allais, *À se tordre*.)

Le sens « malchance » est issu du verbe *guigner*, ayant signifié « faire un signe de l'œil », puis « loucher », proprement « avoir un mauvais œil ». Ce qui renvoie à la magie : *jeter le mauvais œil*, c'est porter malheur.

D'autres locutions ont disparu. Certaines évoquent un désagrément, quelque chose de mauvais (comme le

« mauvais œil »), de malhonnête. Pour Oudin, en 1640, « vendre des Guignes en tout temps », c'est « estre lousche *[louche]*, par allusion de *guigner* ». *Guigner*, c'est « estre lousche » ; et *guigner une personne*, c'est « la regarder de travers, ou du coin de l'œil », tandis que *guigner quelque chose*, c'est « la regarder avec souhait » (*Curiositez françoises*). Pour nous aussi, *être louche*, c'est être suspect ; et *guigner* une chose, c'est la regarder avec convoitise (« souhait », disait Oudin), autrement dit, la *lorgner*, ce qui nous ramène à la mauvaise vue.

À l'inverse, ce même Oudin relève : « il a mangé ses cerises ou ses guignes, il est à ses gogues. *il est gaillard.* » En ancien français, *gogue* signifie « liesse » ; le sens s'est longtemps maintenu (Richelet définit ainsi le mot *gogue*) et a donné notre moderne *goguette*, « partie fine ». Mais quel rapport entre la dégustation de fruits rouges et la belle humeur un peu libre (la gaillardise, dit Oudin avec réprobation : *gogue* pour *gaillardise* est vulgaire) ? On ne sait.

*

MARRON : Fruit comestible d'une variété de châtaignier.

★ **1**. *Flanquer, foutre, donner, mettre un marron à quelqu'un*, lui donner un coup de poing, en particulier, le frapper au visage. – *Il m'avait pris par le bras pour me faire sortir de force, alors je lui ai mis un marron.* (Georges Courteline, *Un client sérieux*.)

La ressemblance de forme entre le marron et le poing fermé pourrait expliquer pourquoi une beigne prend le nom d'un fruit ; c'est aussi « par allusion à la couleur qu'arbore la partie contusionnée» (Lucien Rigaud, *Dictionnaire du jargon parisien*). À moins qu'il s'agisse d'un «transfert métonymique de la tête qui reçoit le coup (un coup sur le marron) au coup lui-même» (Alain Rey [dir.], *Dictionnaire historique de la langue française*).

★ **2**. *Tirer les marrons du feu :* faire quelque chose de difficile (pour le seul profit d'autrui). – *Il y avait des marrons à tirer du feu et c'est à lui que la tâche allait incomber*. (Patricia Wentworth, *Le Point de non-retour*, trad. fr. P. Berthon.)

On pense à la fable de La Fontaine *Le Singe et le Chat*, qui met en scène le singe Bertrand persuadant le chat Raton de tirer du feu des marrons brûlants qu'il sera seul à croquer. Mais la locution est plus ancienne, on trouve dans Oudin (*Curiositez françoises*, 1640) : «tirer les Marrons du feu avec la patte du chat. i. *se tirer d'un danger ou d'un dommage par le moyen d'une autre personne.*»

★ **3**. *Être marron :* être déçu, perdant ; être dupe. – *Mais comme pour s'tirer faut des ronds, t'es marron. / Mais comme tu le fais pour pas un rond, t'es marron*. (Francis Lalanne, *T'es marron.*)

L'origine des locutions évoquant la tromperie, la déception, l'arrestation d'un malfaiteur est, pour l'essentiel, inexpliquée. Elles figurent dans tous les dictionnaires d'argot du XIXe siècle, souvent avec l'idée d'illégalité. *Être marron, se faire faire marron*, c'est, certes, «voir ses espoirs s'effondrer, se faire embobiner» ; c'est aussi «être surpris (au sens policier), être pris sur le fait» : «C'est une serviette autour du bide dans le sauna de la rue Blanche que le Corsico s'était fait faire marron par les perdreaux. » (Pierre Perret, *Le petit Perret illustré par l'exemple.*)

On trouve, dans le même sens, *paumé marron*, *servi marron*. Un *marron*, c'est un malfaiteur malchanceux, pris en flagrant délit, mais c'est aussi le « rapport des chefs de ronde » (Jean La Rue, *La langue verte*) qui l'ont fait marron. On passe ainsi d'un personnage arrêté par la police à la cause de cette arrestation (le rapport).

Plus mystérieux est le proverbe « Pelon *[bogue]* pelucheux / donne fruit véreux, / fera paysan / marron. » Simple plaisir de la rime ? Peut-être.

★ **4**. *Nègre marron, marron :* dans les Caraïbes, à La Réunion, esclave noir fugitif. – *Nègre marron.* (Titre d'un ouvrage de Raphaël Confiant.)

La parenté entre le malfaiteur « paumé marron » et le « nègre marron » semble évidente, peut-être en passant par le parler du bagne de Cayenne, l'esclave fugitif étant souvent repris, tout comme le bagnard évadé. Étymologiquement, on rattache *marron* à un mot d'une langue caraïbe, *mar(r)on*, « sauvage » (en parlant d'un animal, d'une plante), mot lui-même issu de l'espagnol *cimarron*, « animal domestique redevenu sauvage », puis « Indien fugitif ». Usuel à partir du XVIIe siècle dans les Antilles françaises, le mot s'est répandu dans d'autres terres d'esclavage, notamment dans les Mascareignes.

★ **5**. *Avocat, médecin, courtier... marron :* avocat, médecin, courtier... qui exerce son métier sans titre ou en marge de la légalité. – *Le nom de l'avocat* *marron me fit dresser l'oreille. Janet. Thomas Janet. […] L'avocat des plus louches individus interlopes.* (Léo Malet, *Nestor Burma et le Monstre.*)

On trouve très probablement dans *nègre marron* l'origine de l'adjectif qui qualifie « celui qui exerce illicitement un métier ».

Le *marron*, au XIXe siècle, ce n'était pas seulement un évadé, c'était aussi un « ouvrier compositeur travaillant pour son propre compte chez un maître imprimeur, qui lui fourni[ssai]t le matériel et auquel il pay[ait] tant pour cent sur les étoffes *[ce que l'imprimeur ajoute aux factures de ses clients pour couvrir ses investissements en matériel]* » (Eugène Boutmy, *Dictionnaire de l'argot des typographes*). Ou un livre imprimé clandestinement (Charles Virmaître, *Dictionnaire d'argot fin-de-siècle*). Toujours en usage ou disparus, qu'il s'agisse d'un homme ou d'une chose, ces mots témoignent d'un rapport ambigu avec la légalité, avec la déontologie.

*

MELON : Plante potagère à gros fruit sphérique ; ce fruit, à la pulpe orangée savoureuse.

★ **1**. *Chapeau melon, melon :* chapeau de feutre rigide et bombé. – *Son ami avait vieilli, s'était empâté, et ne quittait plus le melon râpé destiné à couvrir son crâne dépourvu de cheveux.* (Claude Izner, *Minuit, impasse du Cadran.*)

C'est à sa forme bombée que le chapeau doit son nom ; coiffure de cérémonie, de parade, il est (était ?) marque d'élégance, d'où l'expression, aujourd'hui vieillie, *beau comme un melon*. D'ailleurs, « pareil aux phares à éclipses, le melon paraît, disparaît et reparaît, suivant les caprices de la mode » (Lucien Rigaud, *Dictionnaire du jargon parisien*).

★ **2**. *Avoir le melon déplumé :* être chauve.

Fruit en boule, le melon, comme bien d'autres fruits (voir *calebasse*, *coloquinte*, *pomme*, *tomate*...), évoque la tête humaine. Nous ne disons plus guère *avoir le melon déplumé*, mais *il* (il s'agit presque toujours d'un homme) *est déplumé, il se déplume*, ce qui est moins évocateur.

★ **3**. *Avoir le melon :* être prétentieux. – *J'essaie de la persuader que L[...] n'a pas le melon et qu'elle a peut-être mal compris son humeur*. (Alain Mabanckou, *Rumeurs d'Amérique*.)

Partie du corps humain, la tête est le siège de la pensée. *Avoir le melon*, c'est « avoir la grosse tête ». On dit aussi *se prendre le melon*, pour « devenir prétentieux, avoir la tête qui ne passe plus les portes ».

★ **4**. Arabe (dans un contexte injurieux et raciste). – *Les insultes – bougnoule, bicot, crouille, gris, melon, boukak, sale Arabe – maintes fois entendues, encaissées, digérées*... (Soufiane Zitouni, *Confessions d'un fils de Marianne et de Mahomet*.)

En Afrique du Nord, les hommes ont, souvent, la tête ronde, le cheveu ras et le teint mat, qui évoque la chair orangée du melon ; ce qui leur vaut cette insulte raciste. À moins qu'il s'agisse d'une évocation de la forme de leur coiffure (chéchia, calotte). Répandue à partir du milieu du siècle dernier, l'injure demeure usuelle.

★ **5**. *Avoir les pieds en cosse de melon :* être extrêmement paresseux.

On s'explique mal le rapport entre un gros fruit, sa cosse et la paresse. Le cossard est un paresseux, il a la *cosse* (la flemme) ; d'où (peut-être) un jeu de mots entre la *cosse* (paresse) et la *cosse* d'un fruit. Mais pourquoi le melon ? On ne sait. On évoque parfois un rapport entre l'étymologie, possible mais non attestée, du mot *cosse*, qui viendrait de *cossu*, « riche », et le chapeau melon, qui est une coiffure de nanti. Bon.

D'autres expressions n'ont plus cours. Au XIXe siècle, le *melon*, c'est le niais, l'imbécile. Pourquoi ? Parce que, dans l'argot de Saint-Cyr et du Prytanée militaire de La Flèche, c'est le nouveau, le bleu qui ne sait encore rien. « Le sobriquet viendrait de ce que jadis les nouveaux saint-cyriens entraient à l'école le jour de la Saint-Melon, le 22 octobre. » (Hector France, *Dictionnaire de la langue verte.*) L'existence canoniquement attestée d'un saint de ce nom est hautement improbable, mais la naïveté supposée des élèves officiers a fait du melon le symbole de la personne facile à gruger, du candide embobiné par une demoiselle de petite vertu : « Un vieux melon qui trafiquait à la Bourse lui aboulait des thunes de temps en temps. » (Nonce Casanova, *Le Journal à Nénesse.*) D'où l'expression, aujourd'hui désuète, *fait comme un melon*, « berné, dupé ».

Un *melon*, ce fut aussi une bombe : « Il y a des bombes appelées *en marmites*, parce qu'elles en ont la figure, et des bombes oblongues que quelques-uns appellent *à melon.* » (François Aubert de La Chesnaye Des Bois,

Dictionnaire militaire, 1758, cité par Lazare Sainéan, *L'argot des tranchées*.) Très daté, ce sens a disparu.

Enfin, il ne faut pas oublier que le *melon* est un « chapeau rond, bombé et comestible inventé par le chapelier provençal Cavaillon » (Raoul Lambert, *Le dicodingue*).

*

NÈFLE : Fruit du néflier, que l'on consomme blet.

★ **1**. *Des nèfles ! :* rien du tout ! – *Des nèfles ! Jamais de la vie, il ment. C'est lui qui a mis un terme à cette arnaque*. (Claude Izner, *Minuit, impasse du Cadran*.)

L'équivalence « nèfles / rien du tout » date du XVIe siècle, sa forme exclamative est usuelle au XIXe siècle ; c'est une « expression de refus ou d'incrédulité », précise Hector France (*Dictionnaire de la langue verte*), qui ajoute : « Les synonymes sont : *du flan ! des dattes ! des navets !* » On retrouve ces nèfles dans la version française du film de Ken Annakin *La Bataille des Ardennes*, pour traduire l'énergique « *Nuts !* » lancé par un général américain à une offre de reddition, lors du siège de Bastogne en 1944.

★ **2**. *Pour des nèfles :* pour rien [au sens financier]. – *À moins que plus aucun médecin n'ait envie de passer sa vie à l'hôpital public pour des nèfles*. (Phoebe-Ann Moses, « Nouvelle cible du gouvernement : les médecins "mercenaires" », in *Contrepoints*, 18 décembre 2013.)

Plus ancienne que l'exclamation, la locution *pour des nèfles* est relevée dans les dictionnaires du XVIIe siècle :

« On se sert de ce mot en parlant de choses qu'on veut mépriser (Cela me coute de bon argent, je ne l'ai pas eu pour des nêfles). » (Pierre Richelet, *Dictionnaire françois…*) La métaphore est toujours de saison, comme en témoigne cette définition de mots croisés : « Cela ne vaut pas la peine de travailler pour elles » (Philippe Dupuis, grille n° 305, in *M Le Magazine du Monde*, 22 juillet 2017).

*

NOISETTE : Fruit du noisetier dont la coque renferme une amande comestible.

★ Testicule(s). *Casser les noisettes à quelqu'un*, l'importuner, l'ennuyer. – *Erdogan commence sérieusement à nous casser les noisettes*. (Laurent Lagneau, « L'aviation turque accusée d'avoir violé l'espace aérien grec », in *Zone militaire ; Forces aériennes Otan*, 12 février 2016.)

L'emploi de *noisette* pour « noix » est relativement rare ; on dit plus volontiers *casser les noix*.

*

NOIX : Fruit du noyer dont la coque ligneuse contient une amande comestible.

★ **1**. *Coquille de noix :* très petite embarcation. – *Une horde de bateaux de pêche, de la coquille de noix à des embarcations présentant de multiples bancs de rame*. (Caroline Roe, *Vengeance pour un mort*, trad. fr. J. Guiod.)

Ce surnom du tout petit bateau évoque la petitesse du fruit. Et la fragilité de sa coque renvoie à celle de menues embarcations voguant au gré des vagues.

★ **2**. *Casser les noix à quelqu'un*, l'exaspérer. – *Il passait sa vie à entrer et à sortir de ce porche et à me casser les noix avec sa Fiat 500 déglinguée*. (Andrea Camilleri, *Chien de faïence*, trad. fr. S. Quadruppani.)

C'est à la forme oblongue de ce même fruit que fait allusion cette expression, version imagée du vulgaire *casser les couilles*, souvent abrégé en *les casser*, *les briser* : « Ton Antoine commence à me les briser menu. » (Michel Audiard, dialogue du film de Georges Lautner *Les Tontons flingueurs*.)

★ **3**. Fesse(s). – *Sa petite paire de noix gonfle un peu sa minijupe*. (Pierre Perret, *Cuisse de mouche*.)

On passe ici à la face arrière du corps humain, le bas du dos. Quel rapport avec le fruit ? Aucun ; il s'agit d'une pièce de boucherie fort goûteuse, la noix de veau, la partie la plus charnue du veau.

★ **4**. *Une noix :* un imbécile. – *Faudrait pas qu'les députés, ils m'bourrent le crâne, ni qu'ils m'prennent pour une noix*. (René Benjamin, *Gaspard*.)

Les locutions jouant sur la faible valeur attachée à la noix sont anciennes : aux XIVe et XVe siècles, *valoir une noix*, c'est ne rien valoir du tout. D'où l'assimilation « noix / personne peu intelligente ». Traiter quelqu'un de « noix » est insultant, mais *vieille noix !* est une apostrophe amicale, répandue vers 1920.

★ **5**. *À la noix :* sans valeur, sans intérêt. – *C'est l'enchanteur que je viens voir, pour qu'il me donne des solutions d'enchanteur, pas des combines à la noix.* (Alexandre Astier, « Dies iræ », in *Kaamelott*, série télévisée.)

L'expression est à peu près contemporaine des Années folles, tout comme sa variante *à la noix de coco*, aujourd'hui un peu désuète : « Duez ? Un forçat "à la noix de coco" ! Telle est l'opinion de ses pairs. » (Albert Londres, *Au bagne.*)

★ **6**. *Comme une corneille qui abat des noix :* avec une ardeur impétueuse et désordonnée. – *Monsieur tombe ses copines comme une corneille abat des noix.* (Gilles Martin-Chauffier, critique du roman de Simonetta Greggio *L'Homme qui aimait ma femme*, in *Paris Match*, 19 août 2012.)

La lignée du gaulage des noix est ancienne ; on rencontre cet oiseau brouillon dans des contes du XVIe siècle : « & si faisoit de cul & de poincte comme une corneille qui abat noix. » (Bonaventure Des Périers, *Les Nouvelles Recreations & Joyeux Devis.*)

*

OLIVE : Fruit de l'olivier.

★ **1**. *Miro (miraud) comme une olive :* très myope, doué d'une très mauvaise vue.

Le mot *miro* (*miraud*) vient de *mirer*, « regarder ». Employé seul, il est courant, passé de la langue verte au langage familier depuis les années 1925-1930. La comparaison (*miro comme…*) vient du sens argotique du mot *olives*, « testicules », partie de l'anatomie où ne réside pas le sens de la vue.

★ **2**. *Changer l'eau de ses olives :* uriner. – *Putain con ! où tu vas encore ? – Je vais changer l'eau des olives ! […] – C'est là-bas au fond.* (Daniel Armogathe et Jean-Michel Kasbarian, *Dico marseillais.*)

D'origine provençale, déjà en usage au XIXe siècle (elle est relevée par Rigaud), la locution demeure vivante, surtout dans le sud-est de la France.

*

ORANGE : Fruit de l'oranger.

★ *Apporter des oranges à quelqu'un*, lui rendre visite à l'hôpital, en prison. – *T'en fais pas mon chouchou. Tu auras des oranges / Si tu vas en prison.* (Victorayoli, *Garde à vue.*)

On peut réconforter un malade ou un prisonnier de multiples manières ; pourquoi ce fruit ? L'histoire remonte à 1892 : quelques jeunes personnes dénudées ont participé au bal des quat'zarts, réjouissances bruyantes et bon enfant marquant la fin d'une année d'étude aux Beaux-Arts de Paris. Leur tenue n'a pas plu, quatre d'entre elles ont comparu au tribunal pour attentat à la pudeur. Parmi elles, une certaine Mlle Roger, dite « Sarah Brown », dont le sort émut Raoul Ponchon, qui lui dédia deux vers : « O ! Sarah Brown ! Si l'on t'emprisonne, pauvre ange, / Le dimanche, j'irai t'apporter des oranges. » Sans doute les oranges n'interviennent-elles ici que pour le plaisir de la rime. L'anecdote est oubliée, pas la promesse du poète, toujours usuelle aujourd'hui, souvent dans un contexte ironique.

Cette boule juteuse est relativement rare en langue verte et n'encombre pas les recueils d'expressions populaires. Sauf par dérision. Charles Virmaître (*Dictionnaire d'argot fin-de-siècle*) relève un sens ancien (et franchement péjoratif, voire insultant) : les *oranges*, ce sont des seins tombants : « Je trouve dans une vieille chanson […], *Tes deux oranges tombent dans tes bas.* » Et signale que les pommes de terre sont dites « oranges de Limousin » parce que les Limousins sont pauvres. Ce n'est pas le seul avatar de cet agrume, Balzac en signale un autre : « La pomme de terre, créée et mise au jour par Louis XVI et Parmentier, est aussitôt saluée par l'argot d'orange à cochons. » (« Essai philosophique, linguistique et littéraire sur l'argot, les filles et les voleurs », in *Splendeurs et misères des courtisanes.*)

*

PASTÈQUE : Plante méditerranéenne cultivée pour son gros fruit désaltérant ; ce fruit.

★ **1**. *Avoir la tête comme une pastèque :* avoir mal à la tête, avoir du mal à rassembler ses idées. – *J'en ai marre, je vous écoute pas, vous me faites la tête comme une pastèque.* (Alexandre Astier, « Dux bellorum », in *Kaamelott*, série télévisée.)

La pastèque est une cucurbitacée parfois nommée « melon d'eau ». Elle occupe dans nos façons de dire la même place que d'autres courges (voir *calebasse*, *melon...*). *Avoir la tête comme une pastèque*, c'est «avoir la tête comme une citrouille».

★ **2**. *En avoir ras la pastèque :* en avoir assez. – *Je commence à en avoir ras la pastèque de vos éliminations et de vos plasticages qui mettent Alger à l'envers.* (Vincent Ejarque, *Les Spectres d'Alger*.)

Pour rester dans le registre «courge», *en avoir ras la pastèque*, c'est «en avoir ras la coloquinte». Rappelons que ces gros fruits sont des euphémismes pour «anus»; toutes ces locutions se traduisent par «ras le cul». Elles sont modernes (XXe siècle).

*

PÊCHE : Fruit comestible du pêcher, en forme de boule irrégulière.

★ **1**. Tête, visage. – *N'empêche que c'est loupé pour eux quand même, et j'espère bien pouvoir leur balancer des pruneaux sur la pêche avant peu.* (Lettre d'un ouvrier parisien à sa sœur, 1914, citée par Lazare Sainéan, *L'argot des tranchées*.)

La pêche appartient à la confrérie des fruits plus ou moins ronds (voir *poire*, *pomme...*) qui symbolisent la tête humaine. Dans sa lettre à sa sœur, le jeune soldat en rajoute dans l'évocation fruitière en faisant intervenir une prune séchée.

★ **2**. *Se fendre la pêche :* éclater de rire, se tordre de rire. – *Fendez-vous la pêche [...], tas de gougnafiers ! N'empêche que vous aurez la trombine en dèche d'ici peu !* (Claude Izner, *Minuit, impasse du Cadran*.)

Le visage, ici, est fendu par un sourire «jusqu'aux oreilles»; la locution remonte à la fin du XIXe siècle. Le sens de *trombine en dèche* se passe de glose.

★ **3**. *Avoir la pêche :* tenir la forme. – *77 façons d'avoir la pêche sans se casser les dents sur le noyau.* (Titre d'un ouvrage de Catherine Barry, 2008.)

On ignore pourquoi *avoir la pêche*, c'est «être dynamique, avoir un moral d'enfer»; l'origine de l'expression est aussi obscure que celle de son équivalent *avoir la frite*; les deux locutions, contemporaines, se sont répandues après 1960. Ce symbole fruitier a donné le dérivé *pêchu*, «plein d'énergie, en parfaite santé».

★ **4**. Coup; en particulier, coup porté au visage. – *Dis donc, tu m'en as quand même mis un de taille, bandit ! – C'est ma pêche-qui-tue, mais j'ai mal sur toute la trogne.* (Robert Sabatier, *Les Noisettes sauvages*.)

Dans le genre «coup violent», une *pêche*, c'est quelque chose de rond comme un poing fermé; cela ne suffit pas à expliquer pourquoi le langage populaire a fait, vers 1910, d'un fruit succulent le symbole d'un coup violemment porté. Les autres fruits utilisés comme synonyme de *beigne* sont le marron et la châtaigne, qui devient *marron* chez le confiseur. L'origine de ces emplois n'est pas plus claire.

On retrouve ce gros fruit juteux dans des locutions aujourd'hui disparues; pour Rigaud (*Dictionnaire du jargon parisien*), *se faire épiler la pêche*, c'est se faire raser. Et ce même Rigaud, plutôt dubitatif, note un sens étonnant du mot *pêche* : « Pêche à quinze sous. Pécheresse du dessus du panier… de la prostitution. – Métaphore du cru Dumas fils, tonneau du *Demi-Monde*. "Je sais bien qu'on n'a encore aujourd'hui qu'une médiocre estime pour le panier des pêches à quinze sous." (Ed. Texier, *Les Choses du temps présent*.) "N'étaient-elles pas plus sympathiques, ces filles de Paris… que toutes ces drôlesses, pêches à quinze sous de Dumas fils ?" (Maxime Rude.) » Ce synonyme botanique de *poule de luxe* n'a visiblement pas eu grand succès.

*

POIRE : Fruit ovoïde du poirier.

★ **1**. Tête humaine, visage. – *Je prends un deuxième coup en pleine poire. Je m'écroule sur le côté.* (Alexis Nolent, *La Nuit du vigile*.)

Tous les fruits plus ou moins sphériques ou ovoïdes symbolisent – ou peuvent symboliser – la tête humaine ; la poire ne fait pas exception. L'image n'est pas nouvelle ; Hector France la relève : « Poire. Tête, figure ; argot populaire. Quand le fameux assassin Pranzini *[condamné à mort et exécuté en 1887]* attendait son exécution, une foule sauvage sortant des cabarets d'alentour venait chaque soir, rue de la Roquette, hurler sous les murs de la prison : "C'est sa *poire*, *poire*, *poire*, / C'est sa *poire* qu'il nous faut !" » (*Dictionnaire de la langue verte*.)

★ **2**. *Se fendre la poire* : rire aux éclats. – *Elle se marre. C'est space de la voir se fendre la poire.* (Habiba Mahany, *Kiffer sa race*.)

La locution évoque la mimique de quelqu'un qui éclate de rire. On «se fend la poire» comme on «se fend la pêche».

★ **3**. *Se payer la poire de quelqu'un*, se moquer de lui. – *Le fils naturel de Mgr de Lavigerie se fit l'écho de tous : – Vous vous payez notre poire, capitaine !* (Alphonse Allais, *Vive la vie !*)

Quand on «se paye la poire» de quelqu'un, c'est sa «tête» qu'on se paye. On ne retrouve pas la même symbolique avec d'autres fruits, sans doute parce que la poire est plus ou moins associée à la crédulité. Selon Rossignol (*Dictionnaire d'argot*, 1901), «celui qui est confiant ou bon enfant et qui se laisse tromper facilement est une poire».

★ **4**. *Être poire, être une poire :* être naïf, se laisser duper, exploiter. – *Un type un peu con – moi – est, pour employer un terme archaïque que les générations montantes peuvent encore comprendre à la rigueur, «une bonne poire»*. (François Cavanna, *Lune de miel*.)

Le chemin qui mène de la personne naïve au fruit est mal balisé. L'expression est peut-être issue «du croisement entre *la poire est mûre [donc bonne à manger]* et l'assimilation "poire-personne" acquise dans le sens "visage" d'où "personne"» (Alain Rey et Sophie Chantreau, *Dictionnaire des expressions et locutions*). On peut avancer une autre hypothèse. En 1831, le caricaturiste Philipon fait du roi Louis-Philippe une série de croquis qui, de menus changements en menus changements, déforment la tête du roi au point d'en faire une poire. «Le roi était bien sûr une mauvaise poire, à la fois servile envers l'ennemi héréditaire, l'Angleterre, et dur envers le peuple français. » (Marc Fumaroli, *Le livre des métaphores*.) Donc perdant sur les deux tableaux. Ce qui nous ramène à la bonne poire, la poire mûre, le pauvre type, le crédule, le dindon de la farce. Quelqu'un comme Adam, en somme, car « Ève est la première femme qui ait fait manger une pomme à une poire » (Jean Delacour, *Tout l'esprit français. Dictionnaire humoristique*).

★ **5**. *Couper la poire en deux :* transiger. – *Écoutez, Cousteix, coupons la poire en deux ; nous acceptons votre tarif, mais vous faites une concession au point de vue des modalités de paiement*. (Paul Kenny, *Coplan coupe les ponts*.)

Couper la poire en deux, c'est partager quelque chose d'agréable, faire participer à des profits. Donc « faire des concessions ». La locution semble récente.

★ **6**. *Une poire pour la soif :* un recours. – *Quand on est un sage / Et qu'on a du savoir-boire / On se garde à vue en cas de soif une poire… ou deux / Mais en forme de / bombonne*. (Georges Brassens, *Le Vin*.)

Garder une poire pour la soif est un précepte ancestral, relevé par Oudin (*Curiositez françoises*) au XVIIe siècle : pour lui, c'est « conserver quelque chose pour sa nécessité » ; puriste, il assortit sa définition d'un sévère « vulg. ». Peut-être l'expression était-elle prohibée dans le beau monde au début du règne de Louis XIV ; aujourd'hui, elle est banale.

★ **7**. *Entre la poire et le fromage :* incidemment, comme par inadvertance. – *Introduire une discussion* *incongrue et impossible entre la poire et le fromage relève d'une belle dose d'inconscience.* (Solon, « Entre la poire et le fromage », in *Le Monde*, 14 septembre 2009.)

Le propos badin de fin de repas, émis « entre la poire et le fromage », renvoie à l'ordonnance ancienne des repas qui, en France, se terminaient par le fromage proposé après le dessert, contrairement à nos habitudes modernes imitées de la coutume britannique de conclure les agapes par du sucré.

Comme la plupart des fruits plus ou moins sphériques, la poire est mise, si l'on ose dire, à toutes les sauces. Certaines locutions ont disparu ; plus personne ne comprend que *faire sa poire*, c'est « jouer le dédain. Allusion à la moue qui allonge les lèvres en gonflant les joues » (Étienne Loredan-Larchey, *Dictionnaire historique d'argot*). D'autres expressions sont demeurées vivantes, et courantes : *c'est bien fait pour ta poire*, c'est bien fait pour toi ; *se foutre de la poire de quelqu'un*, se foutre de lui ; *se sucer la poire*, s'embrasser. Liste non exhaustive, l'inventivité langagière étant, dans ce domaine, de l'ordre de l'infini.

*

POMME : Fruit du pommier. – Tête humaine, personne humaine.

★ **1**. *Se payer la pomme de quelqu'un*, se moquer de lui. – *Onessa, qu'est un brave homme / Qui n'aime pas les quiproquos / Occit l'officier d'turcos / Qui s'était payé sa pomme.* (Blédort, *Chansons des faubourgs*, cité par Hector France, *Dictionnaire de la langue verte.*)

La pomme et la poire, prises comme symboles de la tête humaine, ont donné des locutions interchangeables, et relativement récentes (XIXe siècle pour la plupart). *Se payer la pomme de quelqu'un*, c'est « se payer sa tête ».

★ **2**. *Sucer la pomme de quelqu'un*, l'embrasser. – *Ce qui me manque, voyez-vous, c'est de sucer la pomme à ma pauvre vieille dabesse.* (Nonce Casanova, *Le Journal à Nénesse.*)

La locution semble dater des toutes dernières années du XIXe siècle ; elle est vite devenue courante, et le demeure.

★ **3**. *Ma (ta, sa...) pomme :* moi (toi, lui...)-même – *Ma pomme, / C'est moi... / J'suis plus heureux qu'un roi. / Je n'me fais jamais d'mousse. / Sans s'cousse, / Je m'pousse.* (Maurice Chevalier, *Ma pomme.*)

On est passé assez vite de la tête à la personne tout entière ; l'image doit sa popularité à la chanson de Maurice Chevalier (1936), qui eut immédiatement un immense succès.

★ **4**. *Aux pommes :* épatant. – *C'est bath aux pommes ! Un vrai nid d'amour ! Il ôta sa veste, l'étendit sur l'herbe.* (Claude Izner, *La Disparue du Père-Lachaise.*)

C'est au fruit lui-même que fait allusion le compliment *aux pommes* ; *c'est aux pommes* est cousin de *c'est du gâteau*, la pomme entre dans les recettes d'innombrables gâteaux, ce qui conduit à évoquer un lien possible. C'est l'avis de Lorédan-Larchey (*Dictionnaire historique d'argot*) : « Ce superlatif est sans doute causé par la passion du voyou parisien pour le chausson aux pommes. » L'expression a suscité la verve d'autres commentateurs ; Rigaud (*Dictionnaire du jargon parisien*) se montre inventif : « Deux consommateurs, un habitué et un étranger, demandent, dans un café, chacun un bifteck, le premier aux pommes, le second naturel, nature, dans l'argot des restaurateurs. Le garçon chargé des commandes vole vers les cuisines et s'écrie d'une voix retentissante : "Deux biftecks, dont un aux pommes, soigné !" Le mot fit fortune. C'est depuis ce jour qu'on dit : "Aux pommes", pour soigné. » *Se non è vero è ben trovato*. D'autant que les pommes en question sont certainement « de terre », ce que Rigaud ne dit pas : il classe son anecdote dans la série « pomme-fruit ».

★ **5**. *Tomber dans les pommes :* s'évanouir. – *Merle est chez moi, je lui dis. Elle est tombée dans les pommes.* (Raymond Chandler, *La Grande Fenêtre*, trad. fr. R. Vavasseur et M. Duhamel.)

On revient aux fruits du pommier lorsqu'on tombe dedans. Mais pourquoi servent-ils de terrain de chute ? Depuis plus de cent ans, les hypothèses s'accumulent, y compris les plus farfelues. Si l'on en croit une lettre de George Sand à sa mère, interminablement citée, on disait autrefois *être dans les pommes cuites* pour « être accablé de fatigue ». Pourquoi les pommes et pourquoi cuites ? Selon Claude Duneton (*La Puce à l'oreille*), c'est parce qu'elles servaient de projectiles. Il cite Alphonse Karr, qui raconte que, vers 1840, dans une ville de province, lors d'une représentation théâtrale désastreuse, on jeta aux acteurs « des pommes dont quelques-unes seulement étaient cuites ». Après passage au four, ce fruit est, en effet, si mou que, pour d'Hautel (*Dictionnaire du bas langage*), une « pomme cuite » est « un homme foible, que tout incommode ». Et Le Roux (*Dictionnaire comique, satyrique…*) note : « On dit pour exagérer la foiblesse d'une place, qu'*on l'abattroit à coups de pommes cuites.* » Avec *tomber dans les pommes*, on est passé de la contrariété (ou de la douleur, si les fruits sont crus) de celui qui les reçoit à sa faiblesse… En réalité, il est probable – mais non prouvé – que l'expression moderne dérive de celle qu'avait employée George Sand : *être dans les pommes cuites*, c'est-à-dire, en quelque sorte, « être cuit », donc… en petite forme, abattu, très fatigué.

★ **6**. *Se soucier de (quelque chose, quelqu'un) comme un poisson d'une pomme*, s'en moquer. – *Entendre du Wagner pendant quinze jours avec elle qui s'en soucie comme un poisson d'une pomme, ce serait gai !* (Marcel Proust, *À la recherche du temps perdu.*)

Dans la série « se soucier, se servir de [une chose] comme [un homme ou un animal] de [quelque chose] », on rencontre des comparaisons biscornues ; dans le registre fruitier, on dit aussi *embarrassé comme un canard d'une pomme*. Qu'elles mettent en scène un poisson ou un oiseau, les deux expressions datent de la fin du XIXe siècle.

★ **7**. *Haut comme trois pommes :* très petit. – *Toutes identiques et hautes comme trois pommes, le visage vieilli prématurément, avec leurs melons noirs juchés* *sur le haut du crâne.* (Gérard de Villiers, *SAS. Safari à La Paz.*)

Quand on est « haut comme trois pommes », on n'est en effet pas très grand ; le propos se passe de glose, la locution est assez récente (début du siècle dernier).

★ **8**. *Commun comme les pommes :* d'aspect ordinaire, manquant de distinction (en parlant d'une personne).

Originaire d'Asie, arrivée en Europe par les routes de la soie, adoptée par les Arabes, les Grecs et les Romains, la pomme s'est répandue si largement que, au Iᵉʳ siècle de notre ère, Pline l'Ancien (*Histoire naturelle*) en décrit une centaine de variétés. Cette boule juteuse est si commune dans nos vergers qu'elle évoque la banalité. D'où cette expression, usuelle au siècle dernier, double adouci du dédaigneux *commun comme pain d'orge.*

★ **9**. *Pomme de discorde :* sujet de dispute, de controverse. – *La pomme de discorde est la présidence du Conseil départemental.* (Nicole Mari, « Élections départementales », in *Corse Net Infos*, 30 mars 2015.)

La pomme de discorde nous renvoie à l'Antiquité. On va tenter de résumer l'épisode de la mythologie grecque où ce fruit joue un rôle essentiel. La déesse de la Discorde, Éris, n'a pas été invitée par Zeus à une grande fête sur l'Olympe. Furieuse, elle jette aux dieux une pomme qu'elle destine, sans autre précision, à la plus belle des déesses. Trois d'entre elles, Héra, Athéna et Aphrodite, la revendiquent violemment ; pour mettre fin à l'empoignade, Zeus envoie les concurrentes sur le mont Ida et charge Pâris de les départager ; la pomme échoit à Aphrodite. Les autres ne sont pas contentes. De ce « jugement de Pâris », de cette préfiguration du concours de Miss Monde, est, en partie, issue la guerre de Troie. Et cette pomme symbole de ce qui divise est aussi celui de la récompense suprême : « On dit fig. *Donner la pomme à une Dame*, pour dire, Luy donner le prix de la beauté. *Dans cette assemblée de Dames, c'est celle-là à qui j'aurois donné la pomme.* » (*Le dictionnaire de l'Académie françoise*, 1694.) Cette ambiguïté n'a pas échappé aux humoristes : « Conformément aux traditions les plus respectables, la pomme n'a pas cessé d'être un fruit moralisateur et, en même temps, un élément de discorde. » (Christophe, *Les Malices de Plick et Plock.*)

★ **10**. *Cueillir la pomme* (en parlant d'une fille) *:* perdre sa virginité. *Croquer la pomme :* faire l'amour. – *Une poitrine si plantureuse, qu'en toute autre circonstance l'amateur le plus délicat eût volontiers croqué la pomme avec elle.* (Théo-Critt, *Nos farces à Saumur.*)

Nous passons ici de la mythologie à la Bible. Cette pomme, c'est le fruit de l'arbre de la science du bien et du mal, le fruit défendu qu'Adam et Ève n'avaient pas le droit de manger. Mais Ève désobéit, cueillit le fruit, l'apprécia, le fit partager à son mari, qui, lui aussi, le trouva bon. Cet accès de curiosité et cette gourmandise eurent diverses fâcheuses conséquences énumérées dans la *Genèse* (III, 11-19), dont la première est que Adam et Ève surent qu'ils étaient nus et en eurent honte ; d'où les sens érotiques de *cueillir, croquer la pomme*. Au fait, pourquoi ce fruit ? Il est rare au Moyen-Orient. Et, dans le récit biblique, il est question d'un fruit indéterminé. Longtemps, le mot *pomum* (ou son pluriel *poma* devenu singulier collectif) a désigné tout fruit, à pépins ou à noyau, avant de s'appliquer de plus en plus souvent à notre pomme. Et à s'inviter non pas dans le texte biblique, qui en reste au fruit non identifié, mais dans nos manières de parler. Dont les références implicites plongeaient dans un abîme de perplexité les personnages de Flaubert : « Quand on pense que le christianisme a pour base une pomme ! » (*Bouvard et Pécuchet*.)

★ **11**. *Une pomme, une bonne pomme :* quelqu'un de trop bon, de naïf, de facile à duper. – *Faire tourner cette baraque… et guider tous ces débiles jusqu'au Graal, c'est sur moi que c'est tombé. Les dieux ont trouvé une bonne pomme pour s'arracher les cheveux avec cette histoire de dingue*. (Alexandre Astier, « L'épée des rois », in *Kaamelott*, série télévisée.)

Le fruit défendu n'a aucun rapport avec la « pomme », la « bonne pomme », le gentil, le naïf qu'on peut tromper, exploiter, rouler dans la farine. Récente, la locution vient sans doute d'un passage de *poire* à *pomme*, d'un gros fruit ovoïde à un fruit sphérique. On dit aussi *pomme à l'eau*, ce qui renforce le propos, mais, là, il s'agit probablement d'une pomme de terre, cuite de la façon la moins coûteuse, ce qui évoque le dédaigneux *manger des patates à l'eau*, version moderne mais assez rare du désuet *ne se nourrir que de carottes*.

★ **12**. *La pomme ne tombe jamais loin du pommier :* les enfants ressemblent à leurs parents, les mêmes causes produisent les mêmes effets. – *Les chiens n'font pas des chats, les ratés ne font qu'des paumés / Parce que la pomme ne tombe jamais loin du pommier.* (Médine, *La Récolte.*)

Le proverbe est la version végétale du dicton qui met en scène deux animaux supposés se haïr, au point que dire *s'entendre comme chien et chat*, c'est dire *se détester.*

★ **13**. *La pomme de Newton :* toute circonstance banale, tout événement ordinaire qui produit un résultat inattendu, qui aboutit à une grande découverte.

Le savant anglais du XVIIe siècle surgit ici à cause d'une anecdote tardivement rapportée, mais sans doute proche de la réalité et devenue légendaire. Isaac Newton (1642-1727) aurait découvert les lois de la gravitation universelle en voyant tomber une pomme à ses pieds.

Fruit courant des régions tempérées humides, consommée depuis le Néolithique (8000 à 5000 av. J.-C. environ), la pomme s'invite partout dans notre langue. On la chante : « L'amoureux qui passe / Qui vous prend les cheveux / Qui vous conte des bagatelles / Qui met la marguerite / Au jardin potager / La pomme défendue / Aux branches du verger. » (Georges Brassens, *Pénélope.*) On la croise dans les polars : *La Reine des pommes*, titre d'un roman de Chester Himes. Elle rythme les ritournelles enfantines : « Pomme de reinette et pomme d'api / D'api d'api rouge / Pomme de reinette et pomme d'api / D'api d'api gris / Cache ton poing derrière ton dos / Ou je te donne un coup de marteau. » Elle illustre les proverbes ; le proverbe anglais *An apple a day / Keeps the doctor away*, traduit en français, est ainsi commenté par Winston Churchill : « Une pomme par jour éloigne le médecin, pourvu qu'on vise bien. »

Elle a prêté son nom à un drôle de fruit exotique en forme de boule, dont les dictionnaires anciens n'ont su que faire : « *Pomme dorée* ou *pomme d'amour*, plante qui produit un fruit gros comme une petite pomme, d'un jaune rougeâtre ; c'est la *tomata* des Espagnols. » (Claude-Marie Gattel, *Nouveau dictionnaire portatif de la langue françoise*, 1797.) Cette *tomata*, paresseusement francisée en *tomate*, n'est acceptée par l'Académie qu'en 1835, comme à regret : « espèce de morelle autrement nommée pomme d'amour » ; l'année précédente, Napoléon Landais s'était pris les pieds dans le tapis en en faisant « plutôt une variété de la pomme d'amour » (*Dictionnaire général et grammatical des dictionnaires français*). Cette « pomme d'amour » qui, au XIXe siècle, faisait s'embrouiller les lexicographes n'a rien à voir avec celle du pâtissier, petite pomme caramélisée qu'on déguste à l'aide d'un bâtonnet planté au cœur du fruit. Quant à la tomate de nos jardins, *pomme d'amour* ou *pomme dorée*, les Italiens, gastronomes affûtés et cuisiniers avisés, la nomment *pomodoro*, « pomme d'or ». Sans qu'elle ait le moindre rapport avec celle du jardin des Hespérides, volée par Hercule.

*

PRUNE : Fruit du prunier, sphérique ou ovoïde.

★ **1**. Balle de fusil, de pistolet, de revolver ; boulet. – *À défaut de prune de plomb, la cravate de chanvre* *n'est pas à dédaigner*. (Louis Garneray, *Un corsaire au bagne*.)

Autrefois, le projectile d'arme à feu était aussi bien une *prune* qu'un *pruneau* ; pour les poilus, le tirailleur était un *pique-prune*. Le fruit du prunier appartient depuis longtemps au vocabulaire militaire. Delvau (*Dictionnaire de la langue verte*) précise : « Prune : balle ou boulet, – dans l'argot des soldats, qui ne se battent vraiment pas pour des prunes. [...] *Gober la prune*. Recevoir une blessure mortelle. » Il semble que ce sobriquet ait une longue histoire. On le rencontre chez Saint-Amant : « N'estoient que fleurs, mis en comparaison / Des fruits mortels de cette aspre Saison. / Les Abricots, les Grenades, les Prunes / Que maintenant [...] / On sert à Mars sur sa Table de fer. » (*Les Œuvres du sieur de Saint-Amant*, 1647.) Et Delvau relate une anecdote (apocryphe ?) mettant en scène Henri IV secouant un prunier et Sully accourant l'avertir de l'arrivée de « gens qui semblent avoir dessein de [lui] préparer une collection de bien d'autres *Prunes* que celles-ci, et un peu plus dures à digérer ». Ce qui, si l'on croit ce récit haut en couleur, nous ramène à la fin du XVIe siècle ou aux premières années du siècle suivant.

★ **2**. Coup de poing sur le visage. – *À tout hasard, pour l'entretenir dans le bon climat, il me balance une prune à la pommette*. (San-Antonio, *Fais gaffe à tes os*.)

Le sobriquet est ancien, dès le XIVe siècle, il s'appliquait au coup de poing ou de pied. En outre, le poing fermé est à peu près sphérique, comme la plupart des prunes, et la mornifle produit un bleu, dont la couleur évoque celle de certaines prunes (prune d'ente, quetsche…).

★ **3**. Contravention, P.-V. – *Quand il* [Michel Charasse] *déclare : « Pas de favoritisme, quand je déconne au volant et que je me plante une prune, c'est pour mes pieds », il n'y a rien d'affecté dans ce langage.* (Jean Amadou, *Journal d'un bouffon*.)

Sans être mortelle, ni même douloureuse, la contredanse est désagréable. Le P.-V. ne meurtrit pas le visage, mais blesse l'amour-propre et dégarnit le portefeuille.

★ **4**. *Secouer les prunes à quelqu'un*, le pousser à agir ; le réprimander sévèrement.

On passe de l'arboriculture à l'anatomie. Ici, les *prunes* (les « prunes de monsieur », pour Delvau dans son *Dictionnaire érotique moderne*), ce sont les testicules. Leur forme évoque en effet celle des fruits du prunier. La locution est relativement rare, on entend plus souvent *faire bouger le cul* (à quelqu'un), ou, sous forme exclamative, *bouge ton cul !*, allusion à une partie du corps humain également située en dessous de la ceinture.

★ **5**. *Pour des prunes :* pour rien. – *Où est M. Moizan ? – En voyage. – C'est regrettable, j'aurais fait la route pour des prunes.* (Claude Izner, *Les Souliers bruns du quai Voltaire*.)

Dans la catégorie « rien du tout », les prunes rejoignent la tribu hétéroclite des fruits et légumes de petite taille. Il en était déjà ainsi au Moyen Âge, où une *prune*, c'était à la fois – et réciproquement, dirait Pierre Dac – la chance et la malchance, l'aubaine et le désagrément. Ce sont les ennuis qui ont gagné ; a suivi la connotation désagréable de l'échange inégal, du marché de dupes dont est victime celui qui reçoit « une prune pour deux œufs ». Le fruit est ainsi devenu – et de longtemps – l'équivalent de *presque rien* : persuadé d'être cocu, et moqué par son entourage, Sganarelle n'en démord pas et proclame que « ce n'est pas pour des prunes » qu'il en est convaincu (Molière, *Sganarelle ou le Cocu imaginaire*).

★ **6**. *Aux prunes :* à l'automne. – *Je vais avoir quarante-cinq ans aux prunes*. (Octave Feuillet, *Scènes et comédies*.)

L'expression *aux (dernières, prochaines) prunes* fait allusion à l'époque de la récolte du fruit, mûr à la fin de l'été ou au début de l'automne ; bucolique, un peu démodée, elle est devenue littéraire.

*

PRUNEAU : Prune séchée.

★ **1**. *Un pruneau, un petit pruneau :* une personne au teint mat ou hâlé (souvent en parlant d'un enfant ou de quelqu'un de très jeune). – *Si Kurt, ce père aimé [...], voyait son « petit pruneau », il le trouverait bien ratatiné*. (Élise Fischer, *Le Soleil des mineurs*.)

Le pruneau n'avait autrefois pas bonne presse. Pour Oudin (*Curiositez françoises...*), être « delicat & blond comme un Pruneau », c'est (par antiphrase : le pruneau n'est pas blond et c'est un fruit rustique) être « grossier ». On disait, au siècle dernier, *commun comme pain d'orge*. On retrouve la même dérision chez Furetière (*Dictionnaire universel*) : « On dit ironiquement d'une personne noire, qu'elle est blanche comme un pruneau relavé. » Les académiciens, en 1694, sont du même avis : la personne au teint mat est un « pruneau délavé ». Il ne faisait pas bon, à l'époque, avoir la peau brune, ou simplement dorée.

★ **2**. Balle d'arme à feu. – *Il faudrait s'arrêter, en marchant sur Tombouctou, pour voir l'endroit où, près de l'arbre aux chiffons, Gouraud reçut son premier pruneau*. (Albert Londres, *Terre d'ébène. La traite des Noirs*.)

Au milieu du XIXe siècle, Littré notait qu'une *prune*, c'était une balle de fusil. On est passé de la prune au pruneau, ce qui renvoie à la forme ovoïde et à la couleur sombre de ce fruit sec. Et, comme chacun sait, le flingue est un « instrument de cuisine servant à préparer et servir les pruneaux » (Lazare Sainéan, *L'argot des tranchées*).

*

REINETTE : Variété de pomme dont la peau se fripe à maturité.

★ *Ridé comme [une] reinette* : très ridé. – *Elle est ridée comme reinette, / Elle est petite, rondouillette ; / Son œil est bleu et plein de ris, / Elle est ridée comme reinette, / Mamie, ma mie, si gentillette*. (Henri Paul Zicola, *Les Soleils de l'enfer*.)

Connue et appréciée depuis longtemps, cultivée un peu partout, la pomme est un support commode de comparaisons qui renvoient à diverses caractéristiques du fruit, ici la tendance de la peau à se friper, à se plisser comme le visage d'une personne âgée. Pourquoi la reinette ? Parce que, d'excellente conservation, elle termine l'hiver un peu fripée. L'expression semble ancienne, souvent sous une forme légèrement différente, *ridé comme une [pomme] reinette*, ou *comme une pomme*. Ce gros fruit n'est d'ailleurs pas seul dans cette catégorie, on dit aussi – plus rarement – *ridé comme une vieille poire* : « Tu dois avoir aujourd'hui quarante-huit ans, peut-être cinquante et tu es ridée comme une vieille poire. » (Arnould Galopin, *Les Enracinées*.)

*

TOMATE : Plante potagère cultivée pour ses fruits ; ce fruit, le plus souvent d'un rouge vif.

★ **1**. *Rouge comme une tomate :* très rouge. – *Les dix gamins, de la boue jusqu'aux genoux, avaient les joues rouges comme des tomates*. (René Boylesve, *Le Bonheur à cinq sous*.)

L'expression est usuelle depuis longtemps ; la comparaison fait appel à la fois à couleur du fruit et à sa forme, plus ou moins sphérique, qui évoque celle d'une tête humaine.

★ **2**. *Jeter des tomates à quelqu'un*, le conspuer. *Recevoir des tomates :* être conspué. – *6 février 1956. Des tomates pour Guy Mollet*. (Fabrice Madouas, in Herodote.net.)

Le jet de tomates, fruit assez mou donc peu dangereux pour le destinataire, a ponctué les manifestations pendant la guerre d'Algérie ; il est resté usuel depuis (du moins en saison).

★ **3**. *En avoir gros sur la tomate :* en avoir gros sur le cœur, avoir du chagrin, être en colère. – *Gros sur la tomate*. (Titre d'un ouvrage pour la jeunesse de Dominique Brisson.)

La tomate est rouge comme le cœur, elle en a parfois la forme. La symbolique « cœur / tomate » prend le mot *cœur* au sens figuré de « siège des sentiments, des émotions ».

★ **4**. Au café, apéritif anisé additionné de grenadine. – *L'ombre de Chirac s'est estompée. Ce dernier n'apparaissant plus que sporadiquement sur ces photos devenues presque traditionnelles, où il sirote une bière ou une tomate, chez Sénèque à Saint-Tropez*. (Anne Fulda, *Portraits de femmes*.)

La boisson tire son nom de sa couleur ; son arrivée sur le zinc date du début du siècle dernier.

★ **5**. Idiot. – *T'as l'air d'une tomate, toi, t'sais, quand tu rigoles*. (René Benjamin, *Journal*.) – *Être tomate, comme une tomate :* être ébahi, sidéré. – *J'en suis comme une tomate*. (Jeanne Landre, *Échalote et ses amants*.)

On comprend mal pourquoi on assimile un fruit savoureux à la sottise ou à la stupéfaction ; la locution appartient à l'argot des poilus et la tomate figurait rarement (ou jamais…) au menu de la roulante. L'expression a disparu de nos manières de dire.

On rencontre, dans certains dictionnaires d'argot, *tomate* pour « rosette de la Légion d'honneur » (François

Caradec et Jean-Bernard Pouy, *Dictionnaire du français argotique et populaire*) ; le sobriquet, apparu vers 1910, ne s'est pas imposé.

TROGNON : Partie centrale, en général non comestible, d'un fruit à pépins ou d'un légume.

> ★ **1**. *Jusqu'au trognon :* totalement. – *Le mariage, c'était donc du bidon ? Décidément, il nous a eus jusqu'au trognon.* (Albert Spaggiari, *Faut pas rire avec les barbares.*)

Le contexte de *jusqu'au trognon* est toujours négatif, dans le registre de « se faire avoir, se faire posséder ». Ou, plus grossièrement, « se faire enfler », *trognon* étant ici un euphémisme pour « cul ».

> ★ **2**. *Mon petit trognon :* terme d'affection. – *Tu sais comme je t'aime, mon petit trognon ; tu ne serais donc pas malheureuse avec moi.* (Arnould Galopin, *Les Enracinées.*)

L'emploi de *trognon*, ou *petit trognon*, pour « mignon » remonte au moins au XVIIe siècle, Evaristo Gherardi le relève en 1694 : « Moy, quitter ce pauvre petit trognon ! oh ! que je l'aime trop. » (*Le theatre italien [...] ou le recueil general de toutes les Comedies & Scenes françoises...*) Au XIXe siècle, on trouve souvent *trognon de chou*, aussi tendrement connoté. Ce ne fut pas toujours le cas ; sous Louis XIV, c'était une insulte : « On dit encore d'une chose qu'on veut mépriser beaucoup, qu'*elle ne vaut pas un tronc de chou, un trognon de chou.* » (Philibert-Joseph Le Roux, *Dictionnaire comique, satyrique...*) Cent ans plus tard, on le dit toujours, mais plus rarement ; pour d'Hautel (*Dictionnaire du bas langage*), c'est un « terme de mépris ». Le sens s'est ensuite perdu.

On retrouve le registre de l'affection dans l'emploi actuel du mot ; *trognon* est souvent entendu comme un mot-valise issu de *trop[p mi]gnon*, parfois écrit *trop gnon*, *gnon* étant, bien sûr, « mignon ». Mais, à l'inverse, ce même *trognon* peut être pris pour *trogne* ; *dévisser le trognon* de quelqu'un, c'est lui « dévisser la tête », l'étrangler (Jean-Louis Gréverand, *Les portugaises ensablées ; dictionnaire de l'argot du corps*). La locution ne semble pas très usuelle.

*

VIGNE : Arbrisseau cultivé pour son fruit, le raisin. – Vignoble.

★ *Dans les vignes du Seigneur :* ivre. – *L'alcoolique est un être errant qui recherche dans les vignes du Seigneur son paradis perdu.* (André Pronovost, *Les Marins d'eau douce.*)

On a d'abord dit *mettre le pied dans la vigne du Seigneur*, puis *être dans les vignes* ; la forme moderne, *être dans les vignes du Seigneur*, date du début du XIXe siècle.

La vigne et le vin ont, au cours des âges, fait couler des flots d'encre, parfois teintés d'étonnement : « Vigne ! Ton breuvage ne nous réjouit / que par la noble pourriture / qui flétrit ton fruit. »

On retrouve la vigne dans d'autres expressions sans rapport avec un passage aviné dans un vignoble : « Dans le vieux Testament, Dieu appelle le peuple d'Israël

Sa vigne. Et on dit *Travailler à la vigne du Seigneur*, pour dire, S'employer à l'instruction & à la conversion des ames. » (*Le dictionnaire de l'Académie françoise*.) La référence à la Bible fait penser à l'ivresse de Noé (*Genèse*, IX, 18-29). Il n'en est rien, il s'agit d'une métaphore présente à de multiples reprises tant dans l'Ancien que dans le Nouveau Testament, toujours en relation avec le respect et la diffusion de la parole divine.

LE POTAGER DU ROI

LES LÉGUMES

ARTICHAUT : Légume portant un capitule dont on consomme, cuits, la base des feuilles et le fond, couramment nommés « cœur ».

> ★ *Cœur d'artichaut :* amoureux volage. *Avoir un cœur d'artichaut :* être peu fidèle en amour. – *[Elle] sut utiliser ses charmes abondants pour fixer une bonne fois ce cœur d'artichaut aux amours souvent renouvelées.* (Alain Rey, *Dictionnaire amoureux des dictionnaires.*)

L'artichaut s'offre feuille à feuille, l'inconstant éparpille ses amours : selon Étienne Lorédan-Larchey (*Dictionnaire historique d'argot*, 1861), il est « livré à autant de caprices que le cœur d'artichaut compte de feuilles ». Ce comportement suscite chez Delvau une réprobation à géométrie variable selon le sexe : un homme frivole est un « homme à l'amitié banale » ; la femme volage, une « femme à l'amour vénal ». Pour Coluche, peu porté aux considérations morales, mais attentif à l'essentiel, l'artichaut – le légume – « est un plat de pauvres. C'est le seul plat que quand t'as fini de manger, t'en as plus dans ton assiette que quand t'as commencé ».

*

ASPERGE : Bourgeon comestible d'une plante potagère.

★ **1**. *Une (grande) asperge :* une personne très grande et très mince ; une grande bringue. – *Ce curieux garçon est une grande asperge de presque deux mètres qui marche voûté comme s'il voulait se mettre à la hauteur des gens normaux.* (Jean Tirelli, *Le Journal d'une cloche.*)

L'analogie d'aspect entre un légume long et mince et un individu (trop) long et (trop) mince vaut à cette plante potagère la faveur des humoristes ; pour Pierre Daninos (*Le Jacassin*), l'asperge est un « légume utilisé comme mesure de grandeur ».

★ **2**. *Les asperges :* la prostitution. *Être aux asperges :* se prostituer. *Aller aux asperges :* racoler. – *Qu'il pleuve ou qu'il vente, Lola d'Ivry allait aux asperges tous les jours à six plombes.* (Pierre Perret, *Le petit Perret illustré par l'exemple.*)

À la parenté de forme légume-verge s'ajoute la notion de fellation. La locution renvoie au jeu de mots sur le poireau, légume commun, et l'asperge, légume coûteux. Pour Francis Blanche, l'asperge est « le poireau du riche » ; « aller aux asperges » est donc plus rentable qu'« aller au poireau ».

*

AUBERGINE : Plante potagère au fruit en forme de massue ; son fruit.

★ Contractuelle de la préfecture de police de Paris, chargée notamment de faire respecter les règles de stationnement. – *Dites son rire frais, plus doux que l'aubergine / Qui nous colle un P.-V., adorable frangine.* (Claude Gagnière, *Pour tout l'or des mots.*)

Le sobriquet est dû à l'uniforme porté par ces préposées entre 1971 et 1976, d'un violet sombre évoquant la peau de l'aubergine ; le texte de Gagnière reprend plaisamment un vers ridicule de Leconte de Lisle : « Dites son rire frais, plus doux que l'aubergine. »

*

BETTERAVE : Pante cultivée pour sa grosse racine charnue ; cette racine, dont une variété, de couleur rouge, est consommée cuite.

★ **1**. Bouteille. – *Une nouvelle betterave était sur la carrante.* (Albert Simonin, *Le petit Simonin illustré.*)

L'analogie de forme et de couleur entre le kil (*kilo*, surnom du *litre*) de rouge posé sur la table (la *carrante*) et la betterave cuite suffit à expliquer la métaphore.

★ **2**. *Une betterave :* le nez d'un ivrogne. – *Avoir une betterave : avoir un gros nez, rouge et enluminé.* (Hector France, *Dictionnaire de la langue verte.*)

Ce n'est pas à la forme d'un contenant (une bouteille) mais à la couleur d'un contenu (ici du vin rouge) que faisait allusion cette locution devenue désuète. On dit plus volontiers aujourd'hui *avoir le nez comme une betterave.*

★ **3**. Torpille, pour les poilus de la Première Guerre mondiale. – *Qu'est-ce qu'ils plantent comme* *betteraves !* (Rigolboche, in *Bulletin des armées*, 20 septembre 1916.)

Le surnom de la torpille évoque une parenté de forme, puisque, « comme le navet, la betterave est un légume plus ou moins cylindrique » (Gaston Esnault, *Le poilu tel qu'il se parle*).

★ **4**. Homme peu dégourdi, dans le langage des tranchées. – *La betterave, la tomate, c'est encore une espèce de ballot*. (Georges Rocher, « L'argot du poilu », in *L'Impartial*, 22 août 1916.)

On se demande pourquoi assimiler un sot à un légume arrondi ; voire à plusieurs légumes arrondis. On voit bien l'analogie de forme entre un objet sphérique et une tête humaine, mais pourquoi la bêtise ? On retrouve une analogie de même type avec la *gourde*, ronde et lourde, lourde comme celle (ou celui) qui manque de subtilité, le lourdaud en somme.

★ **5**. *Ordre de la betterave :* ordre des Palmes académiques.

Le ruban violet de l'ordre des Palmes académiques évoque la couleur rouge foncé de la betterave cuite, d'où son surnom. Cette couleur lui a valu, au XIXe siècle, un autre sobriquet, celui de « demi-deuil de la Légion [d'honneur] ».

La plupart des sens argotiques du mot *betterave* ne nous évoquent plus rien ; à l'exception, toutefois, des allusions au jus de la vigne.

*

CAROTTE : Plante potagère cultivée pour sa racine comestible ; cette racine.

★ **1**. *Manier la carotte et le bâton :* utiliser alternativement, pour se faire obéir, la récompense et la punition. – *Dans un de ses derniers écrits, Mussolini affirme que le peuple doit être traité comme l'âne, avec le bâton et la carotte.* (Andrea Camilleri, *Le Voleur de goûter*, trad. fr. S. Quadruppani avec M. Loria.)

La carotte et le bâton nous sont venus d'outre-Atlantique, en 1944, dans le paquetage des GI ; la locution politique américaine *the carrot and the stick*, littéralement traduite, évoque l'usage de la convoitise et de la menace pour obtenir la soumission. Cette racine appréciée des ânes se retrouve dans une autre locution, *marcher à la carotte*, « agir poussé par l'appât du gain ».

★ **2**. *Les carottes sont cuites :* les dés sont jetés, il n'y a plus rien à faire. – *Bientôt les carottes furent cuites ; le mal dégringola dans le pire qui sombra dans l'irréparable.* (Georges Courteline, *Les Balances*.)

La cuisson du légume apparaît d'abord sous la forme *avoir ses carottes cuites*, « être proche de la mort » ; la formule actuelle semble remonter à Courteline, qui met ces propos désabusés dans la bouche de La Brige, un des deux héros de la comédie en un acte citée plus haut. Elle doit sa popularité actuelle à un message codé de l'émission de Radio Londres *Les Français parlent aux Français*, annonçant, le 5 juin 1944, l'imminence du Débarquement.

★ **3**. *Les bœuf-carottes :* les membres de l'Inspection générale de la police nationale, organe de contrôle de l'action des fonctionnaires de police. – *Si ça se passait maintenant, on leur collerait les bœuf-carottes au cul.* (Jean-Luc Estèbe, dialogue du téléfilm d'Yves Rénier *Je voulais juste rentrer chez moi.*)

L'origine du sobriquet des fonctionnaires de l'IGPN est peu claire ; l'hypothèse la plus vraisemblable est énoncée dans *Les Bœuf-carottes*, série télévisée (1995-2001) créée par Joël Houssin : on les surnommerait ainsi parce qu'ils interrogent longuement les policiers soupçonnés de manquements au règlement, les laissant « mijoter » des heures. On entend souvent aujourd'hui le raccourci *les bœufs* : « Je vous dis pas le raz de marée dans le service : les bœufs qui vont s'installer des lits Picot, les emmerdes qu'on va se farcir. » (Danielle Thiéry, *L'Ombre des morts.*)

★ **4**. *Tirer une carotte à quelqu'un*, le tromper, l'escroquer. – *Tais-toi, môme, ça n'est pas à moi qu'on tire des carottes.* (Émile Marco de Saint-Hilaire, *Mémoires d'un forçat ou Vidocq dévoilé.*)

On peine à tracer le chemin qui va du potager à l'escroquerie. Au XVIIIe siècle, *tirer une, des carotte(s) à quelqu'un*, c'est obtenir de lui des aveux ; lui tirer les vers du nez, en somme. Plus tard, il ne s'agit plus d'aveux, mais d'argent, comme le note Hector France (*Dictionnaire de la langue verte*) : c'est « raconter une histoire mensongère pour obtenir de l'argent », ce qui permet parfois au baratineur de « *Vivre de carottes :* Vivre en faisant des dupes » (Lorédan-Larchey, *Dictionnaire historique d'argot*). Rien de tout cela n'explique ce que vient faire ici cette racine charnue, sauf à rappeler qu'autrefois la carotte avait mauvaise réputation. C'est une rave, rustique et bon marché ; nourriture de pauvre, en somme. D'où l'expression *vivre de carottes*, « vivre dans la misère » : « On dit qu'*Un homme ne vit que de carottes*, pour dire qu'Il vit mesquinement. » (*Le dictionnaire de l'Académie françoise*, 1694.) Ces locutions n'ont plus cours, mais *carotte* a donné le verbe *carotter*, d'usage courant. *Carotter quelque chose*, c'est se l'approprier frauduleusement ; *carotter quelqu'un*, c'est le duper. D'autres emplois ont disparu ; plus personne ne comprend les tourments du fusilier Cancrelat, qui cherche, sans le trouver, le moyen de « carotter le service » (Christophe, *Les Facéties du sapeur Camember*) ; au siècle dernier, le propos était limpide : ce tire-au-flanc cherchait tout bonnement à s'en dispenser. *Carotter* a également signifié « jouer petit », à la Bourse ou à la table de jeu ; là aussi, le rapport avec le légume est opaque. Sauf à évoquer la mauvaise réputation de cette rave, légume de pauvre, festin de misérable.

★ **5**. *Poil de carotte :* personne aux cheveux roux. – *Poil de carotte*. (Titre d'un roman autobiographique de Jules Renard, dont le héros, moqué de tous à cause de sa chevelure flamboyante et de ses taches de rousseur, est surnommé « Poil de carotte ».)

Le sobriquet du rouquin est évidemment dû à la couleur de ses cheveux, qui rappelle celle de la carotte.

Dans le langage de la rue, le *rouquin*, ce n'est pas seulement un être humain, c'est aussi le vin rouge ; de là vient peut-être le surnom du policier, à cause de son attirance – supposée – pour le gros rouge.

*

CHAMPIGNON : Végétal sans chlorophylle, au pied souvent surmonté d'un chapeau.

★ **1**. *Pousser comme un champignon :* grandir, se développer très rapidement. – *Le soir, elle est une habituée des cabarets et des spectacles de chansonniers, qui poussent en ville comme des champignons*. (Melissa Müller, *Une enfance et une jeunesse en Allemagne*, introduction au récit de Traudl Junge, *Dans la tanière du loup*, trad. fr. J. Bourlois.)

La locution, qui évoque la croissance rapide des champignons, était autrefois réservée aux personnes : « On disoit d'un homme de neant qui a fait une grande fortune en peu de temps, qu'il a crû comme un champignon. » (Antoine Furetière, *Dictionnaire universel…*) La métaphore s'est étendue aux villes et à leurs quartiers, « par influence de l'expression anglaise *muschroom city* traduite sans imagination *ville-champignon* » (Alain Rey et Sophie Chantreau, *Dictionnaire des expressions et locutions*).

★ **2**. *Partir aux champignons :* fuir, disparaître ; être en cavale. – *Quant aux amis de mon gendre, ils sont partis aux champignons*. (Marie-Ange Susini, citée par Jacques Follorou, « Cette mère de famille corse qui ne voulait pas que sa fille vive avec un parrain », in *Le Monde*, 31 mars 2021.)

Moderne, rare (familiale ? folklorique ?), cette expression bucolique et apéritive évoque le très courant *se mettre au vert* ; ou le classique *se tirer des flûtes*, les flûtes en question étant les jambes ; autrement dit : « prendre ses jambes à son cou », en l'occurrence pour échapper à la maréchaussée.

★ **3**. *Appuyer sur le champignon :* en automobile, accélérer. – *Alors que le chauffeur appuyait sur le champignon, le commissaire commença à observer cette partie du paysage de son île qui lui plaisait le plus.* (Andrea Camilleri, *Chien de faïence*, trad. fr. S. Quadruppani.)

L'expression renvoie à la forme des pédales d'accélérateur des premières automobiles. L'usage de cet objet n'est pas sans risque : « Le champignon le plus dangereux, c'est encore celui qu'on trouve dans les voitures. » (Coluche, *Médecins sans diplômes.*) La forme de la pédale a changé, son sobriquet perdure. Aujourd'hui, *appuyer sur le champignon* se dit également pour « aller plus vite », en dehors de tout contexte « automobile », et, plus abstraitement, pour « redoubler d'efforts ».

On trouve aussi *appuyer sur la chanterelle* ; il ne s'agit pas du tout du champignon de ce nom, mais de la première corde du violon.

*

CHICORÉE : Plante herbacée dont certaines variétés sont cultivées pour leur racine ; cette racine, utilisée, torréfiée, comme succédané du café.

★ **1**. *C'est fort de chicorée :* c'est fort de café. – *C'est un peu fort de chicorée, a dit Commerson. Mais le peuple continue à dire : C'est trop fort de café.* (Alfred Delvau, *Dictionnaire de la langue verte.*)

On comprend bien le lien entre le café et la chicorée, moins chère et moins goûteuse, mais l'expression ne semble pas avoir été très répandue ; en 1866, Delvau la relève sans trop y croire, se cachant derrière un plaisantin de son temps, Jean-Louis-Auguste Commerson, polygraphe aujourd'hui oublié.

★ **2**. Sévère réprimande ; violente correction physique. *Donner une chicorée, ficher de la chicorée :* battre, donner une raclée.

Si la *chicorée* est une réprimande, c'est parce que ce sont des « reproches amers », et que « tout le monde connaît le goût de la *cichorium* », remarque ce même Delvau. La *chicorée* est passée de la parole à l'acte, de l'engueulade à la raclée. De cette *chicorée* sont nés *chicore*, de même sens, et le verbe *se chicorer*, « se battre ».

★ **3**. *Faire sa chicorée :* prendre de grands airs ; faire la sotte. – *J'ai bien essayé de faire ma chicorée, ma Julie, ma fleur de nave, mon moule à gaufres…* (Nonce Casanova, *Le Journal à Nénesse*.)

On ne voit pas pourquoi on compare une mijaurée (ici, jouant les imbéciles) à une racine amère (à moins d'invoquer la rime, comme cela se produit souvent en langue verte) ; Rigaud (*Dictionnaire du jargon parisien*) traite cette snobinarde de « chipie » et l'accuse de « se donner des airs de grande dame, et n'être souvent qu'une petite dame ». L'expression est devenue plus littéraire que populaire.

*

CHOU : Plante potagère aux nombreuses espèces et variétés comestibles.

★ **1**. *Planter ses choux :* cultiver son jardin ; se retirer à la campagne. – *Trois ans plus tard, il « prenait sa*

> *retraite». […] Alors, souriant de plaisir, il disait: «Je vais enfin pouvoir planter mes choux.» Sur quoi, il se couchait et il mourait.* (Marcel Pagnol, *La Gloire de mon père.*)

Cultivé depuis des millénaires, ce légume dodu, «favori du pauvre, bien accueilli chez le riche […], ayant sa place marquée sur la table des palais aussi bien que sur celle des chaumières» (Pierre Larousse), est aussi présent dans la conversation qu'au jardin ou à la cuisine. L'instituteur retraité de Marcel Pagnol évoque le philosophe de La Fontaine, «satisfait et tranquille», dont «le bonheur consistait aux beautés d'un jardin». Il y a longtemps que le soin du carré de choux est lié aux paisibles travaux d'un retraité; on trouve le conseil d'aller «planter des choux» à la campagne dans *Le Galimatias du sieur Deroziers Beaulieu* (Anon, 1639). «Aller planter ses choux» est une perspective agréable; mais *envoyer quelqu'un planter ses [des] choux*, c'est le priver de son poste, le licencier: «L'empereur *[Napoléon Ier]* est furieux. […] Je crois qu'il enverra le capitaine planter des choux, à son arrivée à Paris.» (Jean-Roch Coignet, *Les Cahiers du capitaine Coignet*, 1848.)

> ★ **2**. *Feuille de chou:* petit journal de peu d'importance. – *C'était vraiment le genre «pas d'histoires», le type même de la feuille de chou insignifiante, parlant de tout et de rien.* (Léo Malet, *Abattoir ensoleillé.*)

La *feuille de chou* renvoie soit à la banalité d'un légume courant, soit (moins probablement) à l'histoire de la presse, les premiers journaux comportant souvent une seule feuille de mauvais papier épais et gondolé comme celle d'un chou.

★ **3**. *Tomber dans les choux, être dans les choux :* se trouver en mauvaise posture. – *Il faudrait créer une catégorie pour toi. Tu es franchement dans les choux.* (Elizabeth George, *Les Flammes de Whidbey*, trad. fr. A. Delarbre.)

La chute dans une planche de légumes n'évoque pas la maladresse du maraîcher, et n'a aucun rapport avec le légume. Il s'agit sans doute d'un paronyme, un mot qui ressemble à un autre : dans *é**chou**er* il y a ***chou***. Quand on est « dans les choux », on n'est, en effet, pas au mieux de sa forme ni au sommet de la réussite.

★ **4**. *Faire ses choux gras de quelque chose*, en bénéficier, en tirer profit. – *Il lui* [l'empereur Guillaume II, en 1918] *faut s'enfuir dans des conditions particulièrement honteuses avec des journalistes anglais à ses trousses, trop contents d'en faire leurs choux gras.* (Frédéric Mitterrand, *Les Aigles foudroyés.*)

L'expression a d'abord signifié « se goberger » ; on la trouve dans les poésies de Guillaume Coquillart (*L'enqueste d'entre la simple et la rusée*, 1480 ?) : « … en faire ffses *[ses]* choux gras, / Ses grans chieres *[grandes chères]* », autrement dit « ses festins ». À la même époque, cela se disait aussi pour « jouir sexuellement » ; ce sous-entendu érotique disparaît assez vite, mais laisse des traces ; en 1640, Oudin (*Curiositez françoises*) relève la locution au sens actuel, mais la qualifie de « vulgaire ». Aujourd'hui, franches ripailles et délices amoureux ont fait place aux avantages, concrets ou non, qu'on tire d'une situation ; et le propos est passé de « vulgaire » à « presque littéraire ».

★ **5**. *Faire chou blanc :* échouer. – *C'est lui que je suis chargé de surveiller, il avoue, d'une voix morne et découragée. Et je continue à faire chou blanc.* (Raymond Chandler, *La Grande Fenêtre*, trad. fr. R. Vavasseur et M. Duhamel.)

Le « chou blanc » n'est pas un légume. Dans le Berry, aux quilles, quand on rate son coup, on « fait choup blanc » ; l'expression a quitté le terrain de jeu, oublié son accent du terroir, perdu son *p* et conquis le français standard : on « fait chou blanc », coup blanc. Parcours scientifiquement avéré ? Disons qu'il est plausible.

★ **6**. *Chou pour chou :* à l'identique. – *Chou pour chou (aller). Suivre exactement la copie imprimée. C'est l'équivalent de kif-kif.* (Eugène Boutmy, *Dictionnaire de l'argot des typographes.*)

L'expression est ancienne. Dans le *Dictionnaire étymologique, historique et anecdotique*... de Pierre-Marie Quitard, on lit : « *Chou pour chou, Aubervilliers vaut bien Paris*. Autrefois, le terrain du village d'Aubervilliers était presque entièrement planté de choux qui passaient pour meilleurs que ceux des autres endroits. De là ce proverbe, dont on se sert pour égaler deux choses dont l'une a été trop abaissée. » Ce qui n'explique pas pourquoi le proverbe, amputé de sa localisation géographique et de sens un peu détourné, est passé du potager à la presse à imprimer. Ni pourquoi Eugène Boutmy recourt à l'arabe maghrébin pour se faire comprendre. Aucune allusion graveleuse ici, alors que l'expression *chou pour chou* évoque, en argot, des relations homosexuelles réciproques, *chou* étant utilisé pour « cul ».

★ **7**. *Tête de chou :* cerveau stupide. – *Je suis l'homme à la tête de chou / Moitié légume moitié mec*. (Serge Gainsbourg, *L'Homme à la tête de chou*.)

Gainsbourg se moque de lui-même, de sa supposée sottise, en reprenant l'image aux innombrables variantes « tête humaine / fruit (ou légume) plus ou moins sphérique ».

★ **8**. *Coupe-chou(x) :* sabre court ; rasoir en forme de sabre. – *Le pépé, rasé de près au coupe-chou, ses beaux cheveux blancs tombant sur son front et recouvrant ses oreilles, était assis à sa place habituelle*. (Robert Sabatier, *Les Noisettes sauvages*.)

Là aussi, le *chou*, c'est la tête ; d'abord celle qu'on fait voler d'un coup de sabre. Le coupe-chou est un sabre d'infanterie mis en service dans l'armée française en 1831 ; le surnom s'est immédiatement popularisé : « Le voyageur à commission [ne saurait] pas plus abandonner la bâche de l'impériale que le vétéran sa guérite et son coupe-chou. » (Raoul Perrin, « Le commis-voyageur », in *Les Français peints par eux-mêmes*, 1841.) Le sobriquet est ensuite passé de l'armurerie à la boutique du barbier.

★ **9**. *Rentrer dans le chou de quelqu'un*, le heurter, l'attaquer. – *Je décidai, malgré son excellent genre, de lui rentrer carrément dans le chou*. (Honoré Bostel, *Le Roman d'un turfiste*.)

Le *chou*, c'est ici le ventre ; on note aussi un emploi métaphorique pour « cul » ; ou toute autre partie inférieure du corps humain : *renter dans le chou* de quelqu'un, c'est lui « rentrer dans le lard ». Et le *lard*, c'est la graisse épaisse située sous la peau du porc, issue du bas du dos du cochon, de sa poitrine et de son ventre. Le cheminement est possible, mais non attesté. Les deux locutions sont récentes (sans doute milieu du siècle dernier).

★ **10**. *Se taper le chou :* faire bombance. – *Je m'débine car c'est l'heure de la croûte / Tout c'que j'veux, c'est me taper l'chou.* (Patrick Bruel, *Appelez ça comme vous voulez*, paroles de Jean Boyer, avec modifications apportées à la version chantée par Maurice Chevalier.)

Se taper le chou, c'est « se taper la cloche » ; le chou et la cloche sont plus ou moins sphériques et représentent aussi bien la tête que le ventre. Et *taper* est pris au sens d'« enfoncer (quelque chose) dans » ; le *chou*, c'est, certes, la tête, mais la tête, c'est aussi le visage (« tu as une drôle de tête », une curieuse expression du visage), ce qui se traduit peu poliment par « tu as une drôle de gueule ». Et la gueule, c'est la bouche (« ferme ta gueule ! »). *Se taper le chou*, c'est donc « se mettre quelque chose dans la bouche », manger, en somme. La locution n'est pas récente. Dans son *Dictionnaire argot-français* (1907), Napoléon Hayard, « l'empereur des camelots », la relève : « J'ai les crocs, et j'suis sans un, je m'taperais bien l'chou, pourtant. » L'expression est rapidement passée de « se nourrir » à « se régaler ».

★ **11**. *En avoir dans le chou :* être réfléchi, perspicace. – *Soubise en avait dans le chou, pas de question. Mais il faisait trop de réclame.* (A. L. Dominique, *Entre le gorille et les Corses.*)

L'expression est récente (vers 1950). Le *chou*, c'est la tête, en tant que siège de la pensée. Sans que soit toujours accordée grande estime à cette pensée : selon Ambrose Bierce, le chou est un « légume familier cultivé dans les jardins potagers et qui égale à peu près en grosseur et en sagesse la tête d'un homme » (*Le Dictionnaire du diable*, trad. fr. B. Sallé).

★ **12**. *Avoir du chou :* être intelligent, subtil. – *Elle est bousculée comme un tanagra, elle a du chou.* (Pierre Perret, à propos d'Isabelle Adjani, TF1, 9 décembre 1993.)

Symbole de la tête dans la locution précédente, le légume est ici métaphore de la pensée elle-même. Ces deux locutions « potagères » sont à peu près contemporaines. On rencontre aussi *se creuser le chou*, « se creuser la tête », ou *se casser le chou*, « se casser la tête, réfléchir intensément ». Petite note pour ceux dont les études classiques se perdent dans les brumes du passé : au XIXe siècle, on a découvert, dans la ville grecque de Tanagra, une série de statuettes de femmes en terre cuite, à la grâce incomparable, auxquelles on a globalement donné le nom de la ville. Dire d'une femme « c'est un tanagra », c'est louer sa beauté et l'élégance de sa silhouette.

★ **13**. *Prendre le chou à quelqu'un, de quelqu'un,* l'obliger à d'intenses réflexions, lui poser un problème difficile. – *10 recettes pour devenir végétarien sans se prendre le chou.* (Chronique gastronomique in 20minutes.fr.)

Prendre le chou à quelqu'un, c'est lui « prendre la tête ». C'est aussi l'agacer, lui faire perdre son temps, l'importuner. En français courant : lui casser les pieds.

★ **14**. *Se prendre le chou :* se disputer. – *Tout ce que je peux dire, c'est qu'ils adoraient se prendre le chou.* (Gary Glasberg [créateur], « Protection rapprochée », in *NCIS : Nouvelle-Orléans*, série télévisée.)

On trouve ici la même connotation conflictuelle ; les deux expressions datent des dernières années du XXe siècle.

★ **15**. *Se monter le chou :* se vanter, se prendre pour quelqu'un de remarquable. – *Ils ne sont pas si fréquents, les comédiens-auteurs qui ne se montent pas le chou et travaillent dans la rigueur.* (Brigitte Salino, article nécrologique sur Maria Pacôme, in *Le Monde*, 5 décembre 2018.)

Là encore, le *chou*, c'est la tête, *se monter le chou,* c'est « se monter le bourrichon », expression dont on attribue la paternité à Gustave Flaubert (*Correspondance*, 1887-1893). Ce mot, promis à un bel avenir, est un dérivé de *bourriche,* « panier de vannerie servant au transport du gibier, du poisson, des fruits de mer ». Le bourrichon rejoint ainsi la tribu des objets plus ou moins sphériques, creux ou non, qui symbolisent la tête humaine.

★ **16**. *Bête comme chou :* très simple, très facile. – *Vous allez voir comme c'est bête. Bête comme chou.* (Jean-Paul Sartre, *Huit clos.*)

Ce n'est pas de la tête, mais d'une autre partie du corps humain, qu'il s'agit ici. Signifiant d'abord « idiot » (en parlant de quelqu'un), l'expression *bête comme (un) chou* s'appliquait, au milieu du XIXe siècle, à une évidence. On est passé de la personne à la chose, la locution perd son article et s'entend comme « facile à comprendre, à faire». Les dictionnaires étant pudiques sur le sens métaphorique de *chou*, il serait malséant de dire *bête comme un cul*, ce cul auquel on attribue le Q.I. d'une huître.

★ **17**. *Mon chou, ma choute :* terme d'affection. – *Ne vous excusez pas, mon chou. Ne voyez-vous pas que nous sommes tous rayonnants de bonne humeur ?* (P. G. Wodehouse, *Ça va, Jeeves ?*, trad. fr. J. Raoul-Duval.)

L'origine du terme d'affection est obscure. D'aucuns évoquent le verbe *chouer* (ou *chuer*), forme ancienne de *choyer* ; d'autres avancent qu'être «chou», c'est être «chouette». Déductions hasardeuses. Le mot renvoie sans doute à une pâtisserie en forme de chou miniature : «De là les noms de *chou*, *chou-chou*, *petit chou*, que les femmes donnent à leurs petits enfants, et quelquefois à leurs benins maris.» (Sallentin, *L'Improvisateur français*.) Curé jureur devenu chroniqueur, Sallentin trouve ces expressions ridicules ; qu'aurait-il pensé de l'adjectif mièvre et affecté *chou* pour «mignon» ? D'usage plus récent que le substantif, il s'est répandu dans le langage qu'on ne disait pas encore «branché» au milieu du siècle dernier, incarné par la Marie-Chantal de Jacques Chazot, snobissime et méchante mondaine des années 1950. Il fait florès, on le retrouve à tous les coins de page : «Quand sa tête touche ma poitrine, elle la tourne vers moi et glousse : "Vous êtres chou, dit-elle. Moi aussi, je suis chou."» (Raymond Chandler, *Le Grand Sommeil*, trad. fr. B. et M. Vian.)

★ **18**. *Bout de chou (bout d'chou ; bout'chou) :* petit enfant. – *Mais c'est que vous n'en* [du lapin de lune] *verrez pas la queue d'un d'ici le printemps, mon pauvre bout de chou !* (Alain Gerber, *Le Lapin de lune*.)

On est loin des sucreries maniérées avec *bout de chou*, témoignage de l'affection portée non pas à un « benin mari », mais à un bambin. Le chou sert ici de terme de comparaison, comme c'était déjà le cas vers 1730 : « Que diable voulez-vous qu'on fasse de vous ? Vous n'êtes pas plus haut qu'un chou. » (Jean-Henry Jaquerez, *Mémoires du petit Henry*, cité par C. Duneton et S. Claval, *Le Bouquet des expressions imagées*.)

★ **19**. *Ménager la chèvre et le chou :* ménager des intérêts opposés, ne pas prendre parti. – *Le journal avait l'habitude de ne jamais prendre position ; qu'il s'agît d'une guerre ou d'un tremblement de terre, il ménageait la chèvre et le chou*. (Andrea Camilleri, *Chien de faïence*, trad. fr. S. Quadruppani.)

Le verbe *ménager* est pris dans le sens ancien de « gérer, prendre soin de ». On disait autrefois *on ne peut sauver la chèvre et le chou*, ce qui n'avait guère de sens puisque les chèvres ne hantent pas les potagers ; la forme moderne doit sans doute beaucoup à l'allitération ***ch**èvre* / ***ch**ou* ; à moins que ce soit une allusion à une devinette : comment transporter ensemble un loup, une chèvre et un chou sans qu'ils se mangent mutuellement ? En réalité, la locution est d'origine obscure.

★ **20**. *Mi-chèvre mi-chou :* ambigu. – *Le président a choisi une grâce mi-chèvre mi-chou qui lui permet de montrer sa compassion sans vraiment désavouer le travail de la justice*. (Valérie Toranian, « Jacqueline Sauvage : la grâce chèvre et chou de François Hollande », in *Revue des deux mondes*, février 2016.)

L'association d'un demi-animal et d'un demi-végétal est énigmatique ; la locution est, aujourd'hui, souvent abrégée, dans le vocabulaire politique en particulier, en *chèvre-chou*.

★ **21**. *Lapin de choux :* lapin domestique. – *Simplet, lapin de choux*. (Titre d'un album pour la jeunesse de Benjamin Rabier.)

Le lapin élevé en clapier se nourrit plutôt d'herbe que de chou, et on voit mal d'où lui vient son surnom, pourtant ancien. Cependant, les gastronomes sont unanimes, le chou ne lui vaut rien : sa chair, plutôt fade de nature, est parfois « d'un fumet désagréable, sur-tout lorsqu'il a vécu de chou » (*Dictionnaire de Trévoux*). Nonobstant, goûteux ou non, le lapin est connu pour ne pas, à l'occasion, dédaigner les choux : « On appelle le lapin domestique nourri dans les clapiers ou dans la basse cour, un mangeur de choux. » (Antoine Furetière, *Dictionnaire universel…*). Quoi qu'il en soit, le sobriquet est usuel.

On rencontre cette grosse boule verte et charnue, élément indispensable de la soupe qui constituait autrefois, avec le pain, l'essentiel de l'alimentation des gens modestes, dans bon nombre d'autres expressions aujourd'hui obsolètes ou disparues. On ne dit plus guère *s'y entendre comme à ramer les choux*, activité absurde puisque les choux ne se rament pas : « *Il entend cela comme à ramer les choux*. Ce proverbe se dit en riant, & veut dire que la personne de qui on parle n'est pas entendue en la chose dont il est question. » (Pierre Richelet, *Dictionnaire françois…*) Cette délicieuse manière de parler avait un succulent équivalent, relevé par Daniel Lacotte (*Les expressions les plus truculentes de la langue française*) : *il ne s'y entend pas plus qu'une truie en épices.*

Autre expression oubliée : « Jeter le froc aux choux, differernter de couvent, vicarier, & s'emanciper. » (Noël du Fail, *Discours d'aucuns propos rustiques*, 1547.) Le clerc du XVIe siècle en rupture avec son couvent (*différenter de*), qui se déplace de ville en ville pour proposer aux paroisses ses services comme vicaire (*vicarier*), et sort ainsi des bornes du devoir (*s'émanciper*), ne jette pas son froc aux orties, comme nous le dirions aujourd'hui, mais dans une planche de légumes.

On évoquera aussi des légendes obsolètes, qui survivent sous forme d'expressions : « Il a été trouvé sous un chou. Se dit d'un homme dont la naissance est inconnue. / Il se dit aussi aux petits enfants qui demandent comme ils sont venus au monde. » (Louis-Nicolas Bescherelle, *Dictionnaire national*, 1856.) À cette faribole fait écho celle de la petite fille trouvée dans une rose. Tout comme celle de la cigogne portant dans son bec un bébé qu'elle va déposer dans un berceau ; ces mièvreries sont passées de mode.

*

CHOU-FLEUR : Chou dont on consomme les inflorescences blanches de texture très serrée.

★ *Oreilles en chou-fleur*, boursouflées comme ces inflorescences. – *Ayant fait pas mal de boxe dans les premières années de sa jeunesse, il possédait […] des oreilles en chou-fleur, auxquelles il convient d'ajouter un nez qu'une main anonyme avait fait légèrement dévier du droit chemin.* (P. G. Wodehouse, *Jeeves dans la coulisse*, trad. fr. Cl. Alengry.)

C'est à leur aspect disgracieux que les oreilles déformées par les coups doivent ce sobriquet botanique.

*

CIBOULE : Plante à bulbe dont les feuilles sont utilisées comme condiment.

★ *Ne rien avoir dans la ciboule :* ne rien avoir dans la tête.

On retrouve ici l'analogie de forme entre tête humaine et fruit/légume plus ou moins sphérique. L'expression, née au début du XIXe siècle dans l'argot des maçons, n'a pas survécu, mais de *ciboule* est issu *ciboulot*, et l'emploi familier de *ciboulot* pour « tête » est aujourd'hui courant.

*

CIBOULETTE : Plante à bulbe plus menue que la ciboule, utilisée de la même manière.

★ *Fais marcher ta ciboulette :* réfléchis.

L'analogie est la même que celle qui lie la ciboule et la tête. *Fais marcher ta ciboulette* est l'exact équivalent de *fais fonctionner tes méninges*.

*

CORNICHON : Plante potagère dont le petit fruit vert, confit dans le vinaigre, est utilisé comme condiment ; ce fruit.

★ Personne un peu sotte. – *Évidemment, elle se remarquait et valait le coup d'œil, même de la part de cornichons.* (Léo Malet, *Brouillard au pont de Tolbiac*.)

L'emploi péjoratif du mot *cornichon* renvoie à la petitesse du fruit et à sa faible valeur nutritive. Le capitaine Haddock en fait grand cas, c'est une de ses injures favorites. Il y apporte parfois des précisions, par exemple en traitant de « cornichons diplômes » les occupants d'une voiture portant la plaque « corps diplomatique » dont le comportement lui a déplu (*L'Affaire Tournesol*). Il n'est ni le seul ni le premier à stigmatiser ainsi la sottise ; en 1821, Desgranges jeune, dans son *Petit dictionnaire du peuple à l'usage des quatre cinquièmes de la France*, n'est pas plus aimable : « CORNICHON. Pris pour *imbécille*, n'est pas français. C'est une trivialité. Un père qui traiterait son fils de *cornichon* se ferait passer pour être de la famille des concombres ; à rien ne tienne qu'il ait épousé une citrouille. »

*

CRESSON : Plante aquatique dont on consomme les feuilles en salade.

★ Chevelure. *Du cresson sur la fontaine, sur le caillou, sur la cafetière :* des cheveux sur la tête. – *Il faudrait voir, dit-il, à trouver un moyen de me faire repousser du cresson sur la fontaine.* (Christophe, *Les Facéties du sapeur Camember*.)

Le cresson, qui pousse dru, symbolise, comme l'alfa, une toison capillaire épaisse et abondante ; l'emploi de l'expression est en général négatif : le plus souvent, on « n'a *pas* de cresson sur… » On retrouve cette plante dans la locution *avoir mal au cresson*, pour « avoir mal aux cheveux » : avoir mal à la tête, avoir la gueule de bois. Ces expressions ont vieilli.

*

ÉCHALOTE : Plante potagère dont le bulbe est utilisé comme condiment.

★ *Course à l'échalote :* course qui consiste à saisir quelqu'un par le col de sa veste et le fond de son pantalon pour l'obliger à courir devant soi ; au sens figuré, course-poursuite à laquelle l'un des coureurs participe contre son gré. – *L'année scolaire reprend son cours. C'est toujours la course à l'échalote avec Alphonse.* (Habiba Mahany, *Kiffer sa race.*)

L'expression semble remonter aux années 1930 ; pour Robert Sabatier, qui l'évoque dans *Les Allumettes suédoises*, il s'agit d'une brimade enfantine ; cette galopade accompagnait parfois la course de sac dans les épreuves burlesques des fêtes de village. Mais pourquoi l'échalote ? Ce bulbe appartient à la famille des alliacées, tout comme l'oignon ; *attraper quelqu'un par le fond de son pantalon*, c'est l'attraper « par la peau des fesses », « par la peau du cul », ce qui renvoie à l'emploi du mot *oignon* pour « derrière », « anus ». Le sens premier, ludique, de la locution a presque disparu ; aujourd'hui, il s'agit en général d'une compétition absurde qui pousse des concurrents à se dépasser sans raison valable et sans souci des conséquences.

*

ENDIVE : Pousse blanche de chicorée obtenue par forçage dans l'obscurité.

★ *Blanc, pâle comme une endive :* très pâle. – *Deux types vinrent nous rejoindre. L'un était massif et pâle comme une endive, l'autre étriqué et franchement pain d'épice.* (Léo Malet, *Le Cinquième Procédé.*)

La comparaison est entrée assez récemment dans nos manières de parler. Ce légume a d'abord été cultivé en Belgique, à partir du bourgeon de la chicorée witloof (ou « de Bruxelles »). Il a été introduit en France un peu avant 1880 et s'y est vite popularisé. La locution n'est pas antérieure au siècle dernier.

*

ÉPINARD : Plante potagère dont on consomme les feuilles, en général cuites.

★ *Mettre du beurre dans les épinards :* améliorer la situation matérielle. – *Le billet refilé en loucedé. Le billet doux qui vient mettre du beurre dans les épinards.* (Didier Pourquery, *Les mots de l'époque.*)

Connu en France depuis le Moyen Âge, mis à la mode par Catherine de Médicis, ce légume, cependant, ne figurait pas autrefois au panthéon de la gastronomie. C'est, pour Furetière, une herbe qui a « des feuilles larges qu'on mange & fricasse avec du beurre le carême ». Le beurre est donc, de longtemps, considéré comme indispensable pour rehausser le goût de cette feuille verte. Les amateurs de cette « herbe » ont aujourd'hui oublié les recettes de la reine italienne, mais se souviennent d'un héros de bande dessinée, un marin borgne aux énormes biceps nommé Popeye, boulimique consommateur d'épinards censés lui donner une force herculéenne parce qu'ils sont riches en fer. Dommage, c'est une légende ; l'épinard n'est pas une source miraculeuse de fer, mais Popeye s'en goinfre depuis 1929 pour le plus grand plaisir de ses lecteurs.

L'expression *aller aux épinards*, « encaisser l'argent gagné par une prostituée (en parlant d'un souteneur) », et sa variante *passer aux épinards*, « recevoir de l'argent de sa maîtresse », assez répandues au XIXe siècle dans le langage de la pègre, ne sont plus en usage. Elles s'inscrivaient dans une série de locutions faisant allusion à la récolte rémunératrice de certains légumes (voir *asperge*, *persil*).

Quant au sobriquet de l'épaulette d'officier supérieur, *graine d'épinard* pour Rigaud (*Dictionnaire du jargon parisien*), il a disparu de nos manières de parler et son origine demeure obscure.

*

FAYOT : Haricot sec.

★ Personne plate et servile ; flagorneur. – *Toi, t'es le pire des fayots que j'aie jamais vus. Quand il t'a dit d'enlever tes chaussettes, qu'est-ce que t'as dit ? Oui, m'sieur, tout de suite.* (Azouz Begag, *Le Gone du Chaâba*.)

Le mot a d'abord désigné un sous-officier rengagé qui, revenant dans l'armée comme les fayots au menu de la cantine, est tenu pour le modèle du militaire borné, mais zélé. Ce dernier est d'ailleurs affublé de divers autres noms d'oiseau. Selon François Déchelette (*L'argot des poilus*), « l'emploi de *fayot* et de *boule* pour signifier engagé volontaire vient de ce que les trois sont durs à cuire », la boule en question étant la boule de pain de munition. Le mot a quitté la caserne pour s'appliquer à celui qui s'abaisse de façon dégradante devant l'autorité. De *fayot* est né *fayoter*, « se comporter servilement pour se faire bien voir ».

*

HARICOT : Plante potagère dont on consomme les gousses vertes ou les graines ; cette graine.

★ **1**. *La fin des haricots :* la fin de tout. – *C'est quand les carottes sont cuites que c'est la fin des haricots. Et bilatéralement.* (Pierre Dac, *Les Pensées.*)

L'expression pourrait appartenir au langage des poilus ; pour C. Duneton (*La Puce à l'oreille*), la *fin des haricots*, c'est le tir d'obus qui renverse les gamelles et détruit les provisions. Pour J. Cellard (*Ça mange pas de pain !*), « les haricots sont la dernière ressource des familles pauvres, des pensionnats bon marché et des casernes ». L'épuisement de cette ressource serait donc le symbole de la disette, de la misère.

★ **2**. *Des haricots :* rien du tout. – *Je ne vais pas vous attendre la moitié de la nuit pour des haricots.* (Alexandre Breffort, *Mon taxi et moi.*)

De quelque chose qui ne vaut pas cher on passe à quelque chose qui ne vaut rien : les haricots, ce sont les clous, les nèfles, les queues de cerise, les dattes... On évoque aussi parfois le vocabulaire des jeux de hasard, le haricot blanc étant utilisé comme enjeu fictif. De là viennent les mots *haricoter*, « jouer petit, être mesquin en affaires », et *haricoteur* (ou *haricotier*), « celui qui haricote », mots usuels au XIXe siècle, que plus personne ne comprend.

★ **3**. *Courir sur le haricot à quelqu'un*, l'importuner, l'agacer. – *J'veux être libre de prendre de l'agrément quand ça m'chante et de gazouiller kif-kif les petits oiseaux sans que des margoulins viennent me courir sur l'haricot*. (Louis Forton, *Les Pieds Nickelés ministres*.)

Courir est ici pris au sens populaire de « poursuivre », aujourd'hui archaïque, mais demeuré usuel (sous sa forme *courre*) dans le vocabulaire de la chasse (on « court le cerf ») et dans l'expression familière *tu commences à me courir*, à m'enquiquiner. Mais pourquoi *sur le haricot* ? Les *haricots*, ce sont les orteils, le gros orteil ressemblant vaguement au haricot de Soissons. Sans qu'on sache bien pourquoi, ce sont aussi parfois les doigts de la main : pour Delesalle (*Dictionnaire argot-français...*), « les doigts sont des haricots ».

On rencontre cette graine dans des locutions au sens pour nous mystérieux. Les Haricots ou l'hôtel des Haricots, c'était à Paris, au début du XIXe siècle, la prison de la Garde nationale. Cette maison d'arrêt du 5e arrondissement occupait les locaux d'un ancien collège, le collège Montaigu, surnommé « collège des Haricots », par « allusion à la maigre cuisine qu'on y faisait » (Albert de Lasalle, *L'Hôtel des Haricots*). Information sortie tout droit de l'imagination d'un chroniqueur en panne d'inspiration ? Eh non. « Cette prison, connue sous le nom d'*hôtel des Haricots*, avait été antérieurement installée, en 1792, au *collège de Montaigu* appelé, par raillerie, collège des "Haricots". » (Jacques Hillairet, *Dictionnaire historique des rues de Paris*.)

Ce légume méprisé peut être une providence ; pas seulement pour des collégiens affamés : « S'il est un légume du bon Dieu sur la terre, c'est bien le haricot. » (Jean-Henri Fabre, *Souvenirs entomologiques*.) Qui donc en fait ses délices ? Une espèce de bruche. Et qu'est-ce que la bruche ? Un coléoptère qui se nourrit des graines de haricot dans lesquelles il s'installe. Luxueuse hospitalité qui ne fait pas l'affaire du jardinier.

Autre énigme : les lecteurs de la Bibliothèque Mazarine « portent de temps immémorial le nom de haricots ». Pourquoi ? Parce que « le gardien chargé de compter les lecteurs a imaginé de jeter un haricot dans une boîte toutes les fois qu'il voit entrer un nouvel individu » (Étienne Lorédan-Larchey, *Les excentricités de la langue française en 1860*). Il n'y a plus de boîte aux haricots dans le palais de l'Institut de France, et l'entrée des visiteurs se fait dans un silence de cathédrale.

Et savez-vous qui sont les « haricots verts » ? Les apprentis voleurs. Pourquoi ? Pour atteindre le lieu d'un futur cambriolage, ils grimpent en s'agrippant aux prises comme le haricot à son tuteur. Et ils sont jeunes, ils sont donc verts.

De toute façon, la vie du fayot se termine toujours à la cuisine : le cassoulet est « la fin des haricots » (Raoul Lambert, *Le dicodingue*).

*

HARICOT VERT : Gousse immature d'une variété de haricot, consommée comme légume vert.

★ *Ligne haricot vert*, mince et sans relief. – *Les poches […] ne contenaient rien, sauf un portefeuille. D'une platitude de ligne haricot vert, il n'hospitalisait qu'un passeport*. (Léo Malet, *La Nuit de Saint-Germain-des-Prés*.)

L'expression fait allusion à la collection automne-hiver 1954-1955 de la maison de couture Christian Dior, dont la ligne mince et sans relief, dessinée par Yves Saint Laurent, fut surnommée « haricot vert » par la presse anglo-saxonne. Le couturier avait effacé les corolles, les volutes et les rotondités des vêtements des années précédentes. La locution est très datée, on ne la retrouvera plus que sous forme de référence historique, ou par ironie.

Le haricot, vert ou non, symbolisait déjà la maigreur au XIXe siècle : « On me l'a montrée. Un vrai haricot. » (Émile Zola, *Pot-Bouille*.) Et plus tard chez Céline : « Vous l'haricot vert ? qu'il demandait. » (*Mort à crédit*.) Ou chez Marguerite Yourcenar : « Il juge une femme de la Belle Époque d'après l'esthétique de la ligne haricot. » (*Souvenirs pieux*.) Cela ne se dit plus.

*

LAITUE : Plante herbacée dont les larges feuilles sont consommées crues ou cuites.

★ *Une laitue :* une fille sans intérêt, un peu faiseuse d'histoires. – *Quand on a une femme comme la tienne, on ne va pas se gaspiller avec une laitue.* (Ange Bastiani, *Le Pain des jules.*)

Pourquoi comparer une fille banale, qui fait des manières, à une plante ? Les explications diffèrent. Pour Cellard et Rey (*Dictionnaire du français non conventionnel*), il s'agit de « l'influence convergente de (*faire des*) *salades*, des embarras ; et de (*laitue*) *pommée*, ironiquement confondu avec *paumée*, ou *pommelée*, sotte ». Pour d'autres, c'est une prostituée débutante. Ce qui ne nous éclaire pas beaucoup.

*

LÉGUME : Plante potagère dont une ou plusieurs parties sont comestibles.

★ **1**. *Devenir, rester un légume :* en parlant d'un être humain, être réduit à un état végétatif. – *Son mari ne se doute de rien. Il ne se rend pas compte qu'elle restera un légume jusqu'à la fin de sa vie.* (Anthony E. Zuiker [créateur], « Trop longue à mourir », in *Les Experts*, série télévisée.)

Un être humain plongé dans un coma profond n'est pas conscient d'être vivant. Cette perte de conscience de soi et des autres évoque l'inertie d'un objet, d'une chose inanimée, comme une plante. L'expression est devenue usuelle à la fin du XXe siècle. Elle s'emploie aussi ironiquement, dans un sens atténué ; *être un légume*, c'est, à la fois, « être épuisé de fatigue » et « flemmarder, ne rien faire », d'où *légumiser*, « rester chez soi, allongé, à grignoter en zappant ». Ce verbe, ainsi défini par Pierre Merle en 1998 (*Le dico du français qui se cause*), s'est répandu au tournant des années 2000, dans le sillage des dérivations linguistiques en cascade à partir d'un substantif : *[faire entrer au] Panthéon* donne *panthéoniser*, qui donne *panthéonisable* et *panthéonisation*. On espère éviter *panthéonisationner*.

★ **2**. *Une grosse légume :* un personnage important. – *Le petit leur a dit quelque chose à notre sujet ! Ils doivent te prendre pour une très grosse légume. Celui-là à gauche a dit quelque chose comme* death by hanging. (Ernst von Salomon, *Le Questionnaire*, trad. fr. G. Meister.)

Le mot *légume* a changé de sexe au cours du temps ; au sens propre, il était autrefois féminin. Et ne désignait pas forcément n'importe quelle plante potagère. Pour les académiciens, en 1694, le mot *légume* « se dit proprement et particulierement de certains petits fruits verds qui viennent dans des gousses, comme pois, feves, &c. […] Il se dit aussi generalement de toute sorte d'herbe potagère & plante, ou de racine propre à manger ». Pour Richelet (*Dictionnaire françois…*), *la* légume est un « mot général qui signifie toute sorte de fruit qui vient dans une cosse comme sont *poids*, *féves* & *nentilles [lentilles]* ». Foin des légumes verts, Richelet n'en veut rien connaître !

Le féminin, d'usage résiduel dans le sud-ouest de la France, est snobé par Maurice Rat (*Dictionnaire des expressions et locutions traditionnelles*), pour qui cette « qualité » est « vieille et paysanne ». Il ne s'est maintenu que dans la locution *grosse légume*, appliquée d'abord, dans l'argot militaire, aux officiers supérieurs, non sans susciter l'étonnement des érudits. Dans *L'argot des poilus* (1918), François Déchelette note, un peu déconcerté : « Quelque étrange que cela puisse paraître à une cuisinière, les huiles et les légumes ont un même sens : les officiers, les hauts gradés. » L'expression a quitté la caserne et s'applique aujourd'hui à tout personnage considérable.

*

LENTILLE : Plante grimpante dont on consomme les graines ; ces graines.

> ★ *Pour un plat de lentilles :* pour un bénéfice chimérique, pour rien. – *Mettant fin à un quart de siècle de résistance, une OLP épuisée a finalement renoncé à 78 % de la Palestine pour un plat de lentilles*. (Bruno Guigue, « Le processus d'Oslo, la paix pour un plat de lentilles », in Oumma.com, 27 janvier 2017.)

L'expression renvoie à un passage de la Bible (*Genèse*, XXV, 29-34). Esaü, aîné des deux fils d'Isaac, rentre de la chasse bredouille et affamé. Son frère cadet, Jacob, accepte de lui offrir un plat de lentilles à la condition qu'Esaü lui cède son droit d'aînesse. Marché conclu. L'héritage familial reviendra donc à Jacob ; Esaü a tout perdu… pour trois fois rien ; il est devenu l'archétype du benêt qu'on trompe facilement, le plat de lentilles, le symbole d'un gain illusoire, et l'échange, le modèle du marché de dupes.

*

NAVE : Navet.

★ *Fleur de nave* : imbécile. – *C'est Lotus pensif, votre pseudo, ou Fleur de nave ?* (Léo Malet, *M'as-tu vu en cadavre ?*)

Cette abréviation du mot *navet* est relativement ancienne en langue verte ; pour Gaston Esnault (*Dictionnaire historique des argots*), le *nave* est quelqu'un de trop honnête, de naïf. Quant à la *fleur*, elle renvoie (ici ironiquement) au sens « ce qu'il y a de meilleur dans », qu'on retrouve aussi bien dans *fleur de rhétorique* que dans *fleur de farine*.

*

NAVET : Plante potagère cultivée pour sa racine comestible ; cette racine.

★ **1**. Œuvre d'art sans intérêt ; très mauvais film. – *Les amateurs d'aujourd'hui n'étant plus des passionnés de belle peinture, […] je trouve parfaitement normal que ces messieurs échangent leurs briques contre de semblables navets*. (Jean Galtier-Boissière, *Mon journal dans la drôle de paix*.)

Les gastronomes ne font pas grand cas de cette rave incolore et plutôt fade ; ce qui lui vaut d'être l'emblème de la médiocrité. D'abord dans le domaine artistique. Selon Claude Duneton (*La Puce à l'oreille*), les jeunes artistes en visite à Rome, à la fin du XVIIIe siècle, affublèrent l'Apollon du Belvédère, statue en marbre blanc aujourd'hui au musée du Vatican, du sobriquet de « navet épluché », à cause « de la forme allongée et lisse de ses membres dont la musculature n'apparaissait pas». Le surnom est passé de la sculpture à la peinture – un *navet*, c'est une croûte –, au théâtre, à la musique… Il ne s'applique plus guère aujourd'hui qu'au cinéma: «Les grilles télé livrent […] pléthore de films dont on peut aisément se passer. Mis à part les irréductibles amateurs de navets.» (Cécile Jadeau, «Télé: fuirez-vous les navets de l'été?», in *L'Express*, 2 août 2012.)

★ **2**. *Avoir du sang de navet, du jus de navet dans les veines :* être très pâle; être mou, sans ressort, sans courage. – *Fais-la taire, fous-lui une baffe, t'as donc pas de sang, t'es donc pas un homme, qu'est-ce que t'as dans les veines, du jus de navet?* (Jean Lorrain, *La Maison Philibert*.)

Sang de navet a d'abord évoqué l'anémie, caractérisée par une carence en globules rouges, puis la mollesse, la lâcheté. Ce «sang pauvre», comme on disait jadis, circule parfois ailleurs que dans les vaisseaux sanguins; le fusilier Cancrelat, mollasson et dégonflé, est vertement pris à partie par son copain: «Cancrelat, riposte Camember, t'as donc du jus de navet dans la cervelle.» (Christophe, *Les Facéties du sapeur Camember*.)

★ **3**. *C'est un navet*, un imbécile, un personnage sans intérêt, sans caractère. – *Il semblait inutile d'essayer d'insuffler du sang dans les veines d'un pareil navet*. (P. G. Wodehouse, *Ça va, Jeeves?*, trad. fr. J. Raoul-Duval.)

On retrouve ici l'idée de nullité dans le sens «crétin», que relèvent les dictionnaires d'argot du XIXe siècle; pour Hector France, un *navet*, c'est un «jeune niais,

[un] petit hypocrite », un « petit homme de rien, du latin *napus*, même sens, dont nous avons fait *nabot* ». Autrement dit, le *navet* est quelqu'un qui ne vaut rien parce que le mot *nabot* vient du latin *napus*, et que le navet est un légume sans goût… Bien essayé, mais faux, cette rave n'a rien à voir avec les petits nains de Blanche-Neige, le mot *nabot* est probablement issu d'un copié-collé très ancien, fait de *nain* et de *bot* (« déformé », comme le pied-bot). L'équivalence « navet / crétin » est aujourd'hui peu attestée.

D'autres sens, presque disparus, du not *navet* renvoient à la mauvaise réputation de ce légume racine : « cafard au petit pied ; escobar *[arnaqueur]* domestique » (Lucien Rigaud, *Dictionnaire du jargon parisien*) ; « dupe, pigeon » (Jean La Rue, *La langue verte*). L'exclamation *des navets !* est un « terme de refus dans le jargon des voyous qui disent également : des nèfles » (Rigaud). Aujourd'hui, avantage au fruit, on a oublié la rave. Mais elle demeure l'image de la nullité ; être « blanc, pâle comme un navet », c'est avoir un teint blafard, une peau dépourvue de couleur.

Le « Champs-des-Navets », c'était, au XIXe siècle, le cimetière d'Ivry, en particulier le carré des suppliciés où l'on enterrait aussi des indigents, les morts non identifiés, ceux des hôpitaux et des amphithéâtres d'écoles de médecine. Pourquoi les « navets » ? Parce que des paysans avaient autrefois cultivé des navets dans ce lieu.

*

OIGNON : Plante potagère cultivée pour son bulbe comestible fait de plusieurs tuniques s'enveloppant les unes dans les autres ; ce bulbe.

★ **1**. *Couvert, vêtu comme un oignon :* habillé de plusieurs vêtements superposés. – *Ce soir on va jouer* Intermezzo *dans le cloître de l'ancien hospice de Bellac. [...] Malgré l'été, il fait froid, il fait dur. Les gens, couverts comme des oignons, posent sur des planches leurs augustes fondements*. (François Derville, « À Bellac, juillet 1998 », in *Carnet Giraudoux-Racine*, n° 5.)

Pourquoi comparer un individu enseveli sous plusieurs couches de vêtements à un oignon ? Cela tombe sous le sens : « parce que l'*ognon* a plusieurs tuniques qui s'envelopent l'une dans l'autre » (Jean-François Féraud, *Dictionnaire critique de la langue française*, 1788). La comparaison nous vient de loin, peut-être pas du XIIIe siècle, comme on le lit parfois, mais en tout cas du théâtre classique : « Et i'avois vaillamment fait fortune à l'Armée, / Ouy, i'en estois venu vestu comme un oignon. » (Claude de L'Estoile, *L'Intrigue des filous*, 1648.) Les êtres humains ne sont pas seuls à se protéger du froid sous de multiples « pelures », si l'on en croit le dicton « Les oignons sont frileux, l'hiver sera rigoureux », parfois abrégé en « Oignons frileux, hiver rigoureux » : l'épaisseur des « peaux » d'oignon témoigne du temps qu'il a fait ou qu'il fera.

★ **2**. *En rang d'oignons :* à la file indienne. – *Un long couloir souterrain de deux mètres sur deux où l'on se couche en rang d'oignons, le sac servant d'oreiller*. (Zacharie Baqué, *Journal d'un poilu*.)

La locution a donné lieu à des interprétations de la plus haute fantaisie, la plus connue – interminablement répétée – renvoie à l'obsession protocolaire d'un certain baron d'Ognon : « Amelot de La Houssaye *[historien du XVIIIe siècle]*, dans ses *Mémoires*, attribue l'origine de cette façon de parler à l'office du baron d'Ognon, Artus de La Fontaine-Solaro, grand maître des cérémonies aux états de Blois, en 1576, qui s'appliquait à faire mettre chacun à son rang. Ne vient-il pas tout simplement de la manière dont les gens de la campagne assemblent les ognons avec des liens de paille, en plaçant les plus gros les premiers, et ensuite les autres ? » (Antoine Le Roux de Lincy, *Le livre des proverbes français*, 1842.) Adieu fastes de la cour d'Henri III, bienvenue sur les étals du marché aux légumes !

★ **3**. *Aux petits oignons :* très bien, de façon parfaite. – *La maîtresse de céans, dans le cadre de sa politique visant à tout faire pour soigner la famille Cream aux petits oignons, n'avait pas lésiné sur les conditions d'hébergement de Wilbert*. (P. G. Wodehouse, *Jeeves dans la coulisse*, trad. fr. Cl. Alengry.)

L'allusion à la cuisine renvoie au soin porté à la confection d'un plat raffiné assaisonné d'oignons nouveaux (les « petits » oignons) ; on la rencontre à partir des années 1850, tout comme son équivalent « aux pommes, soigné, délicat ; synonyme d'*aux petits oignons* » (Hector France, *Dictionnaire de la langue verte*). L'approbation culinaire s'applique à tout ce dont on vante la qualité (y compris ironiquement) : « Ribouldingue à qui le mur avait collé également un gnon aux petits oignons la trouvait mauvaise. » (Louis Forton, *Le Retour de Manounou*.)

★ **4**. *Se carrer quelque chose dans l'oignon*, le tenir pour négligeable, le mépriser. – *Les considérations morales qui vont suivre, Mâ'me Communal pouvait se les carrer dans l'oignon.* (Albert Simonin, *Du mouron pour les petits oiseaux*.)

Ce n'est pas du bulbe aromatique à saveur piquante qu'il est ici question, c'est de l'anatomie humaine. L'*oignon*, c'est l'anus, parfois dans un contexte de sodomisation : « Il voulait pas savoir ce qu'il s'y maquillait entre clients, que c'était devenu le grand temple de l'oignon, sa taule ! » (Albert Simonin, *Le petit Simonin illustré*.) Les formes *oigne*, *ogne*, sont usuelles depuis 1920 ; *l'avoir dans l'oigne*, c'est se faire avoir, subir un échec, l'avoir dans le cul, en somme.

★ **5**. *Mes (tes, ses...) oignons :* mes (tes, ses...) affaires. – *Moi, je m'en tape, c'est pas mes oignons.* (Valérie Tong Cuong [créatrice], « Une mère courage », in *Munch*, série télévisée.)

Lorsqu'on envoie balader un indiscret en lui priant de se mêler de ses oignons, on ne lui conseille pas de s'occuper de son potager. Selon Claude Duneton (*La Puce à l'oreille*), *s'occuper de ses oignons*, c'est s'occuper de ses fesses, de ses pieds, parce que l'*ogne*, l'*oigne*, l'*ognon*, c'est le pied, ou l'orteil, puis les fesses. Ce qui nous maintient en dessous de la ceinture.

La cuisine nous ramène à la décence, avec le proverbe « L'oignon fait la soupe », hommage à la sapidité de cette boule aromatique que nos ancêtres appréciaient à sa juste valeur : « Les oignons blancs piquez de cloux de girofle valent mieux que des herbes dans le potage. »

(Pierre Richelet, *Dictionnaire françois…*, 1680.) Nos contemporains sont du même avis : « Qu'ils *[les oignons]* soient blancs, violets ou jaunes, ils donnent de l'esprit à nos plats. » (Frédéric Vitoux, « Éloge de l'oignon », in *Dire, ne pas dire*, 6 avril 2017.) Et le dicton « L'union fait la force / et l'oignon fait la soupe » n'a rien perdu de sa pertinence.

On quittera la cuisine pour noter que l'*oignon*, ce n'est pas seulement une partie du corps humain ou un bulbe au goût puissant, c'est aussi une montre de gousset, une « montre épaisse telle qu'on les faisait autrefois, ce qui leur donnait quelque similitude avec un oignon », précise Hector France, qui la trouve déjà démodée en 1907. Elle est passée de la poche du notable à la boîte aux trésors ou à la devanture de l'antiquaire, mais elle n'a pas changé de nom.

On ne dit plus *il y a de l'oignon* pour « il y a quelque chose de louche, cela devient dangereux » ; on le disait à la Belle Époque, comme au XVIe siècle : « Qui plus est on ne brigue / Estre de la ligue / De saincte *[sainte]* union / Car, ne leur déplaise, / Puisqu'on pend les seize / Il y a de l'oignon. » (*Satyre Ménippée*.) Qui donc étaient « les seize » ? Pendant les guerres de Religion (1562-1598), qui opposèrent catholiques et protestants, seize bourgeois parisiens représentèrent la Sainte Ligue (catholique) à l'Hôtel de Ville. Ces personnages outrepassèrent leurs pouvoirs au point de susciter une violente réaction du chef de la Ligue, qui en fit pendre quatre sans jugement. Cet épisode est évoqué, sans charité excessive, dans un texte collectif et ironique dû à des partisans d'Henri de Navarre, candidat – protestant – à la couronne de France haï par la Ligue ; cette *Satyre Ménippée* a contribué à la victoire de celui qui allait régner sous le nom d'Henri IV.

*

OSEILLE : Plante potagère dont on consomme, cuites, les feuilles acides et parfumées.

★ **1**. Argent, fric. – *Au point de vue oseille, je te laisse de quoi faire ce qu'il faut pour la petite*. (Michel Audiard, dialogue du film de Georges Lautner *Les Tontons flingueurs*.)

Que viennent faire ces feuilles vertes dans le tiroir-caisse ? Pour Hector France (*Dictionnaire de la langue verte*), l'argent est ainsi nommé parce qu'il « fond dans la poche comme l'oseille dans la casserole ». Bon. Raoul Lambert (*Le dicodingue*) ne sait pas si l'oseille fond vite, mais il est certain de son rapport avec la richesse, puisque c'est une « plante potagère poussant dans les portefeuilles ». Autre théorie : le mot *oseille* est employé pour « persil », que l'on cueille comme l'oseille : lorsqu'on « va au persil », qu'on « fait son persil », on se livre à la prostitution et l'on gagne (parfois) beaucoup d'argent. En réalité, l'origine de la métaphore – apparue à la fin du XIXe siècle, répandue vers 1920 – est inexpliquée. En langue verte, les synonymes sont légion : « Cent dollars, répétai-je. Pognon. Flouze. Oseille. Des fafs. » (Raymond Chandler, *Adieu, ma jolie*, trad. fr. G. de Genevraye.) Quoi qu'il en soit, tire-laine et coupeurs de bourse ont intérêt, une fois en poche le fric frauduleusement acquis, à suive le conseil de Woody Allen : « Prends l'oseille et tire-toi » (*Take the money and run*, en V.O.).

★ **2**. *La faire à l'oseille à quelqu'un*, se moquer de lui, le duper. – *Ne nous la faites pas à l'oseille.* (Titre d'un recueil de textes de Pierre Drieu la Rochelle.)

Le chemin qui va de la plante à l'entourloupe est tout aussi obscur. Pour le plaisir, on citera Alfred Delvau : « L'expression sort d'une petite gargote de la rue de Malte […] et n'a que cinq ou dix ans. La maîtresse de cette gargote servait souvent à ses habitués des œufs à l'oseille où il y avait souvent plus d'oseille que d'œufs. Un jour elle servit une omelette sans œufs. – "Ah ! cette fois tu nous la fais trop à l'oseille", s'exclama un cabotin. Le mot circula dans l'établissement, puis dans le quartier ; il est aujourd'hui dans la circulation générale. » Succulente histoire invérifiable, qui offre, si l'on y croit, l'avantage de donner un repère chronologique : le *Dictionnaire de la langue verte* de Delvau a paru en 1866, la protestation du client mécontent daterait donc du Second Empire. Assez usuelle jusqu'au milieu du siècle dernier (on la rencontre chez Proust à propos d'une galéjade portant sur le képi de Saint-Loup : « Tu veux nous la faire à l'oseille, il ne peut pas être aussi haut que ton paquetage »), la locution est devenue assez rare.

On ne dit plus *avoir mangé de l'oseille* pour « être de mauvaise humeur » ; c'est une allusion à l'acidité de cette « sorte d'herbe qu'on mange, qui est aigrelette et rafraîchissante » (Pierre Richelet, *Dictionnaire de la langue françoise…*).

Herbe qu'on retrouve dans une expression aujourd'hui disparue, *ce n'est pas aussi sûr que de l'oseille* : c'est faux.

Il s'agit d'un jeu de mot, *sûr* signifiant «avéré», et *sur*, «acide».

*

PATATE : Pomme de terre.

★ **1**. Imbécile, maladroit. – *T'es au milieu de la route, eh ! patate !* (Steven Spielberg, *Rencontres du troisième type*, V.F.)

En traitant quelqu'un de «patate», on l'assimile à un légume commun, bon marché, mais roboratif, c'est un peu dévalorisant, cela reste amical. Sauf dans la bouche du capitaine Haddock, qui en fait une grosse injure (*Tintin et les Picaros*).

★ **2**. Coup de poing. *Mettre une patate à quelqu'un*, lui donner un coup de poing. – *Allez, bon, j'avoue, je l'ai frappé. Je lui ai mis de grosses patates dans la tête.* (Sabri Azzaz à la police, d'après Luc Leroux, «Aux Baumettes, coups de couteau et lourd silence», in *Le Monde*, 23 mars 2018.)

La patate dont on gratifie quelqu'un à qui on ne veut pas du bien, pain sur la tronche ou bourre-pif douloureux et humiliant, n'a pas de rapport avec une attaque verbale. La violence est ici physique. Pourquoi la patate ? Sans doute parce que la forme du poing fermé évoque celle du tubercule… comme elle rappelle celle du marron (voir *marron*).

★ **3**. *En avoir gros sur la patate, en avoir ras la patate :* être en colère, blessé, triste. – *Je serpentai entre les tas de légumes odorants et si j'en avais gros sur la* *patate, ce n'était nullement pour sacrifier à la couleur locale.* (Léo Malet, *Le soleil naît derrière le Louvre.*)

On retrouve ici l'assimilation – fréquente – « cœur / poitrine », puis « cœur / estomac » à toutes sortes de fruits – ou légumes – plus ou moins sphériques ou ovoïdes. *En avoir gros sur la patate*, c'est « en avoir gros sur l'estomac », « en avoir gros sur le cœur ». Moins élégamment, *en avoir ras la patate*, c'est « en avoir ras le cul » ; ou, pudiquement et botaniquement, « ras la banane ».

★ **4**. *Avoir la patate :* être en bonne forme physique et intellectuelle. – *T'as des galères graves mais t'as la patate. / Ouais t'as la banane grave, et pas question que tu t'ramasses.* (Diam's, *Big up.*)

Alors qu'*avoir la banane* est synonyme d'*avoir la patate*, les deux expressions n'ont pas la même histoire. Si l'on retrouve assez facilement le sourire derrière *avoir la banane*, on voit mal ce qui rattache la pomme de terre à la forme physique et intellectuelle. Ce qui n'empêche pas les humoristes d'en faire leur miel, comme en témoigne Laurent Baffie, pour qui un doryphore est un « insecte qui a la patate » (*Le Dico 2*). Affirmation qui ne nous éclaire guère. Claude Duneton (*La Puce à l'oreille*) trace une piste : *avoir la patate*, c'est « avoir la frite », synonyme d'*avoir la pêche*. Et la *frite*, comme la *pêche*, ce n'est pas seulement le bien-être, la santé, c'est aussi un coup violent... comme la *patate*. Il s'agirait donc d'une association *frite-patate*. Mais d'où vient l'expression *avoir la frite* ? On ne sait. Quant au méchant geste de celui qui « fait une frite » à quelqu'un, il n'a aucun rapport avec la santé et la belle humeur de celui qui en est victime. Une *frite*, c'est un coup bref et violent porté de haut en bas, le poignet souple et les doigts en fouet, selon la forme longue d'une frite. Bien appliqué, le coup peut faire très mal.

★ **5**. *Se refiler la patate chaude :* s'arranger pour que quelqu'un d'autre résolve un problème délicat, mette fin à une situation ennuyeuse ou dangereuse. – *Mairie et préfecture se renvoient allègrement la patate chaude car personne n'a envie de prendre en main le problème !* (Peter Dontzow, *Un militant, trois poules*.)

Ce légume brûlant dont on ne songe qu'à se débarrasser symbolise ennuis et difficultés. L'expression nous vient des États-Unis : *to drop like a hot potato*, « jeter comme une patate chaude », c'est-à-dire « se débarrasser au plus vite d'un ennui, d'un problème insoluble ».

★ **6**. *Chaud patate :* très tendu, très excité. – *Il est complètement « chaud patate ». Je vais à sa rencontre et le raisonne : il finit par se calmer.* (« C'est chaud patate », in *Le Blog de Proquito*, 9 avril 2013.)

La locution adjectivale *chaud patate* est toute nouvelle dans notre vocabulaire. On voit bien le rapport entre la chaleur et l'excitation, moins bien ce qui unit cette excitation à la pomme de terre. Plus abstraitement, *chaud patate*, c'est aussi « difficile, dangereux » : « C'est chaud patate ! t'arrête pas ! » (Vincent Lagaf', « En Mongolie », in *Off Roads, les routes de l'extrême*, série télévisée, 26 novembre 2018.)

★ **7**. *Sentir la patate :* pressentir un danger, se méfier. – *Finalement, j'ai fait plusieurs paquets que* *j'ai mis dans des endroits différents… – En somme, vous sentiez arriver la patate ? – Non, mais il me tardait que vous reveniez.* (Albertine Sarrazin, *L'Astragale*.)

La *patate*, ici, appartient au même registre : le danger, le risque potentiel. L'expression, récente, est moins usuelle que son équivalent *sentir le roussi*.

★ **8**. *Les patates sont cuites :* il n'y a plus rien à faire. – *Lorsqu'ils se rendent compte que les patates sont cuites, et qu'ils ne s'en sortiront pas, ils se mettent à hurler*. (André Héléna, *Rencontre dans la nuit*.)

L'expression, née au milieu du XXe siècle, n'est pas aussi répandue que son aînée, *les carottes sont cuites*, de même sens mais popularisée par une référence historique, le message de Radio Londres annonçant l'imminence du débarquement du 6 juin 1944.

★ **9**. *Une patate :* un million (d'anciens francs). – *Excuse-moi, l'héritage, il est où, les 100 patates ?* (Didier Bourdon, Bernard Campan, *Les Trois Frères*.)

Avant 1959, une *brique*, pour tout le monde, c'est un million de francs. Pourquoi ? Il s'agit de « francs anciens », et un million, ça fait un gros paquet de billets, de la taille d'une brique ; ou d'une patate (très grosse, la patate). Puis vint le « nouveau franc », qui divise les sommes par cent, le million devient « dix mille », c'est un nombre, pas un fantasme ; *million* avait donné *millionnaire*, *dix mille* ne peut donner *dixmillaire*, le rêve de nabab s'est envolé. La brique et la patate n'ont plus cours, les surnoms seront encore compris par une partie de la population, qui les utilisera avec une pointe de nostalgie. Puis vint l'euro ; si la « patate » équivaut à 10 000 unités d'une monnaie, 10 000 « nouveaux francs » valent 1 524,49 euros. Impossible de faire de ce nombre baroque le moindre symbole, de lui donner le moindre sobriquet ; *brique*, *patate* et *plaque* (cela se disait aussi) ont disparu. Sauf exception : on trouve parfois l'équivalence « patate / 10 000 francs », ou 1 500 euros… sans la valeur symbolique de notre bon vieux million.

★ **10**. *Lance-patate :* lance-grenade. – *Il y a la matraque en caoutchouc, le « bidule » (manche de pioche d'un mètre vingt), le lance-patates…* (René Backmann, Claude Angeli, *Les polices de la Nouvelle Société.*)

Ce ne sont pas des paquets de billets ni des sacs de pommes de terre que projettent les lance-patates, mais des projectiles de forme plus ou moins patatoïde ; l'image date du siècle dernier.

Légume à tout faire, mot à tout dire, la patate s'invite partout, dans la chambre à coucher comme dans l'armurerie, à la salle de bains comme à la banque. Ou dans les planches anatomiques. Ce n'est pas seulement la tête, le cœur, l'estomac ; ce sont aussi, chez l'homme mâle, les testicules, et, en général, ce qui est en dessous de la ceinture. *Avoir les patates au fond du filet*, *au fond du sac*, c'est, pour certains, « être très fatigué après des ébats amoureux », pour d'autres, c'est, au contraire, « éprouver violemment le désir de se livrer sans attendre à ces mêmes ébats ». Et *vider les patates*, c'est uriner ;

olives et *patates* sont ici synonymes et, tout le monde l'aura compris, le *sac*, le *filet*, c'est le caleçon.

On quitte l'anatomie pour la cuisine et le potager avec une locution qui nous renvoie au XVIIe siècle : *bouffer des patates à l'eau*, c'est exactement « vivre de carottes », vivre dans la misère, comme le note le *Dictionnaire de l'Académie* de 1694 : « On dit qu'*Un homme ne vit que de carottes*, pour dire qu'Il vit mesquinement. »

Pour conclure une liste forcément incomplète (l'inventivité langagière est sans limite), une *patate*, c'est aussi une année ; *y aller de dix patates*, pour un malfaiteur, c'est risquer dix ans de prison ; *se prendre une patate de plus*, c'est vieillir d'un an.

Toutes ces manières de parler sont récentes. La pomme de terre, connue de longtemps et sporadiquement cultivée en Europe depuis le XVIe siècle, ne s'est répandue en France que vers 1770 ; son surnom est apparu plus tard, d'abord dans les parlers de l'Ouest, peut-être par imitation de l'anglais *potatoe*, devenu *patate* au Canada, avant de s'imposer dans le langage populaire, puis familier. Jusqu'aux premières années du XXe siècle, le mot a mauvaise réputation ; pour Pierre Larousse, c'est le « surnom donné abusivement à la pomme de terre » ; pour MM. Larive et Fleury (*Dictionnaire français encyclopédique à l'usage des écoliers*), en 1905, c'est, vulgairement et improprement, « la pomme de terre et le topinambour ». Et pour Maurice Lachâtre (*Dictionnaire des écoles*, 1856), c'est « une espèce de liseron » à racine comestible. Qui l'eût cru ? Mais non, l'auteur n'est pas « beurré comme un coing », ni même victime d'un « coup de chasselas », il ne s'agit pas de notre patate des familles, mais de la patate douce, qui est une convolvulacée, en clair une plante grimpante ; le liseron aussi. Donc…

*

POIREAU : Plante potagère à bulbe blanc et longues feuilles vertes.

★ **1**. *Le poireau :* le Mérite agricole. – *Tu mérites la croix de la Légion d'honneur ! – J'aimerais mieux le Poireau, parce que c'est un légume savoureux.* (Louis Boussenard, *Le Fils du gamin de Paris.*)

Né en 1883 à l'initiative de Jules Méline, ministre de l'Agriculture, l'ordre du Mérite agricole a immédiatement été surnommé « poireau » par les journalistes à cause de la couleur verte de son ruban ; vite popularisé, ce sobriquet lui est resté.

★ **2**. *Faire le poireau :* attendre longuement. – *Les nuits sont fraîches et je crains que son chauffeur ne s'enrhume à faire le poireau devant chez nous.* (San-Antonio, *Ça mange pas de pain.*)

Lorsqu'on « fait le poireau », on est planté sans bouger, aussi inerte qu'un légume dans la terre du potager. D'ailleurs, au XIXe siècle, on ne dit pas *faire le poireau*, mais *planter son poireau*. Et le *poireau*, ce n'est pas seulement celui qui attend, c'est l'attente. Napoléon Hayard (*Dictionnaire argot-français*) fait suivre certaines de ses listes de mots sommairement (très sommairement) définis d'un dialogue en argot où l'on retrouve certains d'entre eux. Le texte qui suit la lettre *A* commence par : « Une plombe et mèche de poireau ! », propos traduit un peu plus loin (le texte est « bilingue ») : « une heure et quart d'attente ». On peut voir autre chose que l'inertie dans la locution *faire le poireau* : « l'image de la tige verticale du légume illustre l'attitude humiliante du solliciteur qu'on fait attendre debout » (Marc Fumaroli, *Le livre des métaphores*). Les deux hypothèses ne sont pas incompatibles. De *faire le poireau* est issu le verbe *poireauter*, « attendre interminablement ».

★ **3**. *Un poireau :* un imbécile. – *Je ne les ai jamais revus depuis l'âge de dix ans, mais l'impression qu'ils m'ont laissée est celle de poireaux de fort calibre.* (P. G. Wodehouse, *Allez-y, Jeeves*, trad. fr. E. Rinon.)

On saisit mal pourquoi le poireau symbolise la sottise ; peut-être parce que celui qui consent à attendre interminablement quelqu'un qui ne vient pas, quelque chose qui ne se produit pas, est trop gentil, une bonne poire en somme. Le *poireau*, c'est aussi quelqu'un de solitaire, le client assis seul à une table de restaurant : « Ici, des poireaux, tu n'en as pas des masses ! » (Yvan, serveur de brasserie, cité par Pierre Merle, *Dico du français qui se cause*.) Peut-être cet esseulé poireaute-t-il dans l'espoir que quelqu'un viendra mettre fin à sa solitude.

★ **4**. Membre viril. – *Ou bien ils se réunissent en cercle en criant « Heil Hitler » quand ils se dégorgent le poireau. Comment je saurais, hein ?* (Harlan Coben, *Du sang sur le green*, trad. fr. T. Arson.)

L'image se passe de glose. Elle a surgi vers 1880 dans le théâtre érotique (*Les Jeux de l'amour et du bazar*, de Louis Lemercier de Neuville) et s'est répandue dans de nombreux textes coquins, voire grivois.

★ **5**. *Vert comme poireau :* en pleine forme (se dit souvent en parlant d'une personne qui relève de maladie, ou d'une personne âgée).

La plupart du temps, dire de quelqu'un qu'il est « vert comme poireau », c'est constater qu'un homme âgé « est un vert galant, un homme entreprenant malgré son âge. Comme le poireau, il a la tête blanche et la queue verte » (Catherine Mory, *Au bonheur des expressions françaises*). En effet, « en matière de sexe, celui qui est vert comme un poireau ne donne pas sa part au chat » (René Paloc, *L'intégrale des plus belles expressions*). L'image est ancienne ; au Moyen Âge, *des vertes et des pas mûres*, ce sont des choses désagréables, désobligeantes, ou bien égrillardes. La référence phallique est présente chez Rabelais. Frère Jean rappelle à Panurge qu'il n'est plus tout jeune : « Quand les neiges sont es *[en]* montaignes : ie dis la teste & le menton, il n'y a pas grand chaleur par les valées de la braguette. » À quoi Panurge réplique : « Tu me reproches mon poil grisonnant, & ne consydere poinct *[point]* comment il est de la nature des pourreaux *[poireaux]*, ès quelz *[auxquels]* nous voyons la teste blanche & la queue verde. » On retrouve ce symbolisme naïf et dépourvu d'ambiguïté dans la ritournelle « Femme stérile / Mangeant poireau / Son ventre gros / Devient fertile. »

★ **6**. Officier général ; en particulier, général commandant l'école militaire de Saint-Cyr. – *Un poireau vint, plus sévère que les autres, auquel la danse parut un accessoire inutile, et le professeur dut partir.* (Georges Virenque, *L'Album d'un saint-cyrien. Deux années d'école.*)

On est rarement général à vingt-cinq ans ; le sobriquet du militaire de haut rang est sans doute lié à son âge respectable couplé à un comportement supposé de vert galant. Pourtant, un général est « censé avoir comme le poireau [...] la tête blanche et le reste vert » (Pierre Nord, *Bombe à l'O.T.A.N.*). Cette appellation familière est passée de mode. Quant au surnom du sergent de ville en faction, le poireau des titis du XIXe siècle, il a disparu de notre vocabulaire.

*

POIS : Plante potagère dont on consomme les gousses ou les graines ; cette graine.

★ **1**. *Avoir un petit pois dans la tête :* être stupide. – *Il vaut mieux voir ça avec quelqu'un qui n'a pas un petit pois dans la tête*. (Arnaldur Indridason, *Le Lagon noir*, trad. fr. É. Boury.)

La petitesse de la graine renvoie à celle – supposée – du cerveau. L'expression d'origine était un peu différente, ce n'était pas un petit pois qu'on avait dans la tête, c'était un grelot, qui s'agitait dans le vide. Les pois évoquent aussi l'image de la folie : *avoir des poys au lard*, c'est « être traité comme un fou ». Un fou qui n'a pas « toute sa tête ».

★ **2**. *Rond comme un petit pois :* complètement saoul. – *Elle m'apprend que Gérard, armé jusqu'aux dents et rond comme un petit pois, écume la capitale*. (Jeanne Cordelier, *La Dérobade*.)

Le pois n'est pas seulement petit, il est rond. Et *rond* a signifié « plein », de nourriture ou de boisson. À partir du XVIIe siècle, il n'a plus été question que de liquide : celui qui « est rond » a bu à satiété, il a fait le plein. D'où les comparaisons entre un ivrogne et un objet rond. Le petit pois n'est pas seul en lice, on est « rond comme une barrique » (avec l'idée de remplissage), « comme une soucoupe », « comme une queue de pelle », « comme une pomme »...

On rencontre parfois, au détour d'une page, une graine qui joue le rôle du haricot : « Si ma mère ou Zoé me voyait avec toi, ce serait la fin des petits pois. » (Katherine Pancol, *Les Yeux jaunes des crocodiles.*) Ce clin d'œil littéraire ne s'est pas imposé.

*

POIS CHICHE : Variété de pois dont la graine est consommée sèche ; cette graine.

★ *Avoir un pois chiche dans la tête :* être idiot. – *Il a un pois chiche en guise de cervelle ! répliqua Joseph.* (Claude Izner, *Les Souliers bruns du quai Voltaire.*)

Chiche transcrit le latin *cicer*, « pois » ; ce pois, cultivé depuis des millénaires, est utilisé dans toutes les cuisines du Bassin méditerranéen. Il est bon marché et, comme tel, parfois considéré d'un peu haut : pour Horace (65 av. J.-C. – 8), poète adulé à Rome et protégé de l'empereur Auguste, « *acheteur de pois chiches grillés* » est synonyme d'*homme du peuple*. Il est tentant de rapprocher *chiche* (« pois ») et *chiche* (« avare », pour une personne, « très petit », pour une chose). Ces deux mots n'ont aucun rapport de sens, mais... *avoir un pois chiche dans la tête*, c'est bien « être chichement pourvu d'intelligence», non ? Hypothèse tentante mais invérifiable. Les dictionnaires anciens ne peuvent nous être d'aucun secours, le pois chiche ne figurait pas autrefois au menu des Français. Pour Richelet (*Dictionnaire françois…*), c'est «une sorte de pois cornus qui servent à la médecine». À quoi exactement ? On ne sait.

*

RADIS : Plante potagère dont plusieurs variétés sont cultivées pour leur racine comestible.

★ **1**. *Être sans un radis*, sans le sou. – *J'm'ai toujours connu dans la peine / Sans un pelot, sans un radis*. (Aristide Bruant, *Dans la rue*.)

Le radis – du moins le radis rose, le plus commun – appartient à la famille des fruits et légumes de petite taille, symboles de faible importance, de nullité (voir *dattes*, *nèfles*, *prunes…*). L'image est fréquente au XIXe siècle ; Lorédan-Larchey (*Dictionnaire historique d'argot*) fait de *radis* une «corruption de maravédis», ce que rien ne permet de confirmer. Quant au *pelot* (*pélot* ou *pélaud*), son origine est aussi obscure que son orthographe est vagabonde.

★ **2**. *Radis noir* : prêtre en soutane. – *Le radis noir de sa paroisse nous a bénis*. (Pierre Perret, *Cuisse de mouche*.)

On ne traite plus un prêtre de «radis noir» : depuis le concile Vatican II (1962-1965), la plupart des prêtres catholiques ne portent plus de soutane noire. Sauf exception, ils n'attirent plus l'attention par la tenue qui leur valait souvent, autrefois, de sonores «croa croa» moqueurs, par «allusion à la couleur noire de la robe» (Lucien Rigaud, *Dictionnaire du jargon parisien*).

Tous les dictionnaires d'argot, de 1820 à nos jours, relèvent l'équivalence «doigt (surtout de pied) / radis», issue d'une vague ressemblance de forme ; cela ne se dit plus guère.

*

RAVE : Plante potagère à racine comestible ; cette racine.

> ★ *En faire des choux et des raves :* en faire ce qu'on veut, en disposer à son gré. – *Prenez-le, votre bel argent ! [...] Et faites-en des choux et des raves.* (Maxime-Léry et Guy d'Abzac, *La Grosse Galette.*)

La locution est ancienne ; on la trouve chez Scarron : «Ce Typhon avoit resolu / [de] distribuer aux Geans *[géants]* / Les Déesses & leurs Enfans, / Pour en faire des Choux, des Raves.» (*Typhon ou la Gigantomachie.*) Elle traduit le mépris porté aux légumes racines (raves, navets, panais, carottes...), légumes «communs», rustiques et bon marché, base de la soupe familiale, plat de pauvre. Ils n'ont pas de valeur, inutile, donc, de s'en soucier.

*

RHUBARBE : Plante potagère dont les pétioles charnus se consomment cuits.

> ★ *Passe-moi la rhubarbe, je te passe le séné :* mettons fin à la controverse, trouvons un accord.

Cette locution proverbiale rappelle les vertus laxatives de la rhubarbe, analogues à celles d'autres plantes (voir *casse* et *séné*) autrefois fort prisées par les médecins, comme en témoigne la tirade de Sganarelle : « Votre vue est la Rhubarbe, la Casse & le Sené qui purgent toute la melancolie de mon âme. » (Molière, *Le Médecin malgré lui*.) Le chemin menant de la pièce de théâtre au proverbe est tortueux et mal balisé. La locution ne figure textuellement dans aucune des œuvres de Molière ; Pierre Larousse (*Grand dictionnaire universel*) émet une hypothèse. Dans *L'Amour médecin*, deux médicastres appelés au chevet d'une jeune fille s'étripent à propos du traitement à lui appliquer, l'un préconisant l'émétique (le vomitif), l'autre la saignée. Ils finissent par transiger et l'un d'eux déclare : « Qu'il me passe mon émétique […], je lui passerai tout ce qu'il voudra ». Au fil du temps, « la rhubarbe fut substituée à l'émétique, et le séné remplaça la saignée ». Substitution qui ne satisfait pas Pierre Larousse : « La nouvelle formule […] n'est pas scientifique, la rhubarbe et le séné étant l'un et l'autre des purgatifs. Le contraste n'existe plus, le proverbe perd de sa justesse et de son originalité. » Impropriété ou pas, c'est la locution que nous connaissons qui a traversé les siècles : « Et nous copains, cousins, voisins / Profitant, on n'est pas des saints, / De ce que ces deux imbéciles / Se passaient rhubarbe et séné, / On se partageait leur dulcinée. » (Georges Brassens, *Lèche-cocu*.)

*

ROMAINE : Variété de laitue aux longues feuilles croquantes.

★ *Être bon comme la romaine :* risquer d'avoir un ennui, de subir une défaite. – *Si on se fait agrafer, on est bon comme la romaine.* (Sven Hassel, *Les Forcenés de l'enfer*, trad. fr. R. Baldy.)

L'origine de l'expression est obscure. Elle a d'abord signifié « être trop bon, au point de devenir facilement une victime » ; être poire, en somme. Puis un second sens est apparu, qui a supplanté le premier, sans qu'on sache pourquoi. Pour François Déchelette (*L'argot des poilus*), *être bon comme la romaine*, c'est être « passible de punition. Exactement : bon pour être puni, pour être mangé comme la salade de romaine. *Si le piston te voit, tu seras bon comme la romaine.* » Pourquoi cette variété de laitue, et pas la batavia ou la sucrine ? Parce que, délicieuse, elle a été introduite en France grâce aux papes d'Avignon. Quel rapport ? Avignon n'est pas Rome. Certes, mais, lors du grand schisme d'Occident (1378-1417), il y eut, concurremment, deux pontifes et deux sièges pontificaux, Rome, où résidait un des papes, et Avignon, où s'était établi le second, ce qui fit d'Avignon une « nouvelle Rome ». Ah. Autre hypothèse : « un rattachement [...] à la (balance) *romaine*, réputée "bonne", c'est-à-dire juste. » (Jacques Cellard et Alain Rey, *Dictionnaire du français non conventionnel*.) Autrement dit : personne ne peut tracer le chemin qui mène du potager à de graves ennuis.

*

SALADE : Plante potagère aux feuilles consommées crues à la vinaigrette ; plat fait de ces feuilles ; mets composé de divers éléments crus ou cuits ainsi assaisonnés.

★ **1**. *Panier à salade :* fourgon cellulaire. – *Appelez Marlowe et attendez le panier à salade*. (Raymond Chandler, *La Grande Fenêtre*, trad. fr. R. Vavasseur et M. Duhamel.)

Le fourgon doit son nom à son aspect et à son inconfort : les voitures cellulaires du XIXe siècle, tirées, à l'origine, par des chevaux, étaient constituées de parois à claire-voie, plus tard remplacées par des parois pleines. L'on y était secoué « comme salade en panier ».

★ **2**. *La beauté ne se mange pas en salade :* la beauté ne fournit pas d'avantage matériel. – *Je n'ose pas dire qu'elle soit jolie*. – *La beauté ne se mange pas en salade*. (Maxime-Léry et Guy d'Abzac, *La Grosse Galette*.)

On ne peut tout « manger », tout consommer ; la beauté est immatérielle, on ne peut la manger, surtout pas en salade, symbole du mélange confus et du propos infondé. La locution se dit surtout par ironie, à propos d'une jeune personne agréable, mais sans fortune, ou d'une jeune femme peu attrayante, mais riche, dont l'éventuel prétendant se demande si l'une ou l'autre fera une bonne épouse.

★ **3**. *Vendre, raconter sa salade :* débiter des boniments destinés à obtenir un avantage. – *Tu es un Monsieur, tu sais nager, tu as des relations et de l'envergure, ça impressionne, et tu peux raconter ta salade à ton aise*. (César Fauxbras, *La Débâcle*.)

L'expression vient de l'argot du spectacle : le mauvais acteur tente de séduire les spectateurs, de les convaincre de son talent comme un bonimenteur manipule son public. La salade semble avoir acquis sa mauvaise réputation au XIXe siècle. Pour Rigaud (*Dictionnaire du jargon parisien*), ce n'est pas seulement un pêle-mêle, c'est un gâchis. Le mot a pris plus tard le sens de « propos mensonger ». *C'est des salades* équivaut à *c'est du baratin*, *ce sont des mensonges*. Et dans *Qu'est-ce que c'est que cette salade ?*, la *salade*, c'est une faribole.

★ **4**. *Mettre quelqu'un dans la salade*, dans la panade. – *Je n'en veux absolument pas à l'Élégant de m'avoir foutu à l'époque dans une salade dont je me serais bien passé*. (Dominique Alderweireld, avec Jean-Pierre Saccani, *Moi, Dodo la Saumure*.)

Ce sens de « mélange confus » s'applique ici à une situation aussi désagréable qu'inextricable ; la locution est probablement née à la fin du siècle dernier.

★ **5**. *Faire des salades :* faire des histoires, envenimer une situation. – *C'est les Marseillais les plus merdiques, avec leur grande gueule, ça fait toujours des salades*. (Michel et Bruno Papel, *Deux frères ; flic et truand*.)

L'expression, franchement péjorative, ne semble pas antérieure au milieu du siècle dernier. Son exact équivalent, *faire des embrouilles*, plus récent, renvoie aux mêmes caractéristiques : un mets dont il faut mélanger les ingrédients pour lui donner toute sa saveur. De ces *embrouilles* est né le verbe *embrouiller*, « désorienter ».

D'autres locutions, tout aussi dépréciatives, ont disparu. Sous le Premier Empire, *donner une salade à quelqu'un*, c'est « le tancer, le réprimander ; lui chanter game » (Charles-Louis d'Hautel, *Dictionnaire du bas langage*). Qu'est-ce donc que *chanter [la] game* à quelqu'un ? C'est le « reprimander, quereller, reprendre aigrement » (Philibert-Joseph Le Roux, *Dictionnaire comique, satyrique...*). Cette expression, commentée par Le Roux en 1750, était usuelle depuis longtemps, on la trouve cent ans plus tôt chez Scarron : « Iupiter au lit il trouva, / Avec Dame Iunon sa femme, / Qui souvent luy chante sa game / Car souvent moins sage que fou / Il va courir le guilledou. » (*Typhon ou la Gigantomachie.*) *Chanter gam[m]e* a disparu au profit de *chanter pouilles*, propos autrefois vulgaire devenu littéraire, et souvent abrégé en *on va m'[t', l' ...] entendre chanter*.

D'Hautel ne se contente pas de « donner » une salade, il la met à toutes les sauces : « Camarade à la salade, compagnon à coups de bâton. Bouts rimés populaires dont on se sert pour exprimer que plusieurs personnes réunies ne vivent pas en bonne intelligence ; qu'elles ne se portent mutuellement aucune estime, aucune amitié ; qu'elles vivent comme chien et chat. » Ce qui confirme la mauvaise réputation de ce mets.

*

SALSIFIS : Plante potagère cultivée pour sa racine comestible ; cette racine.

★ *Avoir les salsifis en éventail :* se reposer, dormir profondément, être dans une parfaite béatitude.

En argot, depuis le XIXe siècle, les *salsifis*, ce sont les doigts de main et de pied, la forme allongée du légume évoquant (de très loin pour les orteils) celle d'un doigt. Lorsqu'ils sont « en éventail », c'est évidemment des doigts de pied qu'il s'agit, la locution ayant le même sous-entendu érotique, la même évocation implicite d'accomplissement amoureux que son équivalent *avoir les doigts de pied en bouquet de violettes*.

Le mot *salsifis* a signifié (rares occurrences) « imbécile, pauvre type » : « [...] un peu peiné de voir qu'à la librairie ni *Bagatelles*, ni *L'École* ne figure, alors qu'on y favorise une nuée de petits salsifis, avortons forcés de la quatorzième heure. » (Louis-Ferdinand Céline, *Lettres*, cité par Anne Sinclair, *21, rue La Boétie*.)

*

TRUFFE : Champignon souterrain rare et recherché pour sa saveur.

★ **1**. Élément, objet de haute valeur ; morceau de choix. – *Il veut dire qu'il y a une truffe, mais que cela coûtera chaud*. (P. G. Wodehouse, *Allez-y, Jeeves*, trad. fr. E. Rinon.)

Le sens figuré « truffe-trésor » est lié à la valeur marchande de ce champignon.

★ **2**. Nez ; en particulier, nez d'ivrogne, rouge et gonflé. – *Un sous-sol peinard, tout plein de bêcheuses endiamantées et de mecs bourrés, qui se piquaient la truffe*. (Albert Simonin, *Touchez pas au grisbi !*)

Si le nez d'un pochard est assimilé à la truffe, c'est à cause de son aspect ; *se piquer la truffe* est synonyme de *se piquer le nez*, s'enivrer.

★ **3**. Imbécile. – *Il ne nous reconnaît pas et nous prend pour des truffes jusqu'au moment où nous sortons nos pouliches*. (Dominique Alderweireld, *Moi, Dodo la Saumure*.)

Le rapport entre un champignon hors de prix et un imbécile ne saute pas aux yeux. Pourtant, la plupart des dictionnaires de langue verte du XIXe siècle en font déjà état, sans doute parce que quelqu'un de *truffé* est un « imbécile, [un] homme bourré de sottises – comme un dindon bourré de truffes » (Alfred Delvau, *Dictionnaire de la langue verte*).

La rareté de ce trésor de la gastronomie le rendant inaccessible au commun des mortels, on a donné son nom à d'autres produits de la terre ; le marron, l'humble châtaigne, est la « truffe de savetier », car « le marron remplace la truffe chez le savetier comme la pomme de terre remplace l'orange pour le Limousin » (Charles Virmaître, *Dictionnaire d'argot fin-de-siècle*).

Pour les Bourguignons, la *truffe*, fût-elle *de savetier*, n'est ni un champignon ni un fruit, c'est la pomme de terre, ce que Desgranges jeune trouve franchement ridicule : « C'est ainsi que dans différentes provinces on appelle *les pommes de terre* ; c'est un tort ; demandez-le plutôt à un cochon, il s'y connaît ! » (*Petit dictionnaire du peuple à l'usage des quatre cinquièmes de la France*.)

GRAINES ET CÉRÉALES

AVOINE : Graminée dont une espèce est cultivée comme céréale.

★ **1**. *Gagner son avoine :* gagner son pain ; gagner sa vie. – *C'est une manière peu fatigante de gagner son avoine. Et ça non plus, ça ne plaira pas à ce bourrin.* (Léo Malet, *Un croque-mort nommé Nestor.*)

L'avoine et le blé sont deux céréales panifiables, *gagner son avoine*, c'est « gagner son blé », son pain, sa vie. Léo Malet joue sur les mots : en argot, le bourrin est un cheval ; c'est aussi un personnage grossier et stupide, donc un policier, tout flic (également nommé *bourre*) étant, comme chacun sait ou croit savoir, brutal et obtus, une bourrique en quelque sorte.

★ **2**. *Filer, flanquer une avoine à quelqu'un*, le battre. – *Tu la veux, ton avoine ?* (Jeanne Cordelier, *La Dérobade.*)

On abandonne la police pour en revenir à « la plus noble conquête que l'homme ait jamais faite » chère à Buffon, notre ami le cheval, à qui l'avoine donne force et puissance, comme le relève Pierre Richelet (*Dictionnaire françois*..., 1680) : « Cheval de foin, cheval de rien ;

cheval d'avoine, cheval de peine [...]. » Pour les cochers de fiacre, l'*avoine* est un coup de fouet, censé réveiller l'ardeur des chevaux comme le ferait une grosse ration d'avoine. Pour les charretiers et les rouliers, l'*avoine de bourrelier*, c'est le fouet. Pour les êtres humains, dans l'argot militaire, l'*avoine*, c'est de l'eau-de-vie, qui, elle aussi, donne un « coup de fouet ». Ce « coup de fouet » peut être symbolique, et *donner, recevoir une avoine*, c'est souvent, simplement, gronder, se faire gronder. La locution est ancienne ; dans son *Dictionnaire national*, Louis-Nicolas Bescherelle la relève avec délicatesse : « *Cet homme a reçu de l'avoine*, Il a été rebuté par celle qu'il aime. » Ce chagrin d'amour est bien loin de la raclée promise à la prostituée rebelle de *La Dérobade*.

Facile à cultiver, l'avoine est utilisée en alimentation animale et humaine depuis des millénaires. Le langage populaire rend compte de cette omniprésence, parfois de manière inattendue. Pour Antoine Oudin (*Curiositez françoises*, 1640), *manger son avoine en son sac*, c'est « manger seul sans en faire part à personne ». L'homme (qui ne consomme pas l'avoine sous forme de grain) est ainsi assimilé au cheval de trait. Plus curieuse encore, cette locution relevée dans le même ouvrage : *de l'avoine au point du jour*, c'est « le devoir du Mary envers sa femme ou bien l'acte venerien ». Aussi surprenante est l'expression notée bien plus tard (1856) par Bescherelle : *piquer l'avoine*, c'est « être en sentinelle », image botanique de l'immobilité qui renvoie au moderne *faire la plante verte*.

*

BLÉ : Graminée dont le grain fournit une céréale panifiable ; ce grain.

★ **1**. *Blond comme les blés :* très blond. – *Un de ses beaux-frères arriva à la rescousse, un bel Espagnol, blond comme les blés.* (Edmée Renaudin, *Edmée, la bague au doigt.*)

La comparaison, banale, est devenue une tarte à la crème ; ce qui agace parfois : « Les hommes n'ont toujours qu'un terme de comparaison à ce qui est blond : comme les blés. » (Louis Aragon, *Le Paysan de Paris.*)

★ **2**. *Avoir du blé :* être riche. – *Les Muller ont du blé. Fauteuils luxueux, canapé en cuir en face d'un téléviseur géant. Tous les signes de la réussite.* (Alexis Nolent, *La Nuit du vigile.*)

L'expression renvoie aux sociétés rurales tirant leur richesse de la terre. Après la moisson, les champs sont vides et nus. Ce qui rapporte de l'argent, les épis, le grain, est engrangé, et perd sa qualité de céréale en devenant le « bel argent » de l'avare de Molière. L'image est ancienne ; *Le dictionnaire de l'Académie françoise* (1694) la relève : « On dit fig. & prov. Des choses dont la garde est bonne & peut mesme estre advantageuse, que *C'est du bled en grenier.* » Alfred Delvau (*Dictionnaire de la langue verte*) attribue la locution à « l'argot des paysans de la banlieue de Paris pour qui le blé en grange représente en effet de l'argent » ; pour Hector France (*Dictionnaire de la langue verte*), *avoir du blé en grenier*, c'est « être riche ». Et le verbe *engranger* ne s'applique pas seulement aux céréales qu'on entasse dans une grange, mais à toute richesse, matérielle ou non, qu'on accumule. La métaphore « blé / richesse » évoque aussi la couleur des épis mûrs, celle des pièces d'or, symbole de la fortune.

★ **3**. *Fauché comme les blés :* très pauvre. – *Le travailleur est soigneusement représenté [...] / dans un ravissant paysage d'été / et fauchant en chantant alertement les blés / mais on ne voit jamais / l'image simple et vraie / le travailleur en sueur et fauché comme les blés.* (Jacques Prévert, « Aux champs… », in *Paroles*.)

Prévert décrit le travailleur en reprenant un sens du verbe *faucher*, « renverser d'un seul coup », comme le fait une faux. L'expression fait appel à la fois au geste du faucheur (qui abat les tiges de blé au point qu'il ne reste rien dans le champ) et à la valeur symbolique du blé. La locution daterait du XIXe siècle, assimilant l'état du porte-monnaie d'un pauvre hère (il ne contient rien) à celui d'une terre mise à nu.

★ **4**. *Gagner son blé*, sa vie. *Gagner du blé*, de quoi vivre. – *Y rêvait d'un travail où faudrait pas pointer / Où tu pourrais aller que quand t'en as envie. / Que tu f'rais par plaisir, pas pour gagner du blé. / Y paraît qu'ça existe, dans la philosophie.* (Renaud, *Baston !*)

Avec le blé, on fait le pain, *gagner son blé*, c'est « gagner son pain », symbole immémorial de « moyen de subsistance » (au sens propre), nourriture de base des gens modestes, aliment à peu près unique des pauvres gens. On lit dans la Bible (*Genèse*, III, 19) que Dieu impose à Adam, coupable d'avoir transgressé un interdit divin, de « gagner son pain à la sueur de son front ». Cela se disait il y a deux mille cinq cents ans, nous le disons toujours.

D'autres expressions ont disparu. On ne dit plus guère *crier famine sur un tas de blé*, tel un paysan bien pourvu qui joue les impécunieux ; ou tel un anxieux qui vit dans l'angoisse d'une catastrophe aussi imminente qu'improbable. Et plus personne ne craint d'être « pris comme dans un blé », surpris sans défense.

*

CACAHUÈTE : Fruit de l'arachide ; graine contenue dans ce fruit.

★ **1**. *Des cacahuètes :* rien du tout. – *À la barre [...] il annonce son profond mécontentement : « Vous me faites venir pour des cacahuètes, c'est que des petites affaires ».* (« Il a dégradé du mobilier urbain », in *La Voix du Nord*, 7 janvier 2017.)

Les expressions faisant intervenir des cacahuètes sont récentes. Jusqu'au siècle dernier, on ne connaissait de l'arachide que son huile alimentaire, entrée tardivement dans nos cuisines. Napoléon Landais (*Dictionnaire général et grammatical des dictionnaires*, 1834) l'ignore ; pour lui, le mot *huile*, « en particulier et sans addition, s'entend de l'huile d'olive ». Pierre Larousse en parle à peine ; pour Littré, elle « peut remplacer l'huile d'olive », ce qui, à l'évidence, n'est pas encore le cas en 1850. La mode des cocktails et leur accompagnement d'amuse-bouche ont popularisé cette menue amande présentée salée. Comme bien des petits fruits, elle est synonyme de *rien du tout*, ce dédain s'exprimant souvent sous forme exclamative : *des cacahuètes !* pour *des clous !* ; cette traduction littérale du *peanuts !* anglo-américain est entrée dans notre vocabulaire au siècle dernier. Elle s'est imposée en partie grâce à Charlie Brown et son chien Snoopy, héros de la bande dessinée de Charles Schulz, *Snoopy et les Peanuts*, qui, à partir de 1960, eut dans le monde entier un succès prodigieux.

★ **2**. *Valoir son pesant de cacahuètes :* avoir un aspect inattendu, cocasse ; être un peu ridicule. – *Pierre, mal rasé, les cheveux trop longs, en train de baragouiner dans un portugais très approximatif, ça vaut son pesant de cacahuètes.* (Julie Poirier, *Au hasard des pistes, les deux Amériques à vélo.*)

Cacahuète équivalant à *rien*, *valoir son pesant de cacahuètes*, c'est valoir son pesant de rien du tout : le propos est ici ironique, le personnage décrit par l'auteur vaut, au contraire, son pesant de bizarrerie.

*

FÉTU : Brin de paille.

★ *Ne pas en donner un fétu, ne pas peser un fétu, ne pas valoir (même) un fétu, s'en soucier comme d'un fétu :* ne rien donner, ne rien peser, ne rien valoir, ne pas s'en soucier. – *Le savoir n'est rien et ne pèse pas un fétu à côté de l'originalité.* (Marcel Proust, *À la recherche du temps perdu.*)

Ces expressions, aujourd'hui désuètes, font du fétu, minuscule, impalpable et sans valeur, le symbole de l'insignifiance. L'image est ancienne ; Maurice de La Porte (*Les Epithetes*, 1571) qualifie le fétu de « vil » (au sens ancien du terme, « dépourvu de valeur marchande ») ; pour Philibert-Joseph Le Roux (*Dictionnaire comique*, *satyrique...*), «on se sert de ce terme au figuré, pour signifier très-peu de chose, ou même rien». Et le *cogne-fétu* est soit un avare «qui écorcheroit une puce pour en avoir la peau», soit «un homme qui se donne beaucoup de peine inutile», comme si ce brin de paille était un dangereux adversaire. *Fétu* était autrefois quasi synonyme de *paille*. Du Moyen Âge à la fin du XIXe siècle, on «rompt le fétu» comme on rompt la paille, on «tire au court fétu» aussi bien qu'à la courte paille.

Le *fétu* a désigné («par antiphrase», note Littré) un instrument de torture : pour le bourreau («de Paris», précise Richelet), c'était la «barre de fer avec quoi le Bourreau rouë les criminels». Le supplice de la roue a disparu en 1791, l'instrument de ce supplice aussi, et le sens que lui donnait l'exécuteur des hautes œuvres n'est plus compris par personne.

*

GRAIN : Toute graine ou fruit de petite taille, plus ou moins globuleux ; en particulier, graine de céréale.

> ★ **1**. *Séparer le bon grain de l'ivraie* : séparer le bien du mal. – *La quatrième République se trouve prise dans un dilemme : châtier les grands coupables, séparer le bon grain de l'ivraie, mais aussi rétablir les libertés publiques*. (François Mauriac, *Le Bâillon dénoué*.)

Dans l'Évangile, le bon grain symbolise le bien, l'ivraie, graminée parasite aux graines toxiques, le mal. Devenue proverbiale, l'expression se réfère à la parabole de l'homme dont le champ est envahi par l'ivraie et qui ordonne qu'on s'en débarrasse : «Je dirai aux moissonneurs : récoltez l'ivraie d'abord et liez-la en bottes pour la brûler ; quant au blé ramassez-le dans ma grange. » (Mathieu, XIII, 30 ; trad. fr. J. Grosjean.)

★ **2**. *Du grain à moudre :* du travail à accomplir, des réflexions à mener. – *On ne gagne plus une élection sur un bilan. Mais par des promesses. […] Ce qu'on veut faire et qu'on ne fera sans doute pas afin de laisser du grain à moudre à ses successeurs l'emporte haut les suffrages sur ce qu'on a fait*. (Philippe Bouvard, *Mille et une pensées*.)

Issue du vocabulaire de la minoterie (du grain pour alimenter les moulins), la locution, popularisée par le syndicaliste André Bergeron (1922-2014), est devenue un tic de langage appliqué à toutes les situations.

★ **3**. *Mettre, ajouter son grain de sel :* intervenir sans raison valable dans une discussion, se mêler de ce qui ne vous regarde pas. – *Ah ! non, a dit maman ; vous avez tenu à mettre votre grain de sel dans cette conversation, vous resterez jusqu'au bout*. (Goscinny et Sempé, *Les Récrés du Petit Nicolas*.)

Avec *un grain de*, nous quittons granges et greniers pour le trébuchet de l'orfèvre. Le grain est une mesure de poids (0,049 gramme), utilisée pour les perles et les diamants. Il appartenait autrefois à la série des mesures d'usage courant dont la valeur variait selon l'époque et le lieu. Il a fallu, après 1795, date à laquelle la Convention a rendu obligatoire le système métrique, en donner l'équivalent dans les nouvelles mesures ; exercice acrobatique rarement couronné de succès. Dans la vie quotidienne, on s'en est tenu à l'approximation : un grain, c'est quelque chose de très petit et de très léger. *Un grain de*, c'est «un tout petit peu de». Mais pourquoi l'expression *mettre son grain de sel* est-elle sinon péjorative, du moins ironique, alors que le sel, en grain ou non, est indispensable en cuisine ?

★ **4**. *Avoir un grain :* être un peu fou. – *Qu'est-ce que la grappe de raisin devenue folle dit à son psychiatre ? [...] Elle dit : «J'ai un grain.»* (Ed McBain, *80 millions de voyeurs*, trad. fr. A. Bénat.)

Avoir un grain, c'est «avoir un grain de folie». Le raccourci est ancien, sous une forme légèrement différente: «un Grain de folie. i. *un peu*» (Antoine Oudin, *Curiositez françoises...*).

★ **5**. *Veiller au grain :* se montrer prudent. – *Veille toujours au grain sans attendre demain.* (Proverbe français.)

Le grain dont il faut se méfier n'a aucun rapport avec un fruit, une céréale ou une quelconque mesure, il s'agit d'un phénomène météorologique: c'est un bref et violent coup de vent accompagné d'averse. L'image est issue du vocabulaire des marins: «La brise revient [...] et nous conseille [...] de veiller au grain.» (Bernard Moitessier, *Cap Horn à la voile*.) Prudence toujours de mise en mer, comme le rappelle le dicton «Si tu veux faire un vieux marin, / Arrondis les caps et salue les grains.»

On retrouve le mot *grain* dans d'autres expressions aujourd'hui disparues. Au XIXe siècle, *écraser un grain*, c'est, dans l'argot des typographes, «s'enivrer»; pour Alfred Delvau (*Dictionnaire de la langue verte*), c'est

« boire un canon de vin sur le comptoir du cabaretier, – dans l'argot des faubouriens qui ont un fier pressoir dans l'estomac ». Sans doute celui dans lequel on foule le raisin.

Le mot *grain* désigne aussi l'aspérité d'une surface ; plus l'aspérité est prononcée, plus la surface est grenue, plus son aspect est grossier. D'où le méchant sobriquet de « catholiques à gros grain », qui stigmatisait ces « Chrestiens [...] qui croyent comme les veritables fidelles, & vivent comme des infidelles, qui reconnoissent & avoüent Jesus-Christ de bouche, & le renoncent par leurs œuvres » (César de Rochefort, *Dictionnaire general et curieux*, 1685). Personne, aujourd'hui, ne comprend de qui il s'agit.

*

GRAINE : Partie des plantes qui assure leur reproduction.

★ **1**. *Mauvaise graine :* enfant, adolescent dont on pressent qu'il deviendra quelqu'un de peu honorable. – *Moi on m'a appelé Destiné / Mais j'ai eu de la chance / On aurait pu m'appeler / Bon à rien Mauvaise graine Détesté Méprisé / Ou perdu à jamais.* (Jacques Prévert, « Il y en a qui s'appellent... », in *Grand bal du printemps.*)

Traiter quelqu'un de « mauvaise graine », c'est lui attribuer une destinée lamentable, le considérer comme une « graine de potence », un « enfant qui annonce des dispositions qui, développées, le conduiront place de la Roquette » (Hector France, *Dictionnaire de la langue verte*). Triste destin, la prison parisienne de la Roquette se dressait autrefois sur la place du même nom. Quelques années avant France, Rigaud (*Dictionnaire du jargon parisien*) n'évoquait ni une prison ni la peine capitale, mais un lieu de désolation, le bagne de Cayenne, en faisant d'une *graine de bagne* un « type alarmant de la dégradation précoce ». On retrouve cette idée d'inéluctable dans le proverbe « Mauvaise graine est tôt venue », soit « les ennuis arrivent plus vite qu'on ne croit », ou encore « il n'est si dur fruit et acerbe qui ne mûrisse ».

★ **2**. *Casser la graine :* manger. – *Gridoux pouvait casser la graine en toute tranquillité. Cette graine était en général une assiette de hachis parmentier fumant.* (Raymond Queneau, *Zazie dans le métro*.)

Casser la graine a d'abord signifié « boire », ce qui nous ramène à *écraser le grain* ; en Bourgogne et dans le Lyonnais, on dit *casser la grune*, le « grain de raisin ». On est passé du liquide au solide, de « se taper un coup » à « casser la croûte », en donnant à *casser* le sens argotique d'« écraser (la nourriture) » ; Rigaud (*Dictionnaire du jargon parisien*) précise : « Casser. Manger. Le mot date du XVIIIe siècle. On dit, dans le langage courant : "*Casser une croûte*" pour "manger un morceau". »

★ **3**. *Monter en graine :* en parlant d'une jeune fille, avancer en âge sans se marier. – *Une chambre où les rideaux de cretonne, les volants du dessus-de-lit, les petites tables et les bibelots mièvres rappelaient la jeune dactylo montée en graine*. (Sébastien Japrisot, *Compartiment tueurs*.)

Monter en graine, c'est, pour une plante, arriver à maturité, porter la graine qui, semée, donnera une nouvelle plante ; pour une jeune fille, c'est dépasser la prime jeunesse sans se marier, sans promesse d'enfant. L'expression est ancienne, Richelet la relève sans commentaire : « On dit d'une fille âgée pour se marier, *qu'elle monte en gréne.* » Philibert-Joseph Le Roux (*Dictionnaire comique, satyrique...*) est désobligeant ; pour lui, *monter en graine*, c'est « vieillir, devenir âgé, vieux, décrépite, cassé », en ajoutant en commentaire, « parlant de pucelles ». Jusqu'à la fin du siècle dernier, dans les maisons de couture, pour consoler les filles toujours célibataires à vingt-cinq ans, on leur faisait une grande fête le 25 novembre, jour de la Sainte-Catherine ; ces « catherinettes » défilaient et chantaient dans les rues, applaudies par les passants. La coutume s'est perdue.

★ **4**. *En prendre de la graine*, s'en inspirer. – *Son père disait toujours ça quand il parlait de ses employés. [...] Elle aurait dû en prendre de la graine*. (Nathalie Sarraute, *Le Planétarium*.)

On retrouve ici l'idée de fruit au sens de « bénéfice » qu'avait autrefois *avoir du fruit*, *faire fruit*, *donner fruit*. La *graine* dont on s'empare, c'est l'exemple, le principe qui produira un heureux résultat aussi naturellement que la graine semée produit une nouvelle plante.

Cette métaphore est reprise dans l'explication de la reproduction humaine donnée aux enfants en leur parlant de « la petite graine » qui, semée dans le ventre de maman, donnera naissance à un bébé.

*

ORGE : Céréale panifiable.

★ *Commun comme [du] pain d'orge :* très commun, dépourvu d'élégance. – *Rusé, porté sur les notes de frais, commun comme du pain d'orge, mon futur patron, la gitane au bec, m'entraîna dans un café.* (Vincent Brugère-Trélat, *Carnets d'un témoin du siècle.*)

L'orge donne du mauvais pain, moins onéreux que le pain de froment ; d'où l'assimilation « mangeur de pain d'orge / homme du commun ». On utilisait autrefois un autre adjectif, plus péjoratif : « On dit figur. & famil. d'Un homme très-grossier, qu'*Il est grossier comme du pain d'orge.* » (*Dictionnaire de l'Académie françoise*, 1798.) Affadie, très répandue dans la bonne société au siècle dernier, l'expression est aujourd'hui désuète.

*

PAILLE : Chaume desséché des graminées dépouillées de leur épi.

★ **1**. *La paille et le grain :* l'apparence et la substance. – *Nos concitoyens sauront distinguer derrière la paille des mots le grain des choses.* (Jean-Pierre Chevènement, blog du 22 janvier 2007.) – *La Paille et le Grain.* (Ouvrage de François Mitterrand.)

La paille a longtemps symbolisé à la fois – et contradictoirement – la richesse et l'insignifiance. *Avoir de la paille dans ses souliers*, c'était « avoir du foin dans ses bottes », mais on appelle « un homme de neant, un mal vetu qui se presente pour caution, un homme de *paille* » (Antoine Furetière, *Dictionnaire universel...*). Les expressions comportant le mot *paille* sont anciennes, innombrables et commentées dans les dictionnaires dès le XVIIe siècle. Richelet est bref, les académiciens sont diserts, et Furetière est intarissable. On passe sans souffler de l'indélicatesse des squatters à la prospérité du nouveau riche, des mœurs des Gaulois au droit féodal, de l'alimentation des chevaux aux propriétés électromagnétiques de l'ambre. Au fil du temps, les locutions évoquant la richesse (*heureux comme rats en paille*, *avoir de la paille jusqu'au ventre…*) ont disparu, ne demeurent que les allusions à la médiocrité, à la pauvreté : le grain est source de revenus, la paille est un sous-produit.

★ **2**. *Feu de paille :* ardeur éphémère. – *Treize ans c'est comme un jour et c'est un feu de paille / Qui brûle à nos pieds maille à maille*. (Louis Aragon, *Cantique à Elsa*.)

Le feu de paille ne dure guère et chauffe peu. En gens raisonnables, les académiciens du Grand Siècle commentent, avec une note de désapprobation : « On dit fig. d'Une chose qui commence avec ardeur, avec vehemence, & qui est de peu de durée, que *C'est un feu de paille. Il a eu une violente passion pour… mais ce n'a esté qu'un feu de paille*. »

★ **3**. *Homme de paille :* prête-nom. – *Bienvenue à Sark, l'île des hommes de paille*. (Titre d'un article d'Adrien de Tricornot, in Lexpress.fr, 3 avril 1997.)

L'homme de paille, certes parfois utile, ne jouit pas de la meilleure réputation, c'est un homme de peu, une quantité négligeable, voire un déchet. Ce qui n'explique pas pourquoi on nomme ainsi un prête-nom.

Pour Claude Duneton (*La Puce à l'oreille*), l'homme de paille serait un jocrisse évoquant le mannequin de paille à l'effigie de l'amoureux volage que la fiancée délaissée brûlait devant sa porte à la Saint-Valentin. D'où le croisement « pantin / personnage falot qui prête son identité à un donneur d'ordre anonyme, souvent dans un contexte financier douteux ».

★ **4**. *Être sur la paille*, dans la misère. *Mettre quelqu'un sur la paille*, le ruiner. – *Si la connerie n'est pas remboursée par les assurances sociales, vous finirez sur la paille.* (Michel Audiard, dialogue du film d'Henri Verneuil *Un singe en hiver*, d'après le roman d'Antoine Blondin.)

Contrairement à l'homme de paille, celui qui « est sur la paille » n'a rien à se reprocher, mais ne jouit pas de beaucoup de considération, c'est un pauvre hère, sans feu ni lieu.

★ **5**. *Écraser la paille, de la paille :* dormir. – *Ah, on en écrase de la paille, en vingt-quatre heures.* (Gaston Esnault, *Le poilu tel qu'il se parle.*)

La paille peut servir de couche de fortune ; dans les tranchées, en dormant, les poilus écrasaient la paille. Et, au XIXe siècle, pour les misérables, la paille est « la plume de Beauce », relève Balzac (« Essai philosophique, linguistique et littéraire sur l'argot, les filles et les voleurs », in *Splendeurs et misères des courtisanes*).

★ **6**. *La paille humide des cachots :* la prison. – *Madame Fenouillard [...] est allée rejoindre son époux dans les sombres profondeurs du poste, et tous* *deux de compagnie gémissent sur la paille humide des cachots.* (Christophe, *La Famille Fenouillard.*)

Cette métaphore ironique de l'inconfort du prisonnier dans sa cellule n'a pas échappé à Flaubert : « CACHOT : toujours humide. La paille y est toujours humide. » (*Dictionnaire des idées reçues.*) C'est bien ainsi que l'entend Francis Jourdain (*Sans remords ni rancune*), qui conte les errances d'un ami anarchiste « pourchassé par maintes polices, et connaissant l'humidité de maintes pailles ».

★ **7**. *La paille au cul, la paille aux fesses :* à contrecœur, de façon pitoyable. – *N'essayez pas de me retenir. – Vous retenir ? Bon vent ! La paille au cul et le feu dedans.* (Laurent Burtin, Nathalie Suhard, Jacques Bastier [créateurs], « La raison du plus fort », in *Lebowitz contre Lebowitz*, série télévisée.)

Présente dans les baraquements et les abris précaires, la paille abonde à l'écurie. L'expression *la paille au cul* est empruntée au vocabulaire de l'hippologie, par allusion au bouchon de paille mis aux chevaux à vendre. Moins crue, la locution *la paille au train*, usuelle au siècle dernier dans l'entourage des officiers de cavalerie, a le même sens. Pour Lorédan-Larchey (*Dictionnaire historique d'argot*), *avoir la paille au cul*, c'est aussi « être mis à la réforme », car « on expose, ordinairement, avec un bouchon de paille, les objets à vendre isolément », ce qui met sur le même plan cheval de réforme et assiette ébréchée de vide-grenier. La locution avait autrefois un sens un peu différent ; *avoir la paille au cul*, c'était être mis à la retraite, être renvoyé, voire, pour un militaire, être expulsé de l'armée pour manquement à l'honneur ou non-respect de la loi. Cette manière expéditive de se débarrasser de quelqu'un qu'on ne veut plus voir a, de longtemps, suscité moqueries et couplets irrévérencieux ; ainsi de la disgrâce d'une maîtresse de Louis XV, la duchesse de Châteauroux : « Vous partez donc, grande duchesse, / La paille au cul ? / Qui de nous l'auroit jamais cru, / Que Louis, tout rempli de tendresse, / Renverrait un jour sa maîtresse / La paille au cul. » (Anonyme, sur l'air du refrain populaire *La Paille au cul*, 1744.)

★ **8**. *La paille et la poutre :* le menu défaut (perçu chez autrui) et la grave insuffisance (négligée chez soi). – *Pourquoi regardes-tu la paille qui est dans l'œil de ton frère, et ne remarques-tu pas la poutre qui est dans ton œil ?* (Mathieu, VII, 3 ; trad. fr. A. Crampon.)

Cette citation du *Sermon sur la montagne* prononcée par le Christ au début de sa prédication a gardé son sens originel et demeure usuelle. Le respect dû aux livres saints n'a pas empêché les humoristes de s'en emparer ; pour Alphonse Allais (*Le Journal*), « le comble de l'économie », c'est « coucher sur la paille qu'on voit dans l'œil de son voisin et se chauffer avec la poutre qu'on a dans le sien ».

★ **9**. *Tirer à la courte paille :* tirer au sort avec des brins de paille de longueur inégale. – *On tira z-à la courte paille (bis). / Pour savoir qui, qui, qui serait mangé.* (*Il était un petit navire*, chanson enfantine.)

Au Moyen Âge, on ne tirait pas « à la courte paille », mais « à la longue paille » ; on peut d'ailleurs, pour consulter le hasard, utiliser autre chose qu'un fétu : « On cherche deux hommes de paille, un grand, un petit, pour tirage au sort. » (Pierre Dac, *Le Jour le plus c…*)

★ **10**. *Une paille :* trois fois rien, emploi ironique du mot pour signifier son contraire. – *Combien de canons ? – Sauf augmentation, il en montre quatre-vingts. – Une paille, dit Gaston.* (Jacques Perret, *Le Vent dans les voiles.*)

Au XIXe siècle, ce fétu évoquait à la fois la légèreté (pour Vidocq, la *paille*, c'est la dentelle) et – déjà – l'insignifiance : pour Delvau (*Dictionnaire de la langue verte*, 1866), *c'est une paille !* s'emploie pour « Ce n'est rien ! L'expression est très ironique, et signifie toujours, dans la bouche de celui qui l'emploie, que ce rien est un obstacle sérieux ». On ne saurait mieux dire.

★ **11**. *Une paille dans :* un défaut dans (une pièce de métal), une impureté dans (une pierre précieuse) ; au sens figuré, un détail incongru. – *Il y avait toutefois une paille […] dans la joie éthérée que j'éprouvais d'être fiancé à Florence.* (P. G. Wodehouse, *Allez-y, Jeeves*, trad. fr. E. Rinon.)

De la minceur du fétu est né le sens figuré de *paille*, « minuscule défaut, faille presque imperceptible ». Le sens est ancien (XIVe siècle), la locution semble plus récente. Furetière (1690) et les académiciens (1694) l'ignorent, Richelet (1709) la relève en l'appliquant uniquement aux pierres précieuses.

On donne parfois le nom de *paille* à ce qui évoque la minceur et la longueur de cette tige de graminée. Ainsi d'un oiseau que les marins observent pour évaluer la distance entre leur navire et la terre ferme. Pour les ornithologues, c'est le phaéton. Buffon (*Histoire naturelle des oiseaux*) le nomme «paille-en-queue», car «son caractère le plus frappant est un double long brin qui ne paroît que comme une paille implantée à sa queue». On trouve aussi *paille-en-cul*, *fétu-en-cul*.

*

RIZ : Graminée des régions chaudes et humides, dont on consomme la graine.

> ★ **1**. *Poudre de riz :* produit de beauté utilisé pour blanchir la peau et unifier le teint. – *Et qu'est-ce que vous avez sur votre col ? De la poudre de riz. Mon Dieu, mon Dieu, vous avez été avec des femmes !* (Paul-Jean Toulet, *Les Tendres Ménages*.)

Venue d'Inde en Occident au XVIIe siècle, la poudre de riz a d'abord essentiellement été utilisée pour blanchir les perruques des gentilshommes. Elle s'est ensuite répandue dans les classes aisées de la société, permettant aux élégantes de masquer les imperfections de leur teint, et – surtout – de garder une peau pâle, en un temps où le hâle était la marque des gens de peu. Remplacée au XIXe siècle par des poudres minérales, elle revient aujourd'hui sur le marché des cosmétiques : produit naturel, elle respecte les peaux sensibles.

> ★ **2**. *Riz-pain-sel :* militaire du service de l'intendance. – *Il découvre les fameux dépôts soigneusement camouflés. [...] Il y a de quoi rendre jaloux tous les riz-pain-sel de la création.* (Pierre Montagnon, *Les parachutistes de la Légion, 1948-1962*.)

Le surnom est ancien ; Alain Rey (*Dictionnaire historique de la langue française*) le date de la fin du XVIIIe siècle, Pierre Larousse pense qu'il a été importé par les soldats de l'armée d'Afrique après la conquête de l'Algérie (1830-1837), et il est relevé par Littré, qui en donne l'origine : « À cause des titres de ce nom que portent les colonnes des états dressés par ces employés. » Peut-être. Plus probablement : le riz, bon marché, étant devenu le symbole de la médiocrité culinaire, « les employés de l'intendance [...] furent [...] appelés les *riz-pain-sel*, le préjugé commun associant ces sources alimentaires et élémentaires aux fayots » (Alain Rey et Tristan Hordé, *Dictionnaire culturel en langue française*).

*

SÉSAME : Plante originaire de l'Inde, cultivée pour ses graines dont on extrait de l'huile.

★ *Sésame, ouvre-toi* : formule magique prononcée pour obtenir ce que l'on désire.

Cette formule est empruntée à un conte des *Mille et Une Nuits*, *Ali Baba et les Quarante Voleurs* ; caché derrière un arbre, Ali Baba entend le chef de la bande prononcer ces mots étranges et voit s'ouvrir une porte dans un rocher. Les voleurs partis, il s'approche, dit à son tour « Sésame, ouvre-toi », la porte s'ouvre et dévoile une caverne pleine de trésors.

*

SON : Résidu de la mouture des grains, qui est principalement composé des débris de leur écorce (Littré).

★ *Faire l'âne pour avoir du son :* faire le sot, le naïf, pour obtenir un renseignement, un avantage. – *La préfecture de police a l'air de vouloir faire croire qu'elle y croit ou est-ce qu'elle fait l'âne pour avoir du son?* (Jean Giono, *Le Hussard sur le toit*.)

L'expression n'est pas nouvelle, on la trouve chez Rabelais, sous une forme différente, le son se nommant alors «*bren*»; Gargantua, enfant, «se faisoyt de l'asne *[faisait l'âne]* pour avoir du bren». Le mot, défini par Pierre Larousse «son ou matière fécale», est devenu rarissime; seul est demeuré (un peu) en usage son dérivé, *brenneux*, au sens second. Présent chez François Villon, qui évoque «le fons d'unes brayes breneuses» (*Ballade des langues ennuieuses*), largement utilisé par ce même Rabelais, ce n'est plus aujourd'hui qu'une survivance, une coquetterie de langage. Et le goût supposé de Cadichon pour ce sous-produit du blé ne semble pas reposer sur grand-chose.

HERBES FOLLES ET HAUTES FUTAIES

ARBRES ET BUISSONS

ALFA : Plante herbacée du Bassin méditerranéen.

★ *Plus d'alfa sur le plateau, sur les hauts plateaux :* plus un cheveu sur la tête. – *On dit du chauve qu'il n'a plus d'alfa sur le plateau.* (Aristide Bruant et Léon de Bercy, *L'argot au XX*e *siècle.*)

À l'origine, en argot, l'alfa renvoie aux cheveux blonds, parce que cette «plante textile qui sert à fabriquer la pâte du papier [...] a absolument l'aspect d'un paquet de filasse», remarque Charles Virmaître (*Dictionnaire d'argot fin-de-siècle*). La locution s'est ensuite appliquée à toute chevelure, quelle que soit sa couleur, et l'alfa a rejoint la tribu des plantes poussant dru qui évoquent des cheveux touffus (voir *cresson*). Répandue à la fin du XIXe siècle, l'expression est difficile à dater ; présent sur le pourtour méditerranéen, notamment en Espagne méridionale et au Maghreb, l'alfa n'était guère connu en France, où il n'était pas exploité ; et le luxueux papier d'alfa n'y a été fabriqué industriellement qu'à partir de 1860. Aujourd'hui, la plante et le terrain plat d'altitude ont fait place au banal *pas un cheveu sur le caillou*, voire à l'argotique *casquette en peau de fesse*, sans oublier le *mouchodrome*, la *patinoire à moustiques*, et quelques autres.

*

ARBRE : Végétal ligneux de grande taille, qui se ramifie à partir d'une certaine hauteur.

★ **1**. *Monter à l'arbre :* se faire mystifier. – *Et moi […] qui discutais sérieusement, sans m'apercevoir que vous me faisiez monter à l'arbre.* (Marcel Proust, *À la recherche du temps perdu.*)

Monter à l'arbre, c'est « se faire avoir, donner dans le panneau ». Quel rapport avec un arbre ? On ne sait ; l'expression est relativement ancienne, Delvau (*Dictionnaire de la langue verte*) en fait ses délices ; pour lui, quand on « monte à l'arbre », on est « le jouet innocent de quelques farceurs qui font pour vous, homme, ce que d'autres farceurs font pour Martin, ours du Jardin des Plantes ». Au XIXe siècle, *monter à l'arbre* signifiait aussi « se mettre en colère ». Aujourd'hui, dupé ou furieux, on « grimpe à l'échelle », « aux rideaux », on « s'accroche au lustre »… Foin de la botanique !

★ **2**. *L'arbre qui cache la forêt :* le détail qui empêche d'avoir une vue d'ensemble. – *Il se passe des choses et ça commence à être difficile d'y voir clair avec les arbres qui cachent la forêt.* (Michael Connelly, *Les Dieux du verdict*, trad. fr. R. Pépin.)

Assez récente (XXe siècle ?), la locution, qui évoque la difficulté d'évaluer une situation, un phénomène dans sa totalité si l'on s'attache à un détail, est aujourd'hui banale. Au point d'être devenue un cliché, un tic de langage.

★ **3**. *Faire l'arbre fourchu :* se tenir la tête en bas et les jambes en l'air, un peu écartées.

De l'acrobate qui «fait l'arbre fourchu», on dit aussi, avec le même sens, qu'il «fait le poirier». Ou, s'il se tient les pieds joints, qu'il «fait l'arbre droit».

On retrouve l'arbre dans bien d'autres locutions autrefois usuelles, aujourd'hui désuètes ou disparues. Sa hauteur et sa puissance en font le symbole de la force, du pouvoir, de l'autorité. En 1694, dans *Le dictionnaire de l'Académie françoise, dedié au roy*, les académiciens glosent : «On dit fig. & prov. *Se tenir au gros de l'arbre*, pour dire, Demeurez attaché aux interests, au party de celuy qui a le pouvoir legitime. [...] *Il n'a point quitté le service du Roy, il s'est toujours tenu au gros de l'arbre.*»

*

BAMBOU : Graminée de grande taille à tige ligneuse.

★ **1**. *Coup de bambou :* coup dur. – *Aucun d'eux ne nous a jamais plaqués et chacun d'eux était prêt à payer de sa personne [...], chacun ayant subi des avatars, un choc en retour, un coup de bambou.* (Blaise Cendrars, *La Main coupée.*)

La tige de bambou pouvant être utilisée comme matraque, la locution *coup de bambou* (coup de matraque) a désigné (et désigne encore) toutes sortes d'ennuis graves et soudains : un brutal coup de fatigue, un grave malaise ; un coup de soleil (c'est un peu désuet) ; un coup de folie (sens presque disparu) ; tout coup dur sur le plan physique ou moral ; une note trop salée (la douloureuse)... L'origine de l'expression coule apparemment de source ; on peut, toutefois, émettre des hypothèses aventureuses : *avoir reçu un coup de bambou*, c'est « être hébété et courbatu, comme l'Annamite ou le Chinois condamné à recevoir un coup de bambou bien appliqué », si l'on en croit Maurice Rat (*Dictionnaire des expressions et locutions traditionnelles*, 1957). Le propos laisse rêveur. Au sens strict de « volée de coups de bâton », la bastonnade était pratiquée au bagne et punissait autrefois les esclaves, en terre chrétienne aussi bien qu'en terre d'Islam. Légale en Chine impériale, et dans de nombreux pays, elle en disparaît au siècle dernier, mais demeure en usage dans quelques autres États d'Asie. Et pourquoi l'Annam, qui surgit en invité surprise aux côtés de l'Empire du Milieu, dont il ne partageait ni la langue, ni l'écriture, ni, pour l'essentiel, la religion ?

★ **2**. *Sucer le bambou, tirer sur le bambou :* fumer de l'opium. – *Claude Farrère […] raconte à un jeune homme que l'idéal humain est un officier de marine et que l'idéal des officiers de marine se doit de tirer sur le bambou.* (Marcel Nadaud et Maurice Pelletier, « Opium, morphine et Cie », in *Le Petit Journal*, 14 avril 1928, cités par l'abbé Bethléem, *Romans à lire et romans à proscrire.*)

Le tuyau de la pipe à opium étant généralement en bambou, la locution s'explique d'elle-même.

En argot, le *bambou*, c'est le membre viril, et l'on retrouve cette graminée exotique dans des expressions grivoises. *Avoir le bambou*, c'est être en érection. Et *sucer le bambou*, c'est pratiquer une fellation.

*

BAOBAB : Arbre des régions tropicales au tronc énorme.

★ *Avoir un baobab dans la main :* être très paresseux. – *Ce n'est pas un poil qu'il a dans la main, mais c'est un baobab.* (Grégoire Morizet, « Législatives partielles à Villeneuve-sur-Lot : portrait d'un lycéen candidat », in *Sud Ouest*, 3 juin 2013.)

L'expression d'origine est moins botanique ; on disait *avoir un poil, du poil dans la main*, c'est-à-dire, selon Pierre Larousse, « être paresseux, ne pas faire œuvre de ses mains, ce qui est censé permettre au poil d'y pousser ». Interprétation qui vaut pour la forme « *du* poil dans la main », mais la forme première est « *un* poil », pas gênant du tout. Rationnellement explicable ou pas, la locution demeure usuelle, et on lui a donné une variante : à ce fil souple et ténu s'est substitué quelque chose de plus gros et plus dur, donc gênant pour qui voudrait travailler de ses mains.

*

BOIS : Lieu planté d'arbres.

★ **1**. *Au coin d'un bois :* dans un endroit désert. – *Une froussarde n'aimerait pas se trouver seule avec lui au coin d'un bois.* (Alexis Large, *Les Perles de Vénus.*)

★ **2**. *Se faire voler comme dans un bois :* être victime d'un vol crapuleux. – *C'est dégueulasse ! Il a été volé comme dans un bois !* (Jean Amila, *Les Fous de Hong-Kong.*)

Ces deux expressions évoquent la mauvaise réputation des bois et des forêts, perçus comme dangereux ;

en témoigne le destin du Petit Chaperon rouge, qui, «passant dans un bois, […] rencontra compère le Loup qui avait bien envie de [le] manger» (Charles Perrault, *Histoires ou contes du temps passé*, 1697). Ces lieux inhabités étaient, en réalité, fréquentés par des bipèdes aussi redoutables ; ils servaient de refuges aux hors-la-loi qui détroussaient les voyageurs. Les coupeurs de bourse ont changé de terrain de chasse, mais le langage familier continue de les évoquer. Les locutions sont anciennes, elles prennent parfois des formes un peu différentes : «On dit, Avoir l'œuil au *bois*, pour dire prendre garde à ses affaires, & ne se laisser point surprendre, par allusion aux embuscades qui se font d'ordinaire dans les *bois*, dont on se doit deffier toujours, quand on passe prés des *bois*.» (Antoine Furetière, *Dictionnaire universel…*, 1690.) Cette méfiance – devenue sans objet – qu'inspiraient les lieux boisés s'est maintenue dans les légendes et les chansons populaires, comme en témoigne la complainte née en 1895 après l'assassinat, particulièrement horrible, d'une adolescente par le tueur en série Joseph Vacher : «Jeunes fillettes n'allez pas / Vous promener sous la feuillée / Vers la forêt qu'on voit là-bas.»

★ **3**. *Sortir du bois :* se manifester. – *Quatre mois après sa défaite face à Donald Trump, l'ex-secrétaire d'État américaine Hilary Clinton a brisé le silence et s'est dite prête à «sortir du bois».* (*Sputnik France*, 19 mars 2017.)

Aucun rapport entre des lieux mal famés et le fait d'en sortir métaphoriquement. À l'origine, c'est d'un animal qu'il s'agit, «la faim chasse – ou fait sortir – le loup du bois », dit un proverbe qu'on trouve déjà (1489) dans *Le Testament* de Villon : « Necessite faict gens mesprendre *[mal se conduire]* / Et fain *[faim]* saillir *[sortir]* le loup du boys. » Le temps passant, et les loups se raréfiant, le dicton n'a plus été pris qu'au sens figuré. Il s'applique à nombre de situations, y compris à des phénomènes météorologiques, comme en témoigne le calembour de Françoise Moitessier naviguant sur le *Joshua* : « Bernard, c'est "Pas-de-loup" *[dépression en formation]* qui sort du bois ? » (Bernard Moitessier, *Cap Horn à la voile.*)

On abandonnera lieux mal famés et métaphore pour un paisible coin de campagne, un *bois d'amour*. Ce n'est pas une fiction poétique, mais un terrain frais et ombreux, un lieu de délices. Hameaux ou lieux-dits, on en trouve partout en France, du Béarn au Poitou, de la banlieue parisienne aux Alpes, de la Champagne à la Bretagne (et on en passe). Ah ! la Bretagne ! L'école picturale de Pont-Aven a rendu célèbre ce coin d'Armor ; notamment grâce à une toile de Paul Sérusier, *Le Talisman, l'Aven au Bois d'Amour*, que les historiens considèrent comme une préfiguration (parfaitement spontanée et pas du tout théorisée) du modernisme.

*

BUIS : Arbrisseau à feuillage persistant, à bois très dur.

★ **1**. *Coup de buis :* coup de cafard. – *Hier soir, t'avais le coup de buis, mais ce matin t'as l'air rebecqueté ?* (Henri Vincenot, *Walther, ce boche mon ami.*)

L'expression évoque la dureté du matériau. Les matraques sont faites (pardon : étaient autrefois faites) en buis ; *coup de buis* équivaut à *coup de matraque* (au sens figuré : tristesse soudaine, brusque désarroi). On évoque aussi le brin de buis béni dont, à l'église, lors des funérailles, on asperge le cercueil du défunt.

★ **2**. *Coup de buis :* dans le langage des poilus, grande attaque pour en finir.

On retrouve ici cette même dureté, mais le rapport est plus lointain. La métaphore renvoie au travail du cordonnier : le buis sert à polir le cuir du soulier achevé, à en éliminer toutes les imperfections. La bataille met fin à une situation dangereuse en « nettoyant » l'adversaire ; comme le fait (pacifiquement au sens propre) un coup de torchon qui élimine la saleté.

*

BUISSON : Bouquet touffu d'arbustes rameux.

★ **1**. *Faire buisson creux :* en termes de vénerie, manquer le gibier détourné. – *Les chiens, même les meilleurs, sont exposés à l'humiliation d'un défaut. […] Les meutes de M. le duc de Nemours et de M. de Greffulhe se sont couvertes de gloire, mais elles ont fait buisson creux*. (« Chasses de Monseigneur le duc de Nemours à Fontainebleau », in *Journal des haras, des chasses et des courses de chevaux…*, tome 11, 1844.)

Les chasseurs sont rentrés bredouilles, le quotidien *Le Constitutionnel* s'en fait l'écho, l'anecdote est reprise dans le *Journal des haras*, assortie d'un commentaire. Puriste, le rédacteur relève une impropriété de terme : « *Buisson creux* s'applique seulement au rapport fait sur un animal rembuché dans une enceinte où il ne se trouve plus lorsqu'on veut l'attaquer», et pas du tout à un défaut des chiens. Propos aujourd'hui hermétique, la langue de la vénerie est devenue, pour la plupart d'entre nous, langue étrangère ; on tentera une traduction. *Rembucher*, c'est suivre la *voie* (la trace) d'un grand animal (cerf, sanglier...) jusqu'à ce qu'il soit rentré dans son *enceinte* (ou *fort*), partie du bois (généralement non clôturée) où, poursuivi, il s'est réfugié. Et *attaquer*, c'est *découpler* (libérer) les chiens qui vont le débusquer. L'expression sonne étrangement à nos oreilles (emploi particulier, et rare, du verbe *faire* pour «rencontrer» ; absence d'article avant *buisson*) ; c'est à cette étrangeté qu'elle doit sa longévité. «Expression à conserver» pour Bernard Pivot, c'est aujourd'hui une coquetterie littéraire.

> ★ **2**. *Trouver (le) buisson creux :* ne pas trouver la chose ou la personne qu'on cherche. – *À ma table faisaient ripaille / Ambroisie et nectar de paille / Mais je trouvais le buisson creux / À mes rendez-vous amoureux*. (Robert Vitton, «Les buissons», in *Les Nuits rouges*.)

À la forme archaïsante de la locution d'origine, on substitue aujourd'hui le verbe *trouver* et la construction standard avec l'article *le*. C'était déjà le cas au XVIIIe siècle : «Il a trouvé le buisson creux», note Philibert-Joseph Le Roux (*Dictionnaire comique, satyrique*..., 1750).

*

CACTUS : Plante grasse épineuse.

> ★ **1**. Obstacle imprévu, grosse difficulté. – *Des cactus dans le potage*. (Émission de Jacques Mailhot pour FR3.)

L'image doit son succès à une chanson de Jacques Dutronc (1966 ; paroles de Jacques Lanzmann) : « Le monde entier est un cactus / Il est impossible de s'asseoir / Dans la vie il n'y a qu'des cactus. » Le grand public s'en empare, on la trouve partout, y compris au sommet de l'État. Le Premier ministre est en butte à la méfiance du général de Gaulle, aux manœuvres de Valéry Giscard d'Estaing, aux volte-face des parlementaires. « Les débats de l'Assemblée nationale sont houleux, chaloupés et chahutés. Georges Pompidou prend acte : "Comme disait Jacques Dutronc, il y a des cactus". [...] Pendant des années les journalistes parlèrent de "cactus" dès qu'apparaissait le moindre remous dans la majorité. » (Jean-Yves Lhomeau, Marie-France Lavarini, *Une histoire abracadabrantesque. Abécédaire de la Ve République.*) L'expression n'a pas vieilli, elle demeure usuelle. On ne résistera pas au plaisir de citer une définition qui aurait enchanté Lanzmann et Dutronc : « Cactus : siège pour masochiste. » (Raoul Lambert, *Le dicodingue.*)

★ **2**. *Avoir un cactus dans le portefeuille :* être avare.

La locution évoque aussi une notion d'obstacle, réel ou non ; le cactus empêche le radin de sortir aisément de son porte-monnaie, portefeuille ou morlingue l'argent qu'il contient. L'expression est exactement synonyme d'*avoir des oursins dans la poche, la fouille, la profonde…*

*

CHANVRE : Arbuste cultivé pour les fibres qu'on extrait de sa tige ; ces fibres.

★ **1**. *Cravate de chanvre :* corde passée au cou du condamné à la pendaison. – *Les nihilistes dénoncent*

[Fandor] à la police tsariste comme voleur du célèbre collier de la tsarine. Juve arrive à temps pour le sauver de la cravate de chanvre. (Francis Lacassin, présentation de *Fantômas*, recueil de romans policiers de Pierre Souvestre et Marcel Allain comportant *La Cravate de chanvre.*)

Le chanvre n'est pas seulement une plante textile, ses fibres sont utilisées en corderie depuis des millénaires. Le nœud de la corde du bourreau rappelle celui de la cravate. L'expression, courante au XIXe siècle, est aujourd'hui plus rare; la quasi-totalité des pays développés ont aboli la peine de mort, et, dans les États où elle figure toujours au code pénal, la pendaison n'est plus guère pratiquée.

★ **2**. *Chanvre indien :* voir *herbe*. – *Assis sur le bord du trottoir, perdus dans leurs méditations individuelles, avec une gravité lointaine qui rejoint la mastication du casse-croûte, les hippies font chanvre à part.* (Antoine Blondin, *Un malin plaisir.*)

C'est à un autre usage du chanvre que fait allusion le calembour d'Antoine Blondin. Certaines variétés de cette plante ont des propriétés psychotropes ; le chanvre indien, c'est la marijuana, la marie-jeanne, l'herbe, le shit, le haschisch, le hasch… Liste non limitative.

À calembour calembour et demi : la marijuana est une « substance qui assoupit en diffusant une musique de chanvre » (Jean-François Kahn, *M la maudite…*).

*

CHARDON : Plante à feuilles et tige épineuses, commune dans les friches et les fossés.

★ **1**. *Aimable, gracieux comme un chardon :* désagréable, revêche. – *Le gérant indique la cabine trois de la barbe, sans un mot, aimable comme un chardon.* (Nadia Galy, *Alger lavoir galant*.)

Malgré la beauté de ses grosses fleurs d'un bleu intense, ses épines valent au chardon une réputation déplorable. On disait autrefois *hérissé, piquant comme un chardon* pour « désagréable, acariâtre, d'abord rugueux » et, dans le même sens, mais par ironie, *amoureux comme un chardon* : « On dit fig. & prov. d'Une personne qui est d'humeur revesche, qu'*Elle est amoureuse comme un chardon.* » (*Le dictionnaire de l'Académie françoise*, 1694.)

★ **2**. *Faire l'âne pour avoir du chardon :* faire l'imbécile pour obtenir un avantage.

Détestée des promeneurs qui se piquent à son contact, cette plante fait, semble-t-il, le bonheur des ânes : « *Faire l'âne pour avoir du chardon.* C'est faire le fou pour attraper de l'argent. […] Celui-ci loue les richesses, l'esprit & la dépense d'un tel Prince : & mille âneries de cette nature, dont le ridicule tombe moins sur ceux qui les commettent que sur ceux qui sont assez simples que de donner du chardon, c'est-à-dire, des récompenses pour des sottises qu'on leur débite. » (Philibert-Joseph Le Roux, *Dictionnaire comique, satyrique…*) On dit plutôt aujourd'hui *faire l'âne pour avoir du son.*

★ **3**. *Bête à manger du chardon :* « se dit d'une personne très bornée » (Littré).

Équivalent démodé – voire disparu – du courant *bête à manger du foin*, l'expression fait référence à la sottise supposée de l'âne, amateur éclairé (dit-on) de cette plante piquante. Cette caractéristique, qui n'a rien à voir avec la réalité, nous renvoie à une tradition plus que millénaire, il avait déjà cette (mauvaise) réputation à Sumer.

*

CHARME : Grand arbre des régions tempérées.

★ *Se porter comme un charme* : être en parfaite santé, en excellente forme. – *Je n'exagère pas, je tapine. Et, ceci dit entre nous, je me porte comme un charme.* (Michel Audiard, *Le Terminus des prétentieux.*)

Quel rapport entre un arbre et l'état de santé d'un être humain ? Si l'on en croit Pierre Larousse, on dit *se porter comme un charme* comme on dit *se porter comme un chêne*. Fidèle à la tradition maison, Maurice Rat (*Dictionnaire des expressions et locutions traditionnelles*) reprend, cent ans plus tard, le texte d'origine en l'assortissant d'un commentaire : le charme « vit très vieux et est un des plus beaux arbres de futaie ». En réalité, si cet arbre vit très longtemps, il n'atteint ni la longévité, ni la majesté, ni la hauteur du chêne, on l'utilise en haies et en charmilles. Ce qui conduit Alain Rey et Sophie Chantreau (*Dictionnaire des expressions et locutions*) à évoquer l'homonyme *charme*, « influence magique ». Au XVIIIe siècle, en effet, *comme un charme* était synonyme de *magiquement*, d'une manière quasi illusoire, et *parler comme un charme*, c'était « parler comme un enchanteur ». On peut – ou non – être convaincu. On notera que Céline (*Voyage au bout de la nuit*) partageait cette opinion : « À chaque épidémie de fièvre jaune, il survivait comme un charme à tous les gens qui voulaient l'enterrer. » Parcs et jardins ou baguette magique ? Le débat reste ouvert.

*

CHÊNE : Arbre de haute taille, aux branches largement étalées et au bois dur et dense.

★ *Bâti comme un chêne, solide comme un chêne* : grand et robuste. – *Un rustaud du 26e, un gars bâti comme un chêne.* (Gaston Riou, *Journal d'un simple soldat.*)

Le chêne pousse lentement, vit très vieux, étend une ombre dense et donne un bois lourd, à texture serrée, aux multiples usages. Autant de qualités qui en font le symbole de la robustesse, de la longévité. Dans son hommage à Théophile Gautier, Victor Hugo évoque, à la mémoire de son ami disparu, « le bruit que font les chênes qu'on abat ». De ces « chênes qu'on abat », Malraux a fait le titre d'un recueil d'entretiens avec le général de Gaulle.

*

COCOTIER : Grand palmier des régions tropicales qui donne la noix de coco.

★ **1**. *Secouer le cocotier* : lutter vigoureusement contre la routine ; tenter de déloger de leur place des personnes plus âgées ou occupant un rang hiérarchique plus élevé. – *Les pensionnés, les retraités, les vieux sont délibérément sacrifiés. […] Les gens en place secouent le cocotier.* (Jean Galtier-Boissière, *Mon journal dans la drôle de paix.*)

L'expression remonte au XIXe siècle ; selon certains ethnologues, quelques tribus polynésiennes éliminaient les vieillards devenus bouches inutiles en les faisant grimper dans un cocotier qu'ils secouaient ensuite pour les en faire tomber comme des noix de coco. Pure affabulation.

★ **2**. *S'accrocher au cocotier :* s'accrocher à ses privilèges, tenter de conserver un statut social menacé. – *À cet âge, refuser de s'effacer, s'accrocher aussi égoïstement au cocotier*… (Alexandre Arnoux, *Rêveries d'un policier amateur*.)

La fable des vieillards gaulés comme des noix a pris très tôt son sens abstrait, tout comme son contraire, qui moque les personnages cramponnés à leurs avantages. Les deux locutions sont demeurées usuelles.

★ **3**. *Décrocher le cocotier :* gagner le gros lot. – *C'est encore la coloniale qui a décroché le cocotier*. (Roger Pernot, *Hajde Prilep. Journal d'un poilu d'Orient*.)

Quant au cocotier qu'on est supposé décrocher, ce n'est pas un arbre. La locution est une corruption de « décrocher le *coquetier* », gros lot planté au sommet du mât de cocagne, qui revient au grimpeur le plus adroit et le plus rapide. On dit aussi, et plus logiquement, *décrocher la timbale*.

On rencontre parfois l'expression *grimper au cocotier*, variante désuète de *grimper à l'arbre, aux rideaux*… : « se mettre en rage ».

*

ÉBÈNE : Bois de l'ébénier, dur, dense et sombre.

★ *Bois d'ébène :* nom que les négriers donnaient aux Noirs emmenés en esclavage. – *La cargaison humaine était arrivée à bon port. Le bétail noir avait été marchandé, toisé, examiné, acheté. Le capitaine avait pris livraison du bois d'ébène.* (Louis Boussenard, *Le Tour du monde d'un gamin de Paris.*)

La locution traduit le mépris des trafiquants pour une cargaison considérée comme un ensemble de choses de la couleur des humains qui la composaient. Remontant sans doute au XVIIIe siècle, elle est peu à peu apparue pour ce qu'elle est, ignoble, et, à partir de 1850 environ, lorsqu'elle est employée, le contexte ne laisse en général pas ignorer la réprobation qu'elle suscite.

*

FIGUIER : Arbre à grandes feuilles, d'origine méditerranéenne.

★ *Tronc de figuier :* surnom injurieux des Algériens musulmans. – *Je n'ai jamais entendu à la maison les mots racistes de « ratons » ou « troncs de figuier » que l'on accolait aux Algériens musulmans dans l'espace public.* (Benjamin Stora, *Les Clés retrouvées.*)

On connaît mal l'origine de l'expression ; l'hypothèse de Jules Roy n'est pas dénuée de pertinence : « En ce temps-là, on ne les appelait pas encore les ratons, mais les troncs de figuier, sans doute parce qu'ils aiment s'asseoir au pied des arbres. » (Jules Roy, « Retour en Algérie », in *L'Express*, 15 mai 2003.)

*

FORÊT : Vaste étendue plantée d'arbres.

> ★ *C'est la forêt de Bondy*, un lieu dangereux, un coupe-gorge. – *L'autre au moins, qui nous volait comme dans une forêt de Bondy, ne m'a jamais fait de ces bêtises*. (Gustave Flaubert, *Correspondance*.)

L'expression est relativement ancienne, Pierre Larousse la mentionne : la tradition fait de cette forêt le théâtre de l'assassinat du roi d'Austrasie Childéric II, poignardé avec sa femme et son fils aîné par un de ses compagnons.

On pourrait croire que la référence (implicite) à un régicide intervenu au VIIe siècle ne dit plus rien à personne. Que nenni : Brassens évoque ce bois de tous les dangers dans sa chanson *Le Fidèle Absolu* : « ... il existe là-bas / Des forêts luxuriantes, / Des forêts de Bondy / Des forêts [...] de Brocéliande ».

On quitte le film d'horreur pour le roman de chevalerie, on passe des bandits de grand chemin à l'enchanteur Merlin et à la fée Viviane. Peut-être avec un détour par la forêt de Sherwood, où Robin des bois, justicier au grand cœur, dépouille seigneurs et puissants au profit des humbles et des manants.

*

GUI : Plante parasite des arbres, en particulier des chênes, aux baies blanches toxiques.

> ★ *Au gui l'an neuf* : à la nouvelle année. – *La cane / de Jeanne / Est morte au gui l'an neuf / Elle avait fait la veille / Merveille / Un œuf*. (Georges Brassens, *La Cane de Jeanne*.)

Au gui l'an neuf ! a d'abord été une exclamation en l'honneur du premier jour de l'année. Les Gaulois tenaient, dit-on, cette plante pour sacrée et la cueillaient en hiver, en respectant des rites déjà décrits par Pline l'Ancien au Ier siècle de notre ère, dans son *Histoire naturelle*. C'est à lui qu'on doit le druide vêtu de blanc et la serpe d'or qui ont enflammé les imaginations et fait couler des flots d'encre. Légende ? Dans le détail, probablement. Mais le récit de Pline « indique l'existence vraisemblable d'un lien entre la cérémonie et le calendrier, dont le souvenir se perpétue peut-être dans la traditionnelle association du gui au solstice d'hiver et aux festivités de l'année nouvelle » (Venceslas Kruta, *Les Celtes*).

*

JONC : Plante herbacée vivace à haute tige flexible.

★ **1**. Or (métal). – *Son alliance, c'était une tonne de jonc, un univers de jonc*. (Albertine Sarrazin, *La Cavale*.)

Un *jonc*, c'est d'abord un bijou, bracelet sans ornement ou bague sans chaton, dont le cercle est partout de même grosseur. Du bijou, généralement en or, on en vient à la matière dont il est fait.

★ **2**. Or monnayé, argent, fric. – *À c't'époque-là, c'était l'bon temps / […] Et la Filoche était rupin / […] Il avait du jonc dans sa poche*. (Aristide Bruant, *À la Bastoche*.)

Du matériau on en vient à l'or monnayé, puis à la *joncaille* (ce qui est en or, bijoux ou pièces de monnaie), puis à la monnaie sous toutes ses formes, puis à la richesse. Comment passe-t-on d'une tige souple utilisée en vannerie à un métal précieux ? Alfred Delvau (*Dictionnaire de la langue verte*) donne une explication : les voleurs l'appellent ainsi « non [...] par corruption de *jaune*, mais bien parce que c'est le nom d'une bague en or connue de tout le monde, et qui ne se porte qu'en souvenir de l'anneau de paille des gens mariés par condamnation de l'Officialité ». Propos hasardeux ; cet anneau végétal a une longue histoire. Au XVIIIe siècle, le *Dictionnaire de Trévoux* se fait l'écho d'une ancienne tradition : « Du Breuil *[bénédictin érudit contemporain d'Henri IV]*, dans ses *Antiquités de Paris, Liv. I*, dit qu'on avoit coutume dans la cérémonie des noces, de donner un anneau de jonc, ou de paille, à ceux qui avoient eu un commerce défendu avant leur mariage. » Charles Nodier (*Paris historique*, 1838) précise que ces noces étaient célébrées à l'église Sainte-Marine, dans l'île de la Cité. Pourquoi ? Parce que ce petit sanctuaire, aujourd'hui disparu, était la « paroisse du palais épiscopal », où, à ce titre, « l'Official *[juge ecclésiastique]* mariait les jeunes filles qui avaient fauté » (Jacques Hillairet, *Dictionnaire historique des rues de Paris*). Certes ; mais rien ne permet de supposer que cette coutume (déjà ancienne vers 1600, si l'on en croit Du Breuil) est à la source du nom d'un bijou, du surnom de la fortune sous toutes ses formes.

★ **3**. Pénis. *Peler le jonc à quelqu'un*, l'importuner.
– *Arrête de me peler le jonc*. (Clint Eastwood, version française de son film *Le Maître de guerre*.)

La métaphore « jonc / membre viril » se comprend d'elle-même. Il existe une version plus rude de ce mauvais traitement, bien loin de la tracasserie verbale, en référence, dit-on, à une torture en usage au Moyen Âge. *Peler le jonc* à quelqu'un, c'est aussi le tuer : « Et on lui pèlera le jonc comme au bailli du Limousin ! Qu'on a fendu un beau matin. Qu'on a pendu ! Avec ses tripes ! » (Jean-Marie Poiré et Christian Clavier, dialogue du film de Jean-Marie Poiré *Les Visiteurs*.) L'historicité de ce mode de torture reste à prouver.

★ **4**. Pénis en tant que symbole de la personne tout entière. *Se peler le jonc :* avoir très froid. – *Ceux qui s'en vont en vacances quand les autres restent sur le quai à se peler le jonc*. (Alexis Nolent, *La Nuit du vigile*.)

Dans beaucoup d'expressions, un fruit en forme de boule, image de la tête humaine, en vient à symboliser la personne tout entière (voir *cerise*). Ici, il ne s'agit ni de fruit ni de tête, mais d'une tige d'arbuste et d'une autre partie du corps. On a d'abord dit *un froid qui pèle*, par allusion au phénomène physiologique produit par un froid intense longtemps subi. La forme s'est ensuite inversée ; l'allusion à diverses parties du corps situées sous la ceinture, et particulièrement sensibles, a renforcé l'expression : *on se pèle les miches, le jonc* ou, par ellipse, *on se les pèle* ; on se pèle quoi ? Devinez.

*

LAURIER : Arbre à feuillage persistant dont il existe de nombreuses espèces et variétés.

★ **1**. *Cueillir, récolter, moissonner, ramasser des lauriers :* se couvrir de gloire. – *Au nom de quelle* *folie / Au nom de quel pouvoir / On les envoie cueillir / Les lauriers de la gloire*. (Michèle Torr, *J'en appelle à la tendresse*, paroles de Jean Albertini.)

Le laurier, arbre d'Apollon, était, dans l'Antiquité, le symbole de la gloire ; la couronne de laurier ceignait le front des vainqueurs, généraux valeureux ou gagnants de compétitions sportives. Les empereurs ont repris cet emblème, avec des feuilles d'or ; Napoléon Ier s'en est inspiré pour celle qu'il s'est lui-même placée sur la tête le jour de son sacre. Toutes les locutions où figure le mot *laurier* font allusion à cette symbolique antique.

★ **2**. *Se reposer sur ses lauriers :* se contenter d'un premier succès. – *Refusant d'acquitter la rançon de la gloire / Sur mon brin de laurier je dormais comme un loir*. (Georges Brassens, *Les Trompettes de la renommée*.)

On retrouve l'arbre lui-même dans une expression répandue au XVIIe siècle, *se reposer à l'ombre de ses lauriers*, « jouir d'un repos bien mérité ». Propos plutôt élogieux que reprennent assez mal nos modernes *se reposer*, *s'endormir sur ses lauriers*, de sens un peu restrictif, comme une allusion à une absence d'ambition, un manque de persévérance.

Si l'arbre d'Apollon a flatteuse réputation, c'est qu'il s'agit du « laurier noble », dit aussi « laurier-sauce ». Ses feuilles couronnent les empereurs, les héros, les poètes et les philosophes, et, plus concrètement, elles embaument nos cuisines, mais la tribu « laurier » compte des membres moins recommandables. Le fruit du laurier-tin est toxique, toutes les parties du laurier-rose (tige, branche, fleur, feuille, fruit, graine) le sont aussi. Pourquoi donc avoir choisi cet arbre comme symbole de la gloire ? « Sans doute parce que le fruit du laurier est un poison. » (Gilbert Cesbron, *Libérez Barabbas.*)

*

MARRONNIER : Grand arbre ornemental à fleurs en grappe couramment nommé « marronnier d'Inde ».

★ Dans le jargon de la presse, sujet qui revient de façon cyclique au fil des saisons, ressorti des tiroirs dans les creux de l'actualité. – *Nous avons droit chaque année à ce sympathique marronnier journalistique : la nouvelle édition des dictionnaires, avec les mots qu'ils intègrent pour la première fois.* (Muriel Gilbert, *Au bonheur des fautes.*)

Que vient faire cet arbre dans les salles de rédaction ? Selon le *Glossaire des termes de presse* de Bernard Voyenne, chaque année, aux premiers jours du printemps, un marronnier rose fleurissait sur la tombe des gardes suisses tués dans le jardin des Tuileries le 10 août 1792 ; et tous les ans la presse s'en faisait l'écho. De sujet précis d'un article daté – un arbre en fleur au printemps – le *marronnier* en est venu à désigner tout sujet journalistique récurrent.

Lorsqu'on évoque l'origine de cette floraison, les versions abondent, et se contredisent. On lit parfois que les gardes ont été massacrés non pas le 10 août, mais le 20 juin 1792 ; c'est une erreur, ce jour-là, personne n'a massacré personne, des sans-culotte ont manifesté, Louis XVI a coiffé un bonnet rouge et trinqué avec eux.

La date – exacte – du 10 août plaît beaucoup, même si les opinions divergent à propos du lieu d'inhumation. Pour certains, les victimes ne sont pas enterrées aux Tuileries, mais cours la Reine ; à l'ombre, bien sûr, du fameux marronnier.

Au fil du temps, l'histoire s'embrouille. Aux Tuileries, les boutons s'ouvrent à partir du 20 mars ; pourquoi ? Le « marronnier du 20 mars » aurait fleuri pour la première fois le jour de la naissance du roi de Rome, le 20 mars 1811 ; ce qui lui vaut de nourrir la nostalgie bonapartiste. Nostalgie renforcée par une autre légende : ce marronnier devrait sa célébrité à sa floraison prématurée, en 1814, le jour du retour de Napoléon de l'île d'Elbe.

Vers le milieu du XIXe siècle, ces récits fabuleux font place à des hypothèses dites « scientifiques » et tout aussi aventureuses. Notamment celle du drainage d'eaux de surface recueillies par un antique puisard qui les réchaufferait, pour le plus grand bénéfice des racines de l'arbre. Indifférents aux spéculations sur la précocité de la floraison, les badauds se pressent autour du marronnier au début du printemps. Et les journaux guettent la première grappe rose.

Mais l'arbre vieillit ; devenu dangereux, il est abattu en novembre 1913... en présence de la presse, bien entendu. Cela met fin à une jolie histoire. Qui n'a aucun rapport avec la réalité. Les gardes suisses n'ont pas été enterrés aux Tuileries (ni, évidemment, cours la Reine), mais, pour la plupart, au cimetière de la Madeleine, dont il ne reste rien. Le cimetière a été fermé en 1794 ; le terrain a été recouvert, Louis XVIII y a fait construire la Chapelle expiatoire, qui se dresse aujourd'hui square

Louis-XVI. Et il n'y a jamais eu à cet emplacement le moindre marronnier.

On ne résistera pas au plaisir de citer une malicieuse apparition de ce bel arbre dans une fort sérieuse chronique : « La réforme de l'orthographe est au nombre des "marronniers" les plus florissants de la presse française. Par sa régularité, l'intérêt qu'elle suscite, les polémiques dont elle s'accompagne, elle renvoie le monstre du loch Ness à son pédiluve. » (Bernard Cerquiglini, « Comment l'Académie française s'est mêlée de l'orthographe », in *L'Histoire*, septembre 2021.)

*

OLIVIER : Arbre des régions méditerranéennes.

★ *Un rameau d'olivier :* une offre de paix. – *Aujourd'hui, je suis venu porteur d'un rameau d'olivier et d'un fusil de combattant de la liberté. Ne laissez pas le rameau d'olivier tomber de ma main.* (Yasser Arafat, discours à l'ONU, 13 novembre 1974.)

Dans l'Antiquité, la feuille d'olivier était un des attributs d'Athéna, symbole de force et de sagesse ; c'était aussi celui de la déesse de la Paix, Eiréné pour les Grecs, Pax pour les Romains. Elle était également symbole de paix pour les Hébreux, comme en témoigne le récit du Déluge : « La colombe vint à lui *[Noé]*, au temps du soir, et voici qu'en sa bouche il y avait une feuille d'olivier toute fraîche. » (*Genèse*, VIII, 11 ; trad. fr. É. Dhorme.) Irrité par la violence des hommes, Dieu avait provoqué un déluge qui avait épargné Noé dans son arche ; la colombe annonce la fin du cataclysme, le retrait des eaux qui permet aux plantes de renaître, le retour de la paix entre Dieu et les hommes. Saint Jérôme, vers 400, en traduisant en latin la version grecque de la Bible, a fait de la feuille un rameau, et saint Augustin, son presque contemporain, a commenté : « La paix est indiquée par la branche d'olivier que la colombe apporte quand elle retourne à l'arche. » C'est ainsi que la feuille est devenue rameau ; le symbole, né dans des régions où l'olivier abondait, a pris, par-delà les langues et les religions, une valeur universelle.

*

OSIER : Petit saule aux rameaux minces et souples.

★ Argent. – *Décidément, t'as pas changé. – Si, parce que, dans l'temps, l'osier, j'l'aurais gardé.* (Jacques Vilfrid, dialogue du film de Jean Girault *L'Année sainte.*)

Il s'agit sans doute d'une variante d'*oseille*. On évoque aussi l'argot des marins : *faire l'os* signifiait « jouer aux dominos », l'*os* étant peut-être la mise, ou l'argent gagné au jeu. De l'*os*, on en serait venu à l'*osier*. Autre allusion possible, le *jonc*, flexible comme le rameau du saule et jaune comme lui. Jaune d'or. Ce qui renvoie à la richesse. Aucune de ces hypothèses ne s'impose.

On ne dit plus de quelqu'un de parfaitement sincère qu'il est « franc comme l'osier ». Quel rapport entre une qualité morale et un arbre ? On ne sait ; certains évoquent un jeu de mot sur *franc*, « non greffé », donc en son état naturel (on ne greffe pas l'osier) ; il s'agit d'une hypothèse.

*

PRUNIER : Arbre cultivé pour son fruit, la prune.

> ★ *Secouer quelqu'un comme un prunier*, le secouer violemment. – *Non mais ! Quand vous aurez fini de me secouer comme un prunier !* (Hergé, *Tintin au pays des soviets*.)

Pour récolter des prunes, le plus simple, c'est de secouer l'arbre de manière à les faire tomber. Méthode tout aussi efficace, d'ailleurs, pour la récolte de bien d'autres fruits ; pourquoi ne parle-t-on que du prunier ? Peut-être à cause d'un sens ancien – aujourd'hui régional ou argotique – du mot *prune*, « coup, horion », qu'on retrouve dans *avoir sa prune*, « être ivre », autrement dit « avoir un coup dans l'aile ». Delvau (*Dictionnaire de la langue verte*, 1867) définit ainsi le mot *prune* : « Griserie, – dans l'argot du peuple. *Avoir sa prune*. Être saoul. »

*

ROTIN : Partie de la tige d'un palmier d'Asie.

> ★ *Sans un rotin :* sans un sou. *Ne pas avoir un rotin :* être totalement dépourvu d'argent, de richesse. – *Je donne en dot 500 000 balles à la fille, ajoutait Ribouldingue avec la folle prodigalité de ceux qui n'ont pas un rotin*. (Louis Forton, « À la conquête du Pôle Nord », in *La Bande des Pieds Nickelés*.)

L'origine de l'expression est peu claire. Un sou, c'est un rond ; de ce *rond* est issu le diminutif *rondin*, devenu *rotin*, comme le relève Delvau (*Dictionnaire de la langue verte*). Si le sou a quitté nos porte-monnaie depuis belle lurette, même sous son avatar d'une pièce percée de 5 centimes, il se maintient dans notre vocabulaire.

On est «sans un sou», c'est-à-dire «sans un rond», ou, elliptiquement, «sans un», quand on est totalement fauché. Si une première piste relie le rotin au rondin, il en existe une autre. Le rotin est utilisé en vannerie, comme d'autres plantes (osier, jonc) qui, en argot, appartiennent au groupe de mots désignant l'argent.

*

SAPIN : Conifère très répandu dont le bois se prête à de multiples usages.

★ **1**. Fiacre. – *Comme un dada de réforme attelé à un sapin et qui entend la trompette*. (Louis Boussenard, *Le Fils du gamin de Paris*.)

C'est à sa caisse en bois de sapin que le fiacre doit son surnom. Ce n'est pas nouveau, on nommait ainsi les voitures de place au XVIIIe siècle : en 1790, le pamphlétaire François Suleau brocarde de hauts personnages adeptes des idées nouvelles qui «avaient loué pour la soirée un sapin national pour se faire voir dans la promenade» (*Les Pâques de M. Suleau*). Le fiacre a disparu, son sobriquet aussi, bien qu'on l'emploie encore – rarement – à propos de taxis.

★ **2**. *Ça sent le sapin :* la fin est proche. – *Quand on n'a plus dans les mains / Personne pour nous faire du bien, / Qu'on veut plus du lendemain, / Là ça sent vraiment le sapin*. (Jeanne Cherhal, *Ça sent le sapin*.)

Facile à travailler, bon marché, le bois de sapin est largement utilisé par les fabricants de cercueils. De là sont nées de nombreuses locutions. En 1708, Regnard (*Le Légataire universel*) promet à son oncle qu'il veillera à ce que, après sa mort, le défunt repose à son aise «bien cloué bien muré / Dans quatre ais de sapin». *Sentir le sapin*, c'est donc sentir la fin (d'un processus), sentir la mort (d'un être humain). En 1808, époque où la tuberculose pulmonaire décimait la jeunesse, d'Hautel (*Dictionnaire du bas langage*) relève un emploi spécialisé : «*Cela sent le sapin*. Se dit par plaisanterie d'une personne foible et cacochyme, que le rhume fait beaucoup tousser ; pour faire entendre qu'elle menace ruine, qu'elle approche de sa fin.»

★ **3**. *Un costard, un complet, une redingote en sapin :* un cercueil. – *Vaut mieux qu'y mette pas les pattes sur du monde comm'y faut. Qu'y s'contente de métèques, pass'que, sans ça, on lui prépare une redingote en sapin, et sur mesure encore !* (Jonathan Latimer, *Comme la romaine !*, trad. fr. M. Azoulay et J.-G. Marquet.)

Un *vêtement en sapin*, c'est un cercueil. On a dit autrefois *s'habiller en sapin* ; Alfred Delvau (*Dictionnaire de la langue verte*, 1866) commente l'expression en lui prêtant une diffusion internationale : *s'habiller en sapin* se dit «par allusion au bois dont se composent ordinairement les cercueils. Argot du peuple. Les gens de Londres appellent le cercueil *a wooden coat* (un habit de bois ou une redingote en sapin)».

DES RACINES AUX FLEURS

BOGUE : Enveloppe épineuse de la châtaigne.

★ *Être tout en bogue, châtaigne sous bogue :* être sur la défensive, agressif. – *Elle sera toujours un peu châtaigne sous bogue, mais elle devient vivable.* (Hervé Bazin, *Vipère au poing.*)

La bogue est comme le hérisson ou le porc-épic du proverbe, qui s'y frotte s'y pique ; la locution est passée du langage familier à la coquetterie littéraire.

*

BOIS : Substance solide et fibreuse qui compose les racines, la tige et les branches des arbres.

★ **1**. *Toucher du bois :* éloigner le mauvais sort. – *J'avais beau toucher du bois, me signer, éviter l'échelle par en dessous, j'arrive pas à l'exorciser* [la malchance]. (Alphonse Boudard, *La Cerise.*)

Pourquoi écarte-t-on la poisse en touchant du bois, et pas du fer, de la pierre ou du tissu ? D'où vient cette coutume ? De la Perse, dit-on, parce que cela mettait sous la protection d'Atar, le génie du feu de la religion mazdéenne. Bon. Ou d'Égypte : au temps des pharaons, on croyait qu'une énergie positive émanait du bois. Ah. Ce geste est bien plus probablement d'origine chrétienne. Le Christ a été supplicié sur une croix en bois : toucher du bois, c'est symboliquement toucher la croix, donc se mettre sous protection divine.

★ **2**. *Volée de bois vert :* sévère réprimande ; violente critique. – *Pour l'ouverture des débats sur la réforme de la Constitution à l'Assemblée nationale, Manuel Valls s'est pris une volée de bois vert*. (François Vignal, « Réforme de la Constitution », in *Public Sénat*, 3 février 2016.)

On disait au XVIIe siècle (comme nous le disons aussi) *donner, recevoir une volée, une bonne volée*, pour « donner ou recevoir une raclée ». Le bois est intervenu plus tard, et n'a verdi qu'après 1850 ; vert, il est souple et résistant ; le vieux bois, lui, sec et friable, risque de casser et de moins bien remplir son office. Explication rationnelle ; convaincante ? Pas forcément.

★ **3**. *Faire flèche de tout bois :* utiliser tous les moyens possibles. – *Mécénat, économies, fidélisation… Les directeurs de festival font flèche de tout bois*. (Sophie Bourdais, Yohav Oremiatzki, in *Télérama*, 8 juin 2015.)

Avant de dire *faire flèche de tout bois*, on disait plus volontiers *ne pas savoir de quel bois faire flèche* pour « Un homme qui est dans un extreme embarras, ou dans une grande necessité » (*Le dictionnaire de l'Académie françoise*, 1694). Cette forme négative est ancienne, on la trouve chez Rabelais : « Et regnera quasi universellement une maladie bien horrible, redoutable […], et dont plusieurs ne scauront *[sauront]* de quel boys fayre fleches. » (*Pantagrueline prognostication.*) *Ne savoir de quel bois faire flèche* équivaut à notre moderne *ne pas savoir à quel saint se vouer*, ne pas savoir comment résoudre une difficulté, éviter un danger, par exemple l'épidémie annoncée par Rabelais dans son recueil parodique de prédictions abracadabrantes « pour l'an 1533 ».

★ **4**. *Faire feu de tout bois :* utiliser tous les moyens possibles pour s'imposer, convaincre, gagner. – *L'équipe Festina [...] faisait feu de tout bois. Dans chaque bosse, dans chaque col, les coureurs ne formaient plus qu'un seul homme en tête.* (Willy Voet, *Massacre à la chaîne.*)

L'expression est peut-être une redondance de *faire flèche de tout bois* ; elle a le même sens et demeure usuelle.

★ **5**. *De quel bois je me chauffe :* de quoi je suis capable (dans un contexte de conflit). – *Je la gardais en réserve, celle-là. Je vais vous faire voir de quel bois je me chauffe.* (Alexandre Astier, « Perceval in love », in *Kaamelott*, série télévisée.)

L'allusion au bois de chauffage n'a pas de rapport avec le combustible, c'est une manière d'évoquer un mode de vie, une façon d'être ; en 1587, Nicolas de Cholières s'interroge sur un certain Megadore : « ie ne sçay *[sais]* de quel bois il se chauffe & quel cavalcadour il est. » (*Les Après Disnées du seigneur de Cholières.*) Cent ans plus tard, dans le roman de Charles Sorel *La Vraye Histoire comique de Francion*, la maquerelle Agathe tente d'éclairer le héros sur les mœurs de la dame dont il est amoureux : « Vous veux oster ces imaginations, & vous conter toute sa vie afin que vous sçachiez *[sachiez]* de quel bois elle se chauffe.» L'expression a le même sens pour *Le dictionnaire de l'Académie françoise* de 1694, et, pour Richelet, il s'agit toujours de se faire une idée exacte de quelqu'un. La violence apparaît au milieu du XVIIIe siècle: «On dit en menaçant il verra de quel bois je me chauffe, pour dire; je le bâtonnerai du bois que j'ai à mon feu.» (*Dictionnaire de Trévoux.*)

★ **6**. *Du bois dont on fait les… :* de l'étoffe des… – *Je me demande si nous sommes du bois dont on fait les héros.* (René Goscinny, *Le Combat des chefs.*)

Le bois, matériau qu'on travaille, que l'homme façonne à son usage depuis des dizaines de millénaires, symbolise la matière humaine, la personnalité que la vie façonne au fil des ans. À ce *bois dont on fait les…* répond, en écho, *du même bois*, de la même trempe.

★ **7**. *Du bois dont on fait les flûtes :* fort complaisant, aussi souple que le bois dont on façonne les instruments de musique. – *L'arrière-petit-fils de Gustave Eiffel n'est manifestement pas du bois dont on fait les flûtes. [Il] a sauvé ses marques où apparaissait le fameux patronyme [et] obtenu de la justice qu'elle condamne Eiffage à retirer les siennes.* (Dominique Richard, «Eiffage baisse pavillon», in *Sud Ouest*, 26 mai 2011.)

Dans la locution *le bois dont on fait les flûtes* – ou *dont on fait les vielles*, comme cela se disait aussi –, la métaphore véhicule sans doute une idée d'accord, au sens musical du terme: «On dit prov. d'Un homme fort complaisant qu'Il est du bois dont on fait les flustes, qu'il est de tous bons accords. » (*Le dictionnaire de l'Académie françoise*, 1694.) Avec le sous-entendu péjoratif de « souplesse d'échine ». Plus énigmatique : *être du bois dont on les fait* a signifié tout et son contraire. Au XVIe siècle, c'est « ne pas être intelligent » ; pour Oudin (*Curiositez françoises*), « il est du bois dont on les fait, cela se respond à un qui demande si un autre est Gentil homme », autrement dit : il ne l'est pas. Certes, mais dire de quelqu'un qu'il est « du bois dont on fait… les héros, les savants… » est élogieux. De dépréciatif on est passé à flatteur. Peut-être en faisant un contre-sens.

★ **8**. *Casser du bois :* pour les aviateurs, atterrir brutalement en endommageant l'appareil. – *[Il] simula une chute en feuille morte, au cours de laquelle il boucla deux fois de suite la boucle pour compléter l'illusion. Arrivé à terre sans casser du bois, il fit le mort*. (G. de Graffigny, *La Saucisse infernale*.)

L'expression remonte au temps où les avions avaient une structure en bois ; elle est à prendre au pied de la lettre. Les avions ne sont plus en bois, mais elle est toujours usuelle chez les aviateurs. Aujourd'hui, elle s'applique aussi à l'automobile : *casser du bois*, c'est avoir un accident de voiture causant des dégâts matériels. Tandis que *casser du bois (sur le dos de quelqu'un)*, c'est le battre si fort que le bâton se rompt. On ne le dit plus qu'au figuré, au sens de « médire, calomnier » ; en voie d'obsolescence, la locution est souvent remplacée par *casser du sucre*, mais les Bretons préfèrent *casser du bois de chauffage*.

★ **9**. *Faire un cheval de bois, faire les chevaux de bois :* pivoter sur un aileron en atterrissant. – *Notre vitesse* *étant réduite, nous amorçons seulement un cheval de bois que j'arrive à corriger.* (Marcel Nadaud, *Chignole [la guerre aérienne]*.)

Pour les pionniers de l'aviation, le «cheval de bois» était une faute de débutant qui valait aux élèves pilotes «une amende de boissons au profit de leurs camarades» (François Déchelette, *L'argot des poilus*). L'expression a disparu de notre parler, comme le bois et la toile de la structure des avions.

★ **10**. *Envoyer du bois :* impressionner. – *Le curriculum vitæ du juge envoie du bois.* (Vanessa Schneider, «Toute la lumière sur Trévidic», in *M Le Magazine du Monde*, 26 mars 2016.)

La locution évoque les compétitions sportives du Pays basque: «Les Basques […] aiment s'affronter au cours de jeux régionaux dits "de force basque" […] : lever des enclumes, des pierres, des meules de paille […], couper du bois, scier des troncs.» (Didier Pourquery, «Juste un mot: "Ça envoie (du bois)"», in *Huffpost*, 10 octobre 2014.)

★ **11**. *C'est une tête de bois :* c'est quelqu'un qui refuse de tenir compte des ordres qu'on lui donne, des avis d'autrui. – *Ils ont des joues de gamin / Mais leur cœur est déjà loin / C'est le temps des n'importe quoi / Âge tendre et tête de bois.* (Gilbert Bécaud, *Âge tendre et tête de bois*.)

Avoir une tête de bois, c'est avoir la tête dure, ne pas comprendre (ou ne pas vouloir comprendre) ; la dureté du matériau symbolise l'inaccessibilité au raisonnement, la fermeture aux influences, voire l'impossibilité d'acquérir un savoir. *Être une tête de bois* a le même sens, la tête humaine, siège des sentiments et de la pensée, étant ici la personne tout entière.

★ **12**. *Trouver visage de bois :* trouver porte close. – *Il m'a bien recommandé de lui cacher qu'il partait ce soir à six heures : aussi, quand elle va revenir, elle trouvera visage de bois*. (Eugène Sue, *Les Mystères de Paris*.)

Lorsqu'on «*trouve* visage de bois», la porte est bien réelle, le visage, une métaphore. La formule est ancienne : «On dit trouver visage de bois, pour dire trouver la porte fermée, ne trouver personne.» (Antoine Furetière, *Second factum*...) Littré note que l'expression «signifie aussi manquer son coup, être confus, avoir un pied de nez» ; ces sens ont disparu.

★ **13**. *Faire visage de bois à quelqu'un*, lui faire mauvaise figure, lui offrir une expression figée, maussade, hostile. – *Il souriait quand même à Louise pour la remercier de cette généreuse pensée, mais elle lui faisait visage de bois*. (Robert Sabatier, *Les Fillettes chantantes*.)

Lorsqu'on «*fait* visage de bois» à quelqu'un, le visage est un vrai visage, son expression rude et figée, une image plus récente que celle de la porte fermée.

★ **14**. *Gueule de bois :* ensemble de malaises (sécheresse de la bouche, nausées, maux de tête) d'après boire. – *L'arête est la vengeance du poisson et la gueule de bois la colère des raisins*. (Tristan Bernard.)

La *gueule*, ce n'est pas seulement le visage, c'est aussi la bouche (« ferme ta gueule ! »). Celle de l'ivrogne n'est pas en bois, mais la sécheresse buccale évoque le toucher d'une planche. Usuelle au XIXe siècle (le tableau de Toulouse-Lautrec *Gueule de bois* date de 1888), l'expression est peut-être plus ancienne. Pour dire la même chose en évitant une expression déconseillée par l'Académie française, on peut faire snob, grâce au grec de cuisine par exemple ; on peut dire *xylostomiase* (du grec *xulon*, « bois », et *stoma*, « bouche ») ; ou jouer des étymologies forgées, comme Alphonse Allais contant une visite à son ami Alfred Capus : « Qu'avait donc M. Capus ? quelque mal physique – odontalgie, céphalgie, otalgie, podalgie, xylostomie ? »

★ **15**. *Ne pas être de bois, en bois :* ne pas être insensible. – *Car, pour combler les vœux, calmer la fièvre ardente / Du pauvre solitaire et qui n'est pas de bois, / Nul n'est comparable à l'épouse inconstante*. (Georges Brassens, *À l'ombre des maris*.)

L'expression avait, au XVIIe siècle, un tout autre sens ; pour Oudin (*Curiositez françoises*), un homme qui n'est pas de bois est « un homme de valeur, d'effet, habile ». Peut-être parce que le bois est un matériau répandu et peu coûteux ; *n'être pas de bois*, c'est « avoir de l'envergure, ne pas être du commun », être « un homme de poids ». Toutefois, les locutions modernes *être, ne pas être de bois* ont un lointain passé. On trouve dans Molière : « On sçait *[sait]* que la chair est fragile quelque fois, / Et qu'une fille enfin n'est ni caillou ni bois. » (*Le Dépit amoureux*, 1656.)

★ **16**. *Un cautère sur une jambe de bois :* quelque chose qui ne sert à rien. – *L'union syndicale Solidaires (syndicats Sud) a comparé mardi les mesures annoncées par Nicolas Sarkozy pour l'emploi à un « cautère sur une jambe de bois ».* («Plein emploi : un "cautère sur une jambe de bois"», in *Le Point*, 28 octobre 2008.)

Un cautère, c'est un «petit ulcère fait volontairement à une partie extérieure du corps, par le moyen d'un caustique, pour faire écouler les mauvaises humeurs» (Claude-Marie Gattel, *Nouveau dictionnaire portatif de la langue françoise*, 1797). C'est aussi l'agent, chimique ou igné, qui produit cette plaie. Utilisé pour stopper l'infection d'un tissu vivant, le cautère n'a rien à faire sur la matière inerte qu'est le bois. D'où la remarque ironique. On dit aussi, dans le même sens, *cataplasme* ou *emplâtre*. Aux amateurs de musique, cette prothèse évoque Stravinski, qui a repris dans *Petrouchka* le refrain de Dranem : «Elle avait une jambe de bois / Et pour que ça n'se voie pas / Ell' s'faisait mettr' par en d'ssous / Des rondell's en caoutchouc.»

★ **17**. *Mettre les bouts de bois :* s'en aller. – *Mon très cher frère, j'ai mis les bouts de bois.* (Albert Londres, *Dante n'avait rien vu.*)

Les *bouts de bois*, ce sont les jambes ; on trouve ce matériau dans d'autres synonymes de *jambes* : les cannes, les baguettes, les bambous... *Mettre les bouts de bois*, c'est «mettre, prendre ses jambes à son cou» ; on dit aussi elliptiquement *mettre les bois* ou, plus souvent aujourd'hui, *mettre les bouts*. Tous ces emplois ligneux datent du début du siècle dernier. Mais, dans le même registre, *avoir les jambes en brancards de pousse-pousse*, ce qui nous renvoie au bois, semble plus récent.

★ **18**. *Déménager à la cloche de bois*, furtivement, sans prévenir. – *La Compagnie Securit a pour mission de se charger […] des clients qui déménagent à la cloche de bois*. (Raymond Chandler, *Adieu, ma jolie*, trad. fr. G. de Genevraye.)

Le déménagement à la cloche de bois tire son nom d'une stratégie mise au point au XIXe siècle par les locataires impécunieux qui, incapables de régler leur loyer, n'avaient d'autre ressource que le départ clandestin de l'hôtel ou du garni « en tamponnant la clochette d'éveil adaptée aux portes de beaucoup d'hôtels garnis » (Étienne Lorédan-Larchey, *Dictionnaire historique, étymologique et anecdotique de l'argot parisien*). Emmaillotée de tissu, la cloche ne faisait alors pas plus de bruit qu'une cloche de bois. Les loyers étaient chers, les propriétaires souvent féroces, des associations se sont fondées pour venir en aide aux plus pauvres : « Cette Ligue *[la Ligue de la grève des loyers et des fermages]* organise des déménagements collectifs à la cloche de bois, à la veille du terme. » (Cécile Péchu, « Entre résistance et contestation. La genèse du squat comme mode d'action », in *Travaux de science politique de l'université de Lausanne*.)

★ **19**. *Chèque en bois*, sans provision. – *Montalbano se sent comme un type qui, venu à la banque pour encaisser un chèque d'un million d'euros, s'entend dire par le caissier que le chèque est en bois*. (Andrea Camilleri, *La Première Enquête de Montalbano*, trad. fr. S. Quadruppani avec M. Loria.)

Le chèque (en papier) n'est pas plus fait de bois que la cloche (en métal) du garni. La symbolique renvoie, selon certains, à la dureté du matériau, à son immobilité : sans provision, le chèque ne peut être transmis en règlement d'une dette. Autre explication : *en bois*, *de bois* sont quasi synonymes de *faux*, *artificiel* : *jambe de bois*, *sabre de bois*... Un *chèque en bois* serait donc tout bonnement une imitation de chèque, un faux chèque ; explication logique, puisqu'il s'agit d'un faux moyen de paiement. Tout comme *becqueter du bois*, c'est « ne rien manger », le bois n'étant pas plus comestible que le chèque sans provision n'est utilisable. Dans d'autres locutions de même sens, le bois est souvent remplacé par des briques, pilées ou non, pas comestibles non plus, même assaisonnées « à la sauce caillou ». De même qu'un « sabre de bois » n'est pas une arme, qu'il soit utilisé dans les cours de récréation ou dans l'entraînement aux sports de combat : les bagarres d'écoliers et les joutes de champions d'aïkido sont des simulacres de bataille.

★ **20**. *Langue de bois :* langage figé, déconnecté de la réalité, familier des politiques et de la propagande. – *Il a débité quelques copeaux de langue de bois dans sa barbe (c'est une image) en espérant que personne ne le relancera là-dessus*. (Didier Pourquery, *Les mots de l'époque*.)

Dans *langue de bois*, la métaphore renvoie au matériau. L'expression est apparue en français vers 1970, traduisant le polonais *jezyk drewna*. La locution polonaise traduirait elle-même une expression russe, ironiquement appliquée au langage artificiel, ampoulé, de l'administration tsariste repris par la bureaucratie soviétique, et surnommé « langue de chêne », puis « langue de bois ». Le mouvement Solidarnosc aurait fait sien le sobriquet et la presse nous l'aurait transmis.

★ **21**. *Heures en bois*, non rétribuées. – *Dis donc, compagnon, est-ce que tu fais des heures en bois ?* (Eugène Boutmy, *Dictionnaire de l'argot des typographes*.)

Les « heures en bois » suscitent le même mépris que la langue de bois ; celle-ci n'est pas un « vrai » parler, les heures en bois ne sont pas un « vrai » travail, ce n'est pas digne d'un compagnon.

★ **22**. *Manger, bouffer, croûter avec les chevaux de bois :* jeûner ; manger vite, peu et mal. – *J'irai parce que je ne veux pas que l'escouade bouffe avec les chevaux de bois*. (Roland Dorgelès, *Les Croix de bois*.)

Les chevaux de bois n'ayant pas besoin de se nourrir, s'attabler avec eux ne sert à rien, cela va de soi ; mais les chevaux tournant sans fin dans un manège, ils nous « passent sous le nez », comme le ferait un dîner qui ne nous serait pas destiné. Répandue dans les tranchées pendant la Première Guerre mondiale, l'expression est demeurée longtemps usuelle.

★ **23**. *À la graisse de chevaux de bois :* à la noix, à la gomme. – *Tu nous barbes. Va dégoiser ailleurs tes boniments à la graisse de chevaux de bois*. (Louis Forton, *Les Nouvelles Aventures des Pieds Nickelés*.)

La graisse des chevaux de manège en rejoint d'autres, comme elle symboles de nullité (ou de mauvaise qualité) ; on trouve « à la graisse d'*oie* » (mépris incompréhensible pour les Français du Sud-Ouest qui en font leurs délices), « de *hérisson* » (hommage soit rendu au capitaine Haddock !), voire « d'*abat-jour* » (surprenante invention des Pieds Nickelés : où trouve-t-on de la graisse dans un abat-jour ?). Les poilus en restaient à l'oie et au cheval : « On dit “le faire à la graisse de chevaux de bois”. [...] Cela signifie monter le coup à quelqu'un, lui en faire accroire, l'entortiller par des “boniments à la graisse d'oie”... Cela suggère des idées de hâblerie et de ruse, de blagues énormes débitées sérieusement avec un grain d'humour et de fantaisie. » (François Déchelette, *L'argot des poilus*.)

★ **24**. *Gagner la croix de bois :* pendant la Première Guerre mondiale, être tué à l'ennemi. – *Je cueille encore dans la lettre d'un de mes correspondants [...] cette expression macabrement plaisante ; gagner la croix de bois, mériter la croix de bois, c'est mourir au champ d'honneur*. (Lazare Sainéan, *L'argot des tranchées*.)

Les sépultures des soldats morts au combat, allemands ou français, étaient signalées par une croix rudimentaire, confectionnée en hâte avec deux bouts de bois, devenue le symbole de leur sacrifice ; Dorgelès a fait de ces croix de bois le titre du roman qu'il a consacré à son expérience de combattant et à ses frères d'armes.

★ **25**. *Croix de bois, croix de fer, / Si je mens je vais en enfer :* serment enfantin. – *J'ai dans ma musette plus* *secret encore que le secret des fautes des journalistes et des éminents auteurs. Si vous me promettez croix de bois croix de fer, je vous le confie.* (Muriel Gilbert, *Au bonheur des fautes.*)

On retrouve, ici de manière ironique, cette image du sacré, du respect dû aux défunts qu'exprime la croix de leur sépulture, dans ce serment propitiatoire de cour de récréation.

Le bois entre dans de nombreuses autres expressions aujourd'hui obsolètes, mais délicieuses. Au XIXe siècle, *avoir du bois*, c'est, au théâtre, avoir des amis qui font la claque ; et *remettre du bois*, c'est pousser les spectateurs à l'enthousiasme. Cependant, avoir non pas *du bois*, mais *son bout de bois*, ou *être bout de bois*, c'est être saoul. Sous Louis XIV, quand on est « chargé de bois », on n'est pas « chargé » (bourré) comme un pilier de comptoir, on est victime de violences ; *charger un homme de bois*, c'est le bastonner : « [...] il se verra, pour te mieux contenter / Chargé d'autant de bois qu'il en pourra porter. » (Pierre Corneille, *L'Illusion comique.*) On peut aussi assortir le mot *bois* de qualificatifs qui en font une vilaine insulte, relevée par Furetière : « On dit par injure à une personne, que c'est [...] un visage de bois flotté [...] quand il est noir, rude, couperosé. » (*Dictionnaire universel*..., 1690.) Pourquoi *flotté* ? On ne sait ; la locution n'est plus comprise aujourd'hui.

Si *abattre du bois*, *abattre bien du bois*, c'est abattre beaucoup de besogne, l'*abatteur de bois* n'est ni un bûcheron ni un gros travailleur, c'est un homme à femmes, un baiseur, dirions-nous, un « fouteur », dit crûment Delvau (*Dictionnaire de la langue verte*). Le mot est ancien, on le trouve, au XVIIe siècle, chez Tallemant des Réaux à propos d'Henri IV ; au XIXe siècle, il passe, comme ses synonymes *abatteur de bois remuant*, *de femmes*, *de quilles*, pour désuet («il se disait autrefois», note Hector France) ; c'est aujourd'hui une coquetterie littéraire : «[Il] devint très vite [...] un grand "abatteur de bois" à la Kennedy ou à la Clinton.» (Marc Fumaroli, *Quand l'Europe parlait français*.) L'abatteur de bois, parfois, ne se contente pas d'accumuler les exploits amoureux, il lui arrive de s'en vanter, à juste titre ou non : pour Le Roux (*Dictionnaire comique, satyrique...*), «on dit d'un fanfaron [...] que *c'est un grand abatteur de bois*, qu'il se vante de faire beaucoup plus de prouesses qu'il n'en fait».

À défaut d'*abattre* du bois, on peut en *pousser*, c'est-à-dire «jouer aux échecs ou aux dames, dans l'argot du peuple, qui a eu l'honneur de prêter ce verbe au *neveu de Rameau*», remarque Delvau avec malice, en se référant à Diderot. Si le rapport entre le bois et les pièces du jeu d'échecs ou les pions du jeu de dames saute aux yeux, Eugène Boutmy (*L'argot des typographes*) n'explique pas pourquoi *homme de bois* est la «dénomination ironique qui sert à désigner un ouvrier en conscience», un ouvrier qui travaille à la journée ou à l'heure, et non aux pièces. On comprend mieux pourquoi le blasphématoire *par le sang de Dieu !* est devenu *Palsambleu !*, soi-disant sur injonction du R. P. Coton à son illustre pénitent, le truculent et mal embouché Henri IV. Et *bon sang de Dieu* est devenu *bon sang de bois*, ce qui n'a aucun sens, mais n'offense pas les pieuses oreilles, comme le fait la variante *bon Dieu de bois*, tout aussi dépourvue de sens, mais fleurant un peu le fagot.

Le bois est un combustible universel ; proverbes et aphorismes l'associent souvent au feu. On dit aussi bien *faire feu de tout bois* que *faire flèche de tout bois*. Plus étrange – pour nous – le diction usuel au XVIIe siècle : « On dit proverbialement, *Bois tortu fait feu droit*, ou *fait le feu droit*, pour dire, Que quand le bois est tortu le feu en brusle mieux. » (*Le dictionnaire de l'Académie françoise*, 1694.) Quel rapport entre la forme de la bûche et la puissance du feu ? On ne sait.

Il n'est pas besoin de brûler des bûches, tortues ou non, dans son poêle pour se chauffer, il suffit d'utiliser des *pellets*, bâtonnets de bois et de sciure agglomérés, partiellement issus des abattis, amas de buissons et d'arbres coupés. Ces abattis sont passés de la forêt au genre humain, ce sont, aujourd'hui, nos bras et nos jambes ; *numéroter ses abattis*, c'est se préparer à un combat, comme le conseille Albert Spaggiari : « Serre les fesses, mon vieux, numérote tes abattis. » (*Faut pas rire avec les barbares*.)

*

BRANCHE : Ramification qui pousse du tronc d'un arbre.

★ **1**. *Comme l'oiseau sur la branche :* dans l'incertitude, dans la précarité. – *[Les officiers] ne savaient que trop combien est peu stable le séjour d'un régiment d'attaque. [...] – Nous sommes toujours posés comme l'oiseau sur la branche, ajouta l'un des convives.* (A. de Laporte, *À Mesnil-les-Hurlus. Les Zouaves à l'assaut*.)

La position d'un oiseau perché sur une branche, attentif à tout danger et prêt à s'envoler, évoque la précarité. La locution est ancienne ; en 1640, Antoine Oudin (*Curiositez françoises*) la relève : « il est comme l'Oiseau sur la branche. *en bransle, en suspens ; en danger* », et la juge vulgaire ; elle est aujourd'hui plutôt littéraire.

★ **2**. *Se rattraper, se raccrocher aux branches :* utiliser tous les moyens possibles pour se sortir d'un mauvais pas. – *Les Bleus risquent de n'avoir plus que des rencontres de barrages, par essence fortement périlleuses, pour se raccrocher aux branches et à l'espoir de participer au prochain Mondial*. (Pascal Charrier, « L'équipe de France de football au bord du vide », in *La Croix*, 5 septembre 2009.)

L'expression date probablement du XVIIe siècle ; elle se comprend d'elle-même.

★ **3**. *Scier la branche sur laquelle on est assis :* compromettre sa position. – *Je ne veux pas me trouver le bec dans l'eau à quarante-deux ans après avoir scié la bonne branche sur laquelle j'étais assis*. (Michel de Saint-Pierre, *Le Milliardaire*.)

On disait, au XIXe siècle, *scier la branche (à quelqu'un)*, lui causer des ennuis, nuire à sa situation. L'expression s'est ensuite appliquée à soi-même et s'est précisée avec l'ajout *sur laquelle on est assis*. Les deux formules coexistent aujourd'hui. Et inspirent les humoristes : « Ne scie pas la branche sur laquelle tu es assis, à moins qu'on ne veuille t'y pendre. » (Stanislaw Jerzy Lec, *Pensées échevelées*, trad. fr. A. et Z. Kozimor.)

★ **4**. *Il n'y en a pas plus que de beurre en branche :* il n'y en a pas du tout. – *Et pas plus d'empreintes digitales que de beurre en branche.* (Pascal Jaouel, *La Gigue des cailleras.*)

Le beurre ne pouvant se présenter sous la forme d'une branche, l'équivalence « beurre en branche / inexistence » saute aux yeux. L'expression est assez récente, mais on peine à la dater et, bien qu'on évoque l'allitération ***beur*** / ***br***, son origine demeure obscure. Allitération qu'on retrouve dans une autre expression, de même sens, *beurre en broche*, d'origine tout aussi inconnue.

★ **5**. *Avoir de la branche :* être distingué, avoir de l'allure. – *Elle* [Inès de La Fressange] *a de la branche, de l'éducation, des valeurs.* (Anne Fulda, *Portraits de femmes.*)

La locution, qui reprend le sens figuré de *branche* « élément linéaire », s'est d'abord appliquée au cheval. « *Avoir de la branche*, Se dit d'un cheval qui a le garrot bien sorti, la tête petite et l'encolure longue. » (Pierre Larousse, *Grand dictionnaire universel du XIX*e *siècle.*) L'expression est passée de l'animal à l'homme, du cheval de race au personnage de haute lignée. Son emploi actuel vient sans doute d'une contamination avec le sens de *branche* en généalogie (avec le sous-entendu d'appartenance à une famille aristocratique ou princière). Pour François Déchelette (*L'argot des poilus*), *avoir de la branche*, ce n'est pas « être élégant, plein d'allure », c'est être vigoureux : « Elle est bien balancée, la grande, elle a de la branche. » Ce sens n'a pas survécu.

★ **6**. *Vieille branche :* apostrophe amicale. – *Écoute, vieille branche, dis-je avec beaucoup de patience, décide-toi*. (P. G. Wodehouse, *Jeeves dans la coulisse*, trad. fr. Cl. Alengry.)

Un peu désuète, l'expression *vieille branche* évoque l'idée de soutien, d'appui, qu'on retrouve dans *poteau*, « camarade, frère d'armes ». *Poteau* a été abrégé en *pote*, aujourd'hui plus usuel, mais n'a pas disparu : « Pierrot / mon gosse, mon frangin, mon poteau / mon copain tu m'tiens chaud. » (Renaud, *Chanson pour Pierrot*.)

★ **7**. *Mou de la branche :* en parlant d'un homme, peu habile, peu actif en amour. – *Être dur de la feuille n'empêche pas pour autant d'être mou de la branche, et réciproquement*. (Pierre Dac, *Les Pensées*.)

Le passage métaphorique de la botanique à l'anatomie se passe de commentaire.

*

BRIN : Tige, jeune pousse.

★ *Un beau (joli) brin de fille :* une jeune femme grande, mince et bien faite. – *Pour s'appeler Jade, ce doit être un beau brin de fille ! Elle a été enlevée, c'est évident !* (Robert van Gulik, *Le Fantôme du temple*, trad. fr. A. Krief.)

La locution est ancienne ; si *Le dictionnaire de l'Académie françoise* de 1694 l'ignore, elle figure dans l'édition de 1762 : « On dit figurément & dans le discours familier, en parlant d'Un jeune homme grand & bien fait, que *C'est un beau brin d'homme* : Et d'Une fille ou d'une femme grande & bien faite, que *C'est un beau brin de fille, un beau brin de femme.* » Le brin d'herbe, frais, long, droit et mince, évoque la souplesse et l'élégance d'une jeune femme ; l'expression est demeurée usuelle, tandis que sa variante masculine a disparu de nos manières de dire.

*

BRINDILLE : Menue branche très fine.

★ *Être comme une brindille :* être extrêmement mince. – *L'homme est maigre comme une brindille, mais il assure qu'il « va mieux ».* (Sophie Landrin, « En Inde, une communauté de volontaires pour traquer la tuberculose », in *Le Monde*, 15 octobre 2019.)

La couture, la publicité, la photo de studio sont grandes consommatrices de modèles filiformes, qui mettent en valeur le vêtement sur les podiums comme dans les pages des magazines. La mode des mannequins squelettiques a été lancée à Londres, dans les années 1960, incarnée, notamment, par une adolescente, Lesley Hornby, vite surnommée Twiggy (« brindille », en anglais). La minceur est également une marque d'élégance, d'allure, de chic. Polysémique, le mot *brindille* est également synonyme de *pas grand-chose* : « J'ai vraiment l'impression que dans cette branche, la BD, je ne suis qu'une modeste brindille. » (Marcel Gotlib, interview de F. Potet, « Marcel Gotlib, hymne à la sainte déconnade », in *Le Monde*, 12 mars 2014.) Si elle est ici symbole de modestie, cette menue branche conserve son aura d'aisance, de légèreté : « Leïla Slimane […], brindille élégante et gracile au sourire ravageur. » (Vanessa

Schneider, « Auteure à facettes », in *M Le Magazine du Monde*, 18 novembre 2019.)

*

BÛCHE : Pièce de bois de chauffage.

★ **1**. *Être une bûche*, un imbécile. – *Bûche ! Enfant de bûche ! C'est toi le couillon, Ferdinand !* (Louis-Ferdinand Céline, *Mort à crédit*.)

L'insulte est ancienne ; Oudin (*Curiositez françoises*) la relève : « une busche. un lourdaut, *sorte d'injure*. » On la trouve dans Richelet (*Dictionnaire françois...*, 1680) : « *Bûche*. Sot, âne. [C'est une bûche, il n'a point d'esprit.] » Assimiler un être humain, pourvu d'une conscience et capable de penser, à un bout de bois est offensant ; ce l'était sous Louis XIV, ce l'est toujours, le propos n'a pas vieilli.

★ **2**. *Rester (planté) comme une bûche :* rester aussi immobile qu'un morceau de bois. – *Lenny restait planté comme une bûche, stupide, au milieu de la pièce*. (Gil Graff, *Requiem pour une racaille*.)

L'expression a une longue histoire. En 1694, les académiciens l'ignorent (le mot *bûche* est absent de la nomenclature) ; en 1765, ils s'étendent un peu sur le sujet : « On dit proverbialement d'un homme lent & pesant, que *C'est un homme qui ne se remue non plus qu'une bûche.* » Reprenant à son compte l'injure devenue banale, le rédacteur ajoute : « Et [on dit] figurément d'Un homme stupide, que *C'est une bûche.* »

★ **3**. *Dormir comme une bûche*, très profondément. – *Florestine se résigna à l'insomnie et n'y pensant* *plus, elle dormit comme une bûche.* (Berthelot Brunet, « Coadjutrice », in *Le Mariage blanc d'Armandine.*)

Le profond sommeil d'une personne immobile et inconsciente évoque l'inertie des objets inanimés. En restant dans le registre ligneux, on dit aussi *dormir comme une souche* ou *comme un pieu* ou *comme un sabot.*

★ **4**. *Ramasser, prendre une (la) bûche :* tomber. – *Émotionné par une peau de saucisson qui avait failli lui faire ramasser la bûche, il oublia la réplique.* (Louis Forton, « Ribouldingue se marie », in *La Bande des Pieds Nickelés.*)

L'origine de la locution est inexpliquée : il n'y a aucun rapport entre un morceau de bois et une chute. On évoque l'emploi familier de *se ramasser*, « tomber ». Ou une allusion à « l'attitude penchée du bûcheron qui ramasse une branche » (Alain Rey, *Dictionnaire historique de la langue française*). Ou encore le verbe ancien *buskier*, puis *buscher*, « frapper à la porte », puis « heurter, cogner », enfin « rosser ». En « ramassant une bûche », donc, on « se cogne » (à un obstacle) ou on « se fait cogner » (dessus). Possible…

Le mot *bûche* a (ou avait) d'autres sens. Au Québec, une *bûche*, c'est une chaise, et *tirer une bûche*, c'est prendre une chaise. Au XIXe siècle, une *bûche*, c'est un travail dur et astreignant ; le *temps de bûche*, c'est le temps de travail, *rendre sa bûche*, c'est remettre son travail au patron. De là vient le verbe *bûcher*, « travailler dur », toujours en usage.

*

ÉCORCE : Épaisse enveloppe des troncs et des branches des arbres.

★ *Entre l'arbre et l'écorce, il ne faut pas mettre le doigt :* il ne faut pas intervenir dans une querelle qui concerne autrui.

Cette expression proverbiale a d'abord concerné les querelles conjugales, les disputes entre proches. Elle est ancienne, Furetière (*Dictionnaire universel…*) la relève : « On dit proverbialement, qu'il ne faut pas mettre le doigt entre le bois & l'*écorce* ; pour dire, qu'il ne faut pas se commettre entre deux autoritez, personnes puissantes, ni se mêler des differens qui naissent entre gens qui sont proches, comme entre le mari & la femme, les freres & les sœurs. » Dans un sens moins conflictuel, *être entre l'arbre et l'écorce* signifie aussi « se trouver dans la position inconfortable d'avoir à choisir entre deux options inconciliables ». C'est en particulier le cas au Québec, comme en témoigne ce titre : *L'écotourisme entre l'arbre et l'écorce. De la conservation au développement viable des territoires* (ouvrage publié sous la direction de Christiane et Serge Gagnon). Cet emploi fréquent a conduit bien des auteurs à naturaliser québécois ce proverbe connu en France depuis le XVIe siècle.

*

ÉPINE : Organe dur et piquant de certains végétaux. – Difficulté, obstacle, embarras.

★ **1**. *Être un fagot d'épines, être aimable, poli, comme un fagot d'épines :* être d'un abord revêche. – *« Et toi, il fallait que tu viennes me raconter tout ça ? »*

gongona Tanina, que la malengrogne rendait polie comme un fagot d'épines. (Andrea Camilleri, *Grand cirque Taddei*, trad. fr. D. Vittoz.)

Impossible à prendre à mains nues, le fagot d'épines, au contact douloureux, désigne, de longue date, un individu à l'aspect rébarbatif, au comportement brutal. En 1808, d'Hautel (*Dictionnaire du bas langage*) relève l'expression : « *Il est gracieux comme un fagot d'épines.* Pour il est dur, brusque et repoussant ; on ne peut lui parler sans essuyer quelque rebuffade. » L'image, connue dès le XVIIe siècle, n'a pas vieilli.

★ **2**. *Être, se sentir, marcher sur des épines :* être mal à l'aise. – *Il n'aimait pas parler de Robert. Et il se sentait sur des épines si l'on parlait des Escures.* (Henri Pourrat, *Gaspard des montagnes.*)

L'expression, usuelle au siècle dernier, est aujourd'hui un peu passée de mode.

★ **3**. *Un chemin semé, parsemé, couvert d'épines,* difficile, dangereux. – *[Il] sait en effet pertinemment que son chemin pour redresser le pays est parsemé d'épines.* (Jacques Guyot, « Des roses et des épines », in Charentelibre.fr, 7 mai 2012.)

L'image du « chemin semé d'épines » est immémoriale ; on la repère dans la Bible, qui fustige les manquements à la loi de Dieu, car « des épines et des pièges sont dans le chemin du pervers » (*Proverbes*, XXII, 6 ; trad. fr. A. Guillaumont). On la retrouve aujourd'hui, sans évocation d'un châtiment divin : « S'offrent à moi ces deux chemins : / l'un est de fleurs, l'autre d'épines ; /

mes deux jambes sont faites d'airain, / j'emprunte celui couvert d'épines. » (Djura Jaksic, « Les chemins », in *« Minuit » et autres poèmes*, trad. fr. B. Lazic.)

★ **4**. *Il n'est pas de rose sans épines :* il n'est pas de bonheur sans ombre, de situation sans inconvénient.

Ce proverbe en forme de truisme est connu depuis toujours, on l'évoque aux quatre coins du monde, avec de menues variantes. Il arrive qu'on en fasse une chanson : « Il n'y a pas de roses sans épines, / Pas d'épouse sans belle-maman, / Pas de sérénade sans mandoline, / Pas d'homme de lettres sans roman. » (Charles Trenet, *Les Roses et les Épines*.)

★ **5**. *Tirer une épine du pied à quelqu'un*, le sortir d'un mauvais pas. – *Sa passion cruciverbiste m'a tiré une bonne épine orthographique du pied*. (Muriel Gilbert, *Au bonheur des fautes*.)

Rarement prise au pied de la lettre, l'expression se rencontre parfois dans un contexte burlesque : « C'est dur pour les Mancuniens *[joueurs de Manchester]* qui vont chercher à enlever l'épine du pied qu'ils ont dans la tête. » (Xavier Gravelaine, cité par Mickaël Grall, in *Perles de footballeurs*.)

*

ÉPLUCHURE : Déchet qu'on enlève à quelque chose qu'on épluche.

★ Éclat d'obus. – *Qu'est-ce qu'ils nous envoyaient comme épluchures !* (François Déchelette, *L'argot des poilus*.)

Très daté, le sens, relevé par Déchelette, mais absent chez Esnault (*Le poilu tel qu'il se parle*) et Sainéan (*L'argot des tranchées*), a disparu.

*

FAGOT : Faisceau de menues branches.

★ **1**. *De derrière les fagots :* d'excellente qualité. – *Je vais dénicher la cachette où se trouve l'alcool et nous nous enverrons un vieil apéritif de derrière les fagots.* (Louis Forton, *À la revoyure.*)

L'expression était prise au XVIIIe siècle au sens concret de la qualité d'un vin vieilli en cave ; elle a pris assez vite le sens plus général de « remarquable, exceptionnel ».

★ **2**. *Sentir le fagot :* être suspect d'hérésie. – *Fagot. Faisceau de bois à brûler. Dégage une odeur qui embaume toutes les pensées dissidentes. Un dictionnaire incorrect, ça sent le fagot.* (Jean-François Kahn, *Dictionnaire incorrect.*)

Au XVIe siècle, il ne faisait pas bon « sentir le fagot » : les hérétiques étaient condamnés au supplice du feu. En 1593, un des notables convoqués à Paris pour une session des États généraux destinée à tenter d'écarter Henri de Navarre du trône de France se défend de toute déviation théologique : « Je n'estoy pas grand mangeur de crucifix : & quelques ungs *[uns]* de mes plus proches […] ont eu opinion que je sentoy *[sentais]* ung *[un]* peu le fagot. A cause qu'estant jeune escholier j'avoy *[j'avais]* pris plaisir à lire les livres de Calvin. » (*Satyre Ménippée…*) Le temps passant, la locution a perdu son sens tragique et signifie aujourd'hui simplement « être suspect, inspirer de la méfiance ».

★ **3**. *Fait comme un fagot :* mal vêtu, habillé sans goût ni soin.

Le rapport entre une poignée de petit bois et une tenue négligée ne saute pas aux yeux. Autrefois, un *fagot*, « assemblage de plusieurs choses menues » (Furetière, *Dictionnaire universel*...), c'était aussi « un paquet de hardes, de linge, d'herbes, &c. », note *Le dictionnaire de l'Académie françoise* de 1694, en précisant qu'en ce sens le mot « est bas ». À la même époque, Richelet y va d'un commentaire : « Elle est faite comme un fagot [*Inconcinna*]. C'est-à-dire, elle est mal faite. *Il se met* ou *elle se met comme un fagot*, c'est-à-dire sans arrangement. » De ce *fagot* est né *fagoter*, « mettre en mauvais ordre, mal arranger », appliqué par Montaigne aussi bien à une « charge de broussailles » qu'au contenu d'une missive, et par Molière à M. Jourdain « fagoté » en mamamouchi. Aujourd'hui, on ne dit plus *fait comme un fagot*, mais *mal fagoté*, mal habillé, apprêté en hâte, sans soin, sans recherche.

★ **4**. *Conter des fagots*, des balivernes, « des choses sans vraisemblance » (Littré).

La locution est ancienne, la perplexité qu'elle suscite aussi, comme en témoigne ce texte : « C'est, dit-on, la *Gazette de Renaudot*, qui a donné lieu à l'expression proverbiale *conter des Fagots*, pour dire faire des contes en l'air. On crioit & l'on vendoit sa feuille dans les rues. Il arriva, un jour, qu'un marchand de Fagots crioit sa marchandise, en même temps que le vendeur de Gazettes crioit la sienne ; & toutes les fois que celui ci annonçoit à haute voix la *Gazette*, l'autre articuloit aussitôt ses *Fagots*. Depuis ces deux mots réunis par le hazard ou la malice, devinrent synonymes. » (*L'Année littéraire*, 1789.) On peut y croire, ou pas. L'expression est passée du langage familier à la coquetterie littéraire.

De ces *fagots-balivernes* est né, « par dénigrement » pour Littré, le *fagoteur de romans*, romancier lamentable.

On peut aussi « brûler le fagot », « aller boire ensemble au cabaret et y brûler un fagot pour se chauffer. [...] Aller [...] au bordel, y faire brûler un fagot en caressent Silvie » (Philibert-Joseph Le Roux, *Dictionnaire comique, satyrique...*). Activités répréhensibles, mais moins périlleuses que « brûler les fagots par les deux bouts », « se ruiner en dépensant inconsidérément tout son avoir ». Ces deux locutions ont disparu de nos manières de parler.

Tout comme d'autres sens du mot *fagot*. Au XIXe siècle, c'était le surnom des élèves de l'École des eaux et forêts de Nancy ; pour Vidocq, et plus généralement dans l'argot de la pègre, un *fagot*, c'est un homme conduit en prison, un prisonnier condamné au bagne : « on le lie ou on l'attache comme un fagot. » (Hector France, *Dictionnaire de la langue verte*.) Un *fagot affranchi*, c'est un forçat libéré ; un forçat évadé, c'est un *fagot en campe*, en fuite, « du vieux mot *camp*, champ. Fuir, c'est prendre la clé des champs. » (Ibid.)

Autre sens désuet : un *fagot*, c'était une somme d'argent (en francs, bien sûr) ; cela s'est dit jusqu'à la fin du siècle dernier : « Je lui ai avancé hier encore un fagot sur ton boulot ! » (Maxence Van der Meersch, *Femmes à l'encan, un esclavagisme patenté.*) Certes désuet, l'emploi est noté « rare, obscur » par Cellard et Rey (*Dictionnaire du français non conventionnel*).

*

FAGOTIN : Petit fagot.

★ Petite somme d'argent.

Diminutif de *fagot* au sens premier, *fagotin* l'est aussi au sens argotique de « somme d'argent » ; un *fagot*, c'est une somme relativement importante, un *fagotin*, mot tout aussi incompréhensible aujourd'hui, c'est quelques sous, trois fois rien, en somme. Mais, selon Devos, « deux fois rien… ce n'est pas beaucoup ! Mais trois fois rien… Pour trois fois rien, on peut déjà acheter quelque chose ». Le temps passant, et l'euro s'étant installé dans nos porte-monnaie, personne n'emploie plus ce joli mot. Qui est sans lien apparent avec le *fagotin* des bateleurs d'autrefois, ce « singe, valet de charlatan ridiculement accoutré et amusant le public par ses tours » (Molière, *Tartuffe*). Cependant, on fait parfois dériver *fagotin* (celui des bateleurs) de *fagoter*, « habiller de manière ridicule ».

*

FEUILLE : Partie d'un végétal, généralement verte, plate et mince, issue des tiges et des rameaux.

★ **1**. *Trembler comme une feuille :* trembler frénétiquement, frissonner. – *Hannah* [Arendt] *? À la fin de ses cours, je venais la chercher parce qu'elle* *tremblait comme une feuille, et je la prenais dans mes bras*. (Paul Ricœur, cité par Laure Adler, *Dans les pas de Hannah Arendt*.)

La comparaison «personne qui tremble / feuille agitée par le vent» est ancienne, on la trouve chez Rutebeuf (XIIIe siècle) : «Si comme fet la feuille el tramble ? / Chétive, adonques que feras ?» La locution a franchi les siècles : pour Antoine Oudin (*Curiositez françoises…*), celui qui tremble comme la feuille «est extremement espouventé» ; elle est demeurée usuelle.

★ **2**. *Descendre en feuille morte, faire la feuille morte :* en parlant d'un aéronef, descendre comme une feuille emportée par le vent.

Il semble que l'entrée de la feuille morte dans le vocabulaire des aviateurs date de la Première Guerre mondiale ; Déchelette (*L'argot des poilus*) donne de cette chute une définition précise : *faire la feuille morte*, c'est «descendre à plat sans inclinaison de l'avion, avec un mouvement de roulis».

★ **3**. *Regarder, voir la feuille à l'envers :* faire l'amour sous les arbres. – *Sous les châtaigniers, / En la saison dispose, / Je vais avec Rose / Voir la feuille à l'envers*. (Gustave Nadaud, *Chansons folles*.)

«Voir la feuille à l'envers» est depuis longtemps un aimable projet amoureux : à Lisette, tendrement jetée sur le gazon, le berger Colinet conseille de ne pas se montrer sauvage : «Ne faut-il pas, dans le jeune âge, / Voir un peu la feuille à l'envers ?» (Nicolas Restif de La Bretonne, *Les Contemporaines*.)

★ **4**. *Dur de la feuille :* sourd. – *Elle sent bon le chèvrefeuille, / Tout ça c'est bien, fort bien, très bien. / Hélas elle est dure de la feuille, / Elle n'entend rien, mais rien de rien.* (Les Charlots, *Dur de la feuille.*)

C'est à la (très vague) ressemblance entre le pavillon de l'oreille et une feuille de chou qu'on doit l'assimilation « oreille / légume » ; la locution est assez récente, probablement du premier tiers du siècle dernier.

Des manières de dire tombées dans l'oubli font de la feuille l'équivalent de la paille, du fétu, le symbole du négligeable, du presque rien ; ainsi Diderot à propos de la rémunération des auteurs par les éditeurs : « Nous ferons ensemble de beaux traités. [...] Les feuilles sont pour moi, le grain est pour eux. » (Lettre à Voltaire, 14 juin 1758.)

On croise la feuille dans d'autres expressions aujourd'hui disparues. Pourquoi ne doit pas aller au bois celui « qui a peur des feuilles » ? Parce que celui « qui a peur du danger ne doit pas aller où il y en a ». Et pourquoi est-il idiot de « porter des feuilles au bois » ? Parce que c'est « faire une chose sans necessité, donner à qui n'en a pas besoin ». (Ces proverbes moquant des comportements absurdes sont relevés par Oudin.)

La *feuille morte*, familière du terrain d'aviation, ne dédaigne pas le comptoir du café : sur le zinc, c'est de la bière à la menthe.

*

GRAPPE : Ensemble de fleurs ou de fruits reliés par leur pédoncule à un axe commun.

★ **1**. *Tenir la grappe à quelqu'un*, l'importuner, lui faire perdre son temps en prolongeant une conversation. – *Mon patron Bob n'a pas intérêt à me tenir la grappe trop longtemps, car je ne m'éterniserai pas avec lui*. (Mikky Sophie, *The Heart Line*.)

★ **2**. *Lâcher la grappe à quelqu'un*, le laisser tranquille. – *Bon, ça te dirait de te casser et de nous lâcher la grappe avant que je t'en colle une ?* (Arnaldur Indridason, *Les Nuits de Reykjavik*, trad. fr. É. Boury.)

On disait autrefois *mordre à la grappe* ; il ne s'agissait pas d'importuner, mais de retenir l'attention, de séduire. Pour *Le dictionnaire de l'Académie françoise*, « on dit prov. & fig. qu'*Un homme mord à la grappe*, pour dire, qu'Il prend un extreme plaisir à une proposition qu'on luy fait, ou à quelque chose qu'il dit luy-mesme. *Dès qu'on luy parle de cette affaire, il mord à la grappe*. *Quand il parle de cela, il semble qu'il morde à la grappe* ». Pour Richelet, *mordre à la grappe*, c'est « mordre à l'hameçon ». Mais pourquoi la grappe ? Parce que le mot vient d'un dialecte germanique du haut Moyen Âge et signifiait « crochet », et le crochet à plusieurs branches ressemble vaguement à une grappe de raisin. Aujourd'hui, il ne s'agit plus de séduction, on ne mord plus « à la grappe », mais « à l'hameçon », le naïf se fait avoir par le baratineur comme le poisson par le pêcheur.

Courante dès le XIXe siècle, la locution *lâcher la grappe* n'a sans doute rien à voir avec la capture du poisson. Les testicules peuvent évoquer l'aspect d'une grappe de raisin. En outre, *tenir la grappe à quelqu'un*, c'est lui «tenir la jambe» ; le mot *jambe* sert d'euphémisme pour désigner d'autres parties du corps situées sous la ceinture. L'exclamation *lâche-moi la grappe !* est encore plus explicite.

*

LIANE : Plante grimpante dont la tige mince et flexible s'enroule autour d'un support.

> ★ *Mince, souple comme une liane :* très mince, très souple. – *Un visage de cinéma, un peu à la Garbo, un corps mince comme une liane et résistant comme un roseau.* (Brigitte Hernandez, «L'étoile Chauviré brille toujours», in *Le Point*, 20 octobre 2016.) – *Souple comme une liane :* d'une grande souplesse. – *Geoffroy Rouge-Carrassat, souple comme une liane, la silhouette élégante, joue un Scapin d'une rouerie rarement égalée.* (Dany Toubiana, «Emmanuel Besnault renouvelle *Les Fourberies de Scapin*», in *Théâtrorama*, 16 mars 2017.)

Les dictionnaires modernes font remonter à 1640 l'apparition en français du mot *liane* ; il serait issu d'un parler de l'ouest de la France, se serait répandu aux Antilles sous la forme *liene* et nous en serait revenu sous Louis XIV. Pourquoi pas ? Mais la *liene* et la *liane* sont ignorées du *Dictionnaire de l'Académie françoise* (1694) comme du *Dictionnaire françois*... de Pierre Richelet (1709). La métaphore «plante à tige mince et souple / personne mince et souple» parle d'elle-même, mais on peine à dater la locution.

*

MOUSSE : Petite plante des lieux humides, vivant en pousses basses et serrées.

★ **1**. *Pierre qui roule n'amasse pas mousse :* si l'on change souvent de métier ou de pays, on ne peut faire fortune. (Proverbe français.)

On disait au XVIe siècle qu'« une pierre souvent remuée / de la mousse n'est vellée *[couverte]* », mais le proverbe souffre des exceptions. Comme le remarque Bruno Dewaele (*La Voix du Nord*, 13 juillet 2012), en cinquante ans, les Rolling Stones (« pierres qui roulent », en anglais) ont amassé de la mousse, beaucoup de mousse...

★ **2**. *Se faire une petite mousse :* boire une bière. – *Parfois, j'aime bien me faire une petite mousse.* (Jerry Levine [réalisateur], « Ka pohaku kihi pa'a », in *Hawaii 5-0*, série télévisée.)

Les bulles se formant sur le dessus d'un pot de bière évoquent vaguement l'aspect d'un terrain moussu ; cette « mousse » a donné son nom à la boisson elle-même.

★ **3**. *Ne plus avoir de mousse sur le caillou :* être chauve. – *Essaie une pommade capillaire ; comme tu n'as plus de mousse sur le caillou, si ça ne te fait pas pousser les cheveux, ça ne te fera pas de mal.* (Christophe, *Les Facéties du sapeur Camember.*)

Dans d'autres expressions nées pour la plupart au XIXe siècle, nous retrouvons l'analogie « plantes basses poussant dru / chevelure » (voir *cresson*, *gazon*...). *Ne plus avoir de mousse sur le caillou*, c'est « ne plus avoir de cresson sur la cafetière, de gazon sur la fontaine ».

★ **4**. *Se faire de la mousse*, du souci. – *Voilà comment je comprends la politique, [...] ne pas se faire de mousse et regarder les autres se cogner le portrait.* (Louis Forton, *China-Town.*)

C'est encore de cheveux qu'il s'agit quand on «se fait de la mousse»: on se fait des cheveux blancs. Pour les poilus, *se faire de la mousse*, c'était «se faire de la bile, du mauvais sang, s'inquiéter» (François Déchelette, *L'argot des poilus*). Dans les tranchées, la *mousse*, c'était aussi les poux; ce sens a disparu. Contrairement à un autre sens, scatologique celui-là: la *mousse*, c'est un excrément; on trouve plus souvent un dérivé, la *mouscaille*, perçu comme moins vulgaire.

★ **5**. *Faire de la mousse :* faire des histoires, des embarras. – *Pète-Sec faisait une mousse de tous les diables et un zèle dont la meilleure part consistait à nous submerger de consigne, salle de police et autres apanages*. (Alphonse Allais, *Vive la vie !*)

L'expression fait allusion à une préparation culinaire obtenue à partir de blancs d'œufs battus en neige. Le volume de cette émulsion excède considérablement celui des blancs avant battage. Et celui qui «fait de la mousse» fait une montagne d'une taupinière, en fait des tonnes, fait une mousse au chocolat pour douze avec un seul blanc d'œuf. De cette préparation effervescente est née l'expression *(se) faire mousser*, «(se) vanter outrageusement, (se) mettre exagérément en valeur».

*

NOYAU : Partie centrale dure de certains fruits, contenant la graine.

★ *Rembourré avec des noyaux de pêche :* très dur, très inconfortable, en parlant d'un siège, d'un lit. – *Une rivalité [...] amena un beau matin Lapipe (Louis) sur les bancs rembourrés en noyaux de pêche de la correctionnelle.* (Jean Galtier-Boissière, *La Bonne Vie.*)

La locution, relevée en 1835 par le *Dictionnaire de l'Académie française*, tire sa pertinence de la double caractéristique de ce noyau : non seulement il est dur, comme tous les noyaux, mais il est couvert d'aspérités qui le rendent piquant.

Autrefois, le *noyau*, c'était une pièce de monnaie, « du vieux mot *noiau* : bouton d'habit », note en 1865 Lorédan-Larchey (*Les excentricités du langage*) ; il assortit la définition d'un exemple : « Le sacré violon qu'avait joué faux / Voulait me demander des noyaux. » Et il cite ses sources : « (Vadé, 1766) » pour souligner qu'il s'agit d'un sens disparu : Jean-Joseph Vadé, poète, chansonnier, compositeur et dramaturge, eut un certain succès vers 1750.

*

PALME : Feuille du palmier. – Symbole de la gloire.

★ *Remporter, gagner la palme :* se couvrir de gloire, remporter la victoire. – *Le distributeur de* The Square*, du réalisateur suédois Ruben Östlund, a remporté, dimanche 28 mai, sa première Palme d'or au 70e Festival de Cannes.* (Nicole Vulser, in Lemonde.fr, 30 mai 2017.)

Dans l'Antiquité, on donnait au vainqueur une branche de palmier ; la palme est ainsi devenue l'emblème de la victoire. À cette symbolique s'est ajoutée, pour les chrétiens, celle de la gloire de Dieu ; les prédicateurs du XVIIIe siècle ont popularisé l'expression *la palme du martyre*, gloire éternelle promise aux témoins du Christ mis à mort pour leur foi. Aujourd'hui, la palme ne récompense pas les grands capitaines ou les témoins de leur foi ; elle n'est pas non plus réservée à une œuvre cinématographique : les « Palmes académiques » honorent les membres éminents du monde de l'enseignement.

L'expression *la palme de*… s'emploie parfois ironiquement : « Sans se faire longtemps prier, impatients d'obtenir la palme de la sottise, les deux sots se mettent à raconter au public les plus grandes sottises qu'ils croient avoir commises. » (Jules Vodoz, *Le Théâtre latin de Ravisius Textor, 1470-1524*.)

*

PELURE : Peau d'un fruit ou d'un légume épluché.

★ Vêtement ; en particulier, vêtement destiné à tenir chaud. – *Le vent cinglait, traversait toutes mes pelures et me transperçait*. (Alexis Rémizov, *La Russie dans la tourmente*, trad. fr. A.-M. Tatsis-Botton.)

L'image est banale, et relativement ancienne (premier tiers du XIXe siècle). Elle ne s'appliquait autrefois qu'à un vêtement de dessus, le sens s'est élargi.

*

PÉPIN : Graine de certains fruits.

★ **1**. Parapluie. – *La petite PME [...] fabrique [...] un tiers de la production [de parapluies] hexagonale. Une goutte d'eau face aux 15 millions de pépins étrangers qui rentrent chaque année sur le territoire français*. (*Le Parisien*, 30 juillet 2015.)

Quel rapport entre quelque chose de quasi imperceptible et un dais portatif en tissu baleiné d'un mètre de diamètre ? Aucun, apparemment. François Déchelette (*L'argot des poilus*), relayant Bloch et Wartburg (*Dictionnaire étymologique de la langue française*), affirme : « Ce mot est venu d'un accusé du procès Fieschi, nommé Pépin, qui portait toujours un parapluie. » Seul ennui : les actes du procès (1836) ne font aucune mention de ce fameux pébroc. Qui est un objet de ridicule « en pays poilu », précise ce même Déchelette, en ajoutant que le *pépin*, c'est aussi le « parasol de l'appareil Morane. Syn. cercueil volant », ce qui n'a rien de rassurant.

★ **2**. Ennui, contretemps. – *Pour l'observateur superficiel et inattentif, ça sonne bien d'avoir un duc pour oncle, mais le pépin, c'était [qu'il] était aussi un des hommes les plus parcimonieux d'Angleterre*. (P. G. Wodehouse, *Allez-y, Jeeves*, trad. fr. E. Rinon.)

Le chemin qui mène de la graine au contretemps est mieux balisé ; il s'agit tout bonnement de l'agacement que produit un pépin – de raisin par exemple – qui colle au bout de la langue et dont on ne peut se débarrasser.

Autrefois, *avoir le pépin pour quelqu'un*, c'était « avoir le béguin » pour lui : « Pour l'argotier, la fantaisie / Se nomme, avecque... poésie, / Un pépin. » (Blédort, *Chansons des faubourgs*, d'après H. France, *Dictionnaire de la langue verte*.) Et *avaler un pépin*, c'était « devenir enceinte » : « Tiens ! La mariée ! cria l'un des voyous, en montrant Mme Gaudron. Ah ! Malheur ! Elle a avalé un rude pépin ! » (Émile Zola, *L'Assommoir*.) Toutes expressions aujourd'hui disparues. Comme s'est estompé le souvenir des exploits (réels) de Pépin le Bref, ce « roi de France, ce fils de Charles Martel, [...] si petit qu'il devait monter sur une chaise pour ouvrir son parapluie » (Raoul Lambert, *Le dicodingue*).

*

PÉTALE : Chacun des éléments qui forment la corolle d'une fleur.

★ *Comme un pétale :* avec douceur, avec légèreté. – *L'emballage de miel qui s'ouvre comme un pétale de fleur*. (Titre d'un article de Faustine Loison, in Emballage.news, 28 février 2019.)

La métaphore s'applique à toutes les fleurs, mais la rose court en tête : *léger* – ou *doux* – *comme un pétale de rose* gagne la palme de la banalité. Même si la rose en question n'est pas celle du Petit Prince, qui « s'habillait lentement, [...] ajustait un à un ses pétales » (Antoine de Saint-Exupéry, *Le Petit Prince*).

*

PISSENLIT : Plante à feuilles comestibles dentelées.

★ *Manger (bouffer) des pissenlits par la racine :* être mort et enterré. – *Il avait quasiment décidé d'envoyer balader tout ça, après s'être persuadé que Rizzirano se mangeait les pissenlits par les racines.* (Andrea Camilleri, *Chien de faïence*, trad. fr. S. Quadruppani.)

L'image d'un mort couché dans son cercueil se nourrissant « à l'envers » de ce qui est sous terre est relativement usuelle ; on trouve au XIXe siècle *manger des carottes* (qui sont des raves), ou *manger l'herbe par la racine*, ou encore *manger des salades par le trognon*. Mais l'emploi de *pissenlit* est inexpliqué.

*

PLANTE : Tout végétal.

★ **1**. *Une belle plante :* une personne jeune, agréable et bien bâtie (se dit en général d'une jeune femme). – *Cyr a penché la tête. – Une belle plante celle-là.* (Kathy Reichs, *Meurtres à la carte*, trad. fr. V. Mikhalkov.)

Le compliment adressé à une agréable jeune femme semble d'origine régionale (Dauphiné) ; mais le Parisien Richelet (*Dictionnaire de la langue françoise…*) relevait au XVIIe siècle une locution de sens voisin : « il cultive avec plaisir cette *plante* admirable, […] c'est à dire ce jeune homme avec joie » ; la *plante*, c'est bien une personne, ici un adolescent dont on fait l'éducation et sur qui on fonde de grands espoirs.

★ **2**. *Faire la plante verte :* être en faction statique. – *[Pour] l'adjoint de sécurité […] affecté à la surveillance de la sous-préfecture de Bayonne […], c'est une mission « plante verte »*. (Emmanuelle Fère, « Les

CRS ont déserté le Pays basque», in *Sud Ouest*, 18 janvier 2016.)

Le factionnaire est «planté là» sans bouger. À moins que la «plante verte» soit un invité (plus souvent «une» invitée) qui, dans une assemblée, une réception, joue un rôle purement décoratif. La locution est récente.

*

QUEUE : Partie d'un végétal portant une fleur ou reliant un fruit à une branche.

★ **1**. *Des queues de cerise :* rien du tout. – *Vous n'avez pas honte, à votre âge, de vous disputer pour des queues de cerise ?* (Hergé, *Le Trésor de Rackham le Rouge*.)

Minuscule et incomestible, la queue de cerise est, comme la paille ou le fétu, symbole de la nullité. Ce qui est injuste : la tisane de queues de cerise est un classique de la pharmacopée familiale : ses qualités diurétiques sont connues depuis des siècles.

★ **2**. *Des queues Marie ! :* même pas ! bien sûr que non ! – *Payer vous donne quoi ? Une protection ? – Des queues Marie !* (Dominique Dallayrac, *Le nouveau visage de la prostitution*.)

Cette exclamation qui fait l'impasse sur le fruit est très récente, et peu conventionnelle. Elle s'abrège grossièrement en *des queues !*, qui évoque l'autre sens de *queue*, «membre viril» ; l'exclamation synonyme *peau de balle !* est encore plus explicite.

*

RACINE : Partie des végétaux qui les fixe au sol et par où ils puisent leur nourriture.

★ **1**. *À la racine :* au tout début, à un stade précoce. *Couper, attaquer le mal à la racine*, à la base. – *Muriel Pénicaud veut « prendre le mal à la racine » pour supprimer l'écart de salaire hommes-femmes.* (Lemonde.fr avec AFP, 21 janvier 2018.)

On date l'expression de la fin du XVIIIe siècle. La même idée s'est exprimée plus tôt sous des formes un peu différentes ; on la trouve, par exemple, chez Corneille : « C'en est encor bien moins alors qu'on s'imagine / Guerir un mal si grand sans couper la racine. » (*Cinna ou la Clémence d'Auguste*.)

★ **2**. *Jusqu'à la racine :* totalement. – *Voilà des gens qui s'étaient promis de piller la France jusqu'à la racine*. (Daniel Baud-Bovy, *L'Évasion : récit de deux prisonniers français évadés du camp d'Hammelbourg*.)

Locution jumelle de la précédente, elle lui est à peu près contemporaine et demeure usuelle.

★ **3**. *Prendre racine :* rester longtemps immobile ; s'attarder quelque part, prolonger une visite, un séjour. – *Ils sont peu nombreux à faire le siège, les indésirables, le patron ne leur laisse guère l'heur de prendre racine*. (Olivier Bailly, *Monsieur Bob*.)

L'expression renvoie à la terre, à ce qu'elle produit ; *prendre racine*, c'est « s'installer quelque part à demeure, y faire sa vie », comme un arbre solidement planté qui se développe sans mal. On dit aussi dans le même sens, de manière un peu désuète ou littéraire, *jeter ses racines*. Dire de quelqu'un qu'il « prend racine » est aujourd'hui vaguement péjoratif, on comprend qu'il est « planté comme une bûche », ou qu'il s'incruste. On trouve aussi, plus rarement, dans le même sens, *prendre souche.*

Ce sens dépréciatif est absent du proverbe « À la Sainte-Catherine / Tout prend racine » : les arbres mis en terre à l'automne (sainte Catherine est fêtée le 25 novembre) se développent facilement.

Les légumes racines, les raves (navets, radis, carottes...), étaient autrefois snobés par les gastronomes et réservés au menu peuple ; Richelet (*Dictionnaire françois...*) note : « Vivre d'herbes et de racines ; de Rien. »

Et n'oublions pas que la racine est la « partie d'un britannicus ou d'un andromaque qui se fixe dans le sol et leur permet d'en tirer leur nourriture » (Raoul Lambert, *Le dicodingue*). Définition burlesque qui fait écho à un pense-bête ânonné par des générations de potaches : « La CORNEILLE, perchée sur la RACINE de LA BRUYÈRE, BOIT L'EAU de LA FONTAINE. MOLIÈRE. »

*

RAMEAU : Petite branche d'arbre, d'arbuste.

★ *Fêter, faire Pâques avant les Rameaux :* pour un couple, avoir un enfant avant mariage. – *Pierre a dix-sept ans lorsque ses parents se marient. « Mes parents ont fait Pâques avant les Rameaux. »* (Pierre Bénichou, *Autobiographie de la vie non officielle de Pierre Bénichou.*)

Quand on « fait Pâques avant les Rameux », on inverse l'ordre « normal » des événements. L'expression fait allusion à un épisode de la vie du Christ. Une semaine avant la Pâque, Jésus entra à Jérusalem ; des pèlerins, venus pour la fête, apprirent son arrivée. « Ils prirent des rameaux de palmiers et sortirent au devant de lui, et ils criaient : Hosanna ! béni soit celui qui vient au nom du Seigneur ! » (Jean, XII, 13 ; trad. fr. J. Grosjean.) La liturgie catholique du dimanche précédant Pâques (dimanche des Rameaux) commémore cette entrée par la bénédiction de rameaux. Il y a deux mille ans, au Moyen-Orient, il s'agissait de palmes, aujourd'hui, l'arbre utilisé varie avec le climat et les traditions locales.

*

RONCE : Plante sauvage ligneuse et épineuse.

★ *Avoir le cul sorti des ronces :* être tiré d'affaire. – *Quelque chose me disait qu'on n'avait pas le cul sorti des ronces, comme disait Jipé.* (Gérard Carré, Didier Cohen, *Qui vous parle de mourir ?*)

Les ronces, tout comme leurs épines, symbolisent depuis toujours la douleur, la gêne, le chagrin, les difficultés. Dans la Bible, Dieu menace les nations insoumises : « dans ses donjons croîtront les buissons épineux, / dans ses forteresses les orties et la ronce » (*Isaïe*, XXXIV, 13 ; trad. fr. É. Dhorme), tandis que Gédéon, juge d'Israël, ayant fait prisonniers les anciens de la ville ennemie, les châtie avec « des épines du désert et des ronces » (*Juges*, VIII, 16 ; trad. fr. A. Crampon). On repère pourtant rarement ces ronces dans les proverbes et locutions. L'apostrophe de la grand-mère de Robert Sabatier (*Les Noisettes sauvages*) envoyant l'enfant « tendre ses ronces *[râler, rouspéter]* ailleurs » paraît d'emploi local. Quant à l'expression évoquant un arrière-train qui tente de sortir d'une mauvaise posture, elle est récente (années 1980) et ne semble pas très répandue.

*

SOUCHE : Partie restée en terre d'un arbre abattu (bas du tronc et racines).

★ **1**. *Rester planté comme une souche :* rester debout, immobile, sans réaction. – *Je vais finir chèvre à force de rester planté comme une souche.* (Claude Courchay, *La Foire aux agnelles.*)

La souche était déjà, au Moyen Âge, symbole d'inertie. L'allusion implicite à l'immobilité d'un végétal a traversé les siècles ; elle se retrouve chez Molière : « Mais à tous mes discours tu fus comme une souche. » (*Amphitryon.*) De l'immobilité on est passé à la sottise, à l'absence de réaction de quelqu'un de sot, d'un imbécile, en somme. Selon Hector France (*Dictionnaire de la langue verte*), le mot *souche* a le « même sens que *bûche* ». France poursuit en citant un poème argotique de Nicolas Racot de Grandval : « Qui possède un Héros si grand et si glorieux, / Qu'on doit placer un jour au rang des demi-Dieux / Pour montrer que chez lui on n'est pas des souches. » (*Le Vice puni, ou Cartouche*, 1725.) Grandval assortit obligeamment son poème d'un lexique argot-français, dans la lignée du pionnier du genre, Pechon de Ruby (fin du XVIe siècle).

★ **2**. *Dormir comme une souche*, très profondément. – *Bien sûr il dormait comme une souche, cet abruti.* (Pierre Schoendoerffer, *La 317e Section.*)

« Souche » est la graphie actuelle du vieux mot *çoche*. La locution, ancienne, prend diverses formes ; outre *dormir*, on trouve « gesir [être étendu sans bouger] comme [parfois *cume*] une çoche », manière de dire déjà relevée chez Chrétien de Troyes (*Le Chevalier au lion*, v. 1180.)

★ **3**. *Faire souche :* donner naissance à une lignée. – *En Sibérie, [...] quand ils* [les pionniers russes] *font souche, ils épousent des femmes sibériennes.* (Pierre-François Souyri, « Sibérie : la conquête de l'Est », in *L'Histoire*, septembre 2018.)

L'expression est attestée dès le XVIIe siècle. On la trouve dans le dictionnaire bilingue de Randle Cotgrave, à *souche* : « Tant que tige fait souche, elle ne branche iamais. » (*A Dictionarie of the French and English Tongues*, 1611.) Pour se faire bien comprendre, l'auteur renvoie au synonyme *tige*, ainsi défini : « *direct line of a pedegree, progenie, or familie* » (ligne directe d'ascendance, descendance, ou famille). La locution est aujourd'hui littéraire.

★ **4**. *De souche :* d'origine. *Français, Normand, Canadien de souche :* individu dont les ancêtres étaient, depuis longtemps, français, normands, canadiens… – *Qui peut être réellement de souche ? Même les arbres viennent d'une graine amenée par un oiseau.* (Jean-Luc Raharimanana, *Il me sera difficile de venir te voir.*)

Jusqu'à la fin du siècle dernier, on disait plus couramment *d'origine*, nous le disons toujours. Le synonyme *de souche* s'est imposé au point de devenir un tic de langage, en particulier dans les médias, où il prend parfois un accent vaguement xénophobe. S'agit-il tout bonnement d'un emprunt au vocabulaire de la généalogie ? D'un rappel un peu précieux de la figure souvent historiée de l'« arbre » généalogique ? Peut-être.

★ **5**. *De vieille souche :* très ancienne (en parlant de l'origine d'une famille). – *Des familles malouines identifiées comme de vieille souche malouine sont issues en fait de l'ancienne immigration normande*. (Gérard Le Bouëdec, *Activités maritimes et sociétés littorales de l'Europe atlantique*.)

On dit aussi, dans le même sens, *de bonne souche*, avec une connotation d'orgueil aristocratique ; cette variante est aujourd'hui désuète.

Autrefois, ces manières de parler ne concernaient que – ou concernaient essentiellement – les êtres humains. Leur champ d'application s'est élargi : animaux, aliments, boissons, équipements, domaines du savoir… On lit ainsi : « De vieille souche canine. Le picard appartient à la grande famille des épagneuls continentaux. » (*Femme actuelle*, 20 janvier 2016.) Ou encore : « AOC Tursan : un landais de vieille souche. » (Michel Zordan, in *Le Blog de Michel Zordan*.) Ou bien « La linguistique cognitive, une trentenaire de vieille souche » (titre d'un article de Jean-Michel Fortis, in *Grandes voies et chemins de traverse de la sémantique cognitive*). Apparemment, ce gros morceau de bois rugueux et biscornu a, sur le plan sémantique, un bel avenir devant lui.

*

TIGE : Partie allongée des plantes qui croît au-dessus de la racine.

★ **1**. Cigarette. – *Il se donnait la contenance du mec préoccupé, qui sort distraitement, juste histoire de fumer une tige*. (Jean-Patrick Manchette, *Le Petit Bleu de la côte Ouest*.)

L'aspect de la cigarette suffit à expliquer le surnom ; on disait aussi, au siècle dernier, *une tige de 8*, en référence au diamètre (8 mm) des cigarettes les plus courantes.

★ **2**. *Vieille tige :* aviateur de la Première Guerre mondiale. – *Dans cet étrange Dunkerque aérien, dans une atmosphère de fin du monde [...], au-dessus des têtes vaincues, habiles ou désespérées, les Potez-25 des « vieilles tiges » continuaient à ronronner avec application*. (Romain Gary, *La Promesse de l'aube*.)

La scène qu'évoque Romain Gary a pour théâtre l'aéroport de Bordeaux-Mérignac, entre les 15 et 17 juin 1940, en pleine débâcle de l'armée française. Quelques aviateurs ayant servi en 14-18, de « vieilles tiges », s'y sont rassemblés. L'association des « Vieilles Tiges » a été fondée en 1922, par et pour des pilotes brevetés avant 1914. Étant donné leur âge à l'époque (entre vingt et quarante-cinq ans), ce n'étaient pas de vieux messieurs, simplement de vieux amis.

*

VERDURE : Ensemble de végétaux (herbe, feuilles, plantes, arbres, etc.).

★ **1**. *Faire la verdure :* se prostituer dans un bois, un jardin. – *Je crois que je vais finir par passer clandé, moi. – Moi, ça, jamais. J'aime trop ma liberté. J'aimerais encore mieux faire la verdure*. (Jean-Paul Colin, Jean-Pierre Mével, Christian Leclère, *Dictionnaire de l'argot*, citant Robert Beauvais, *Le français kiskose*.)

L'expression renvoie au lieu de travail de la prostituée qui préfère l'herbe au bitume, le grand air aux vapeurs d'essence. Ou bien aux bois, notamment le bois de Boulogne, où exercent de nombreux prostitués… même si leur lieu de travail est plus souvent un véhicule qu'une clairière ou un bout de gazon.

★ **2**. *Être verdure :* être en mauvaise posture, être déçu, berné. – *Les roussins prennent de l'avance avec leurs motocyclettes. Si jamais ils nous aperçoivent, nous sommes verdure et chocolats*. (Louis Forton, *Les Pieds Nickelés au Far West*.)

Le chemin qui mène de l'espace vert à la déception est mal balisé. Cet emploi imagé du mot *verdure* plaît beaucoup aux Pieds Nickelés, qui l'utilisent à maintes reprises, souvent accompagné de son équivalent, *être chocolat*. Seule la seconde locution a survécu, elle est toujours usuelle. Son origine n'est pas plus claire. On la rattache parfois au clown Chocolat (1865 ?-1917), qui connut, avec son compère Foottit (1854-1921), un immense succès au tournant du XXᵉ siècle. Rien ne vient confirmer cette hypothèse. L'expression, relevée dans quelques dictionnaires de langue verte des années 1890, est sans doute liée au jeu de bonneteau. Pour Delesalle (*Dictionnaire argot-français*), c'est le surnom du compère du bonneteur qui, pour attirer le chaland, se laisse berner. On retrouve ce *chocolat* dans l'argot des tricheurs, qui surnommaient ainsi leur pigeon. Pourquoi ? Parce que c'est une friandise qui peut servir d'appât.

HERBES ET ARÔMES

CAFÉ : Graine du caféier dont on extrait une boisson ; cette boisson.

★ **1**. *C'est fort de café :* c'est difficile à admettre, c'est incroyable. – *Filochard absorbant du lait, c'est aussi fort de café que si Ribouldingue avait consenti à cracher ailleurs que par terre.* (Louis Forton, *Les Pieds Nickelés en Amérique*.)

Même si le café était connu en Europe au Moyen Âge, on n'a commencé à en boire couramment qu'au XVIIe siècle. En particulier à Paris, où un habile commerçant a ouvert boutique à l'enseigne du Procope, un des plus anciens (avec le café Greco, à Rome) cafés du monde, toujours à la même place et bien achalandé. Quant à l'expression *fort de café*, elle daterait, selon Ferdinand Brunot (*Histoire de la langue française*), de 1732, issue du *Journal d'un avocat de Paris* (Edmond Barbier) : « Pour celui-ci, il est fort de café ; il est diablement hardi et insultant au gouvernement spirituel et temporel. » La définition n'a guère varié en presque trois siècles ; la locution est demeurée usuelle.

★ **2**. *Prendre le café du pauvre :* se livrer à une partie de jambes en l'air postprandiale. – *Il lui en naissait*

> *un vague regret du sans-façon de Petit-Louis, le cycliste, du culot qu'il avait celui-là de venir, après la cantine, s'offrir avec elle le café du pauvre dans la cabine du standard !* (Albert Simonin, *Du mouron pour les petits oiseaux*.)

Le café du pauvre n'est pas un « p'tit noir ». On ne rencontre guère l'expression avant la fin du XIXe siècle : le café, cher, n'était pas à la portée de toutes les bourses, alors que l'acte sexuel est en général gratuit… On donne souvent cette explication, elle n'est pas parfaitement attestée. Mais elle rappelle une expression plus ancienne (vers 1820), *prendre son café*, pour « prendre son plaisir », expression devenue aujourd'hui obscure.

Autre locution obsolète, mais dépourvue de tout sous-entendu égrillard : *prendre son café aux dépens de quelqu'un*, c'est-à-dire « rire, se jouer, se moquer de quelqu'un ; le railler avec finesse, faire des louanges excessives, outrées, et qu'il ne mérite pas ». Relevée et définie par d'Hautel (*Dictionnaire du bas langage*, 1808), probablement née à la fin du XVIIIe siècle, elle a disparu assez vite de nos manières de parler.

*

CHIENDENT : Mauvaise herbe vivace, envahissante et très difficile à éliminer.

> ★ *C'est le chiendent :* c'est la difficulté. – *Faut pas oublier, les poteaux, que c'est après-demain que nous devons livrer l'aéroplane… v'là le chiendent*. (Louis Forton, *Les Pieds Nickelés voyagent*.)

La réputation de ce cauchemar du jardinier est ancienne, l'équivalence «chiendent / gros obstacle» est notée dès le XVIIe siècle : «On dit proverbialement quand on est dans le plus difficile d'un ouvrage, que c'est le chien-dent, ce qui donnera le plus de peine.» (Antoine Furetière, *Dictionnaire universel…*)

*

ÉPICE : Substance végétale utilisée pour assaisonner les mets.

★ **1**. *Pain d'épice(s) :* pâtisserie aromatisée de diverses épices. *Un teint [de] pain d'épice(s) :* un teint basané, très bronzé. – *Avec votre teint pain d'épice, vous faites pâlir de jalousie toutes vos amies.* (Gina Tarlayan et Manuela Estel, «Quelle crème solaire pour les peaux mates…», in *Cosmopolitan*, 3 mai 2018.)

Le pain d'épice ne doit pas sa couleur brune aux aromates qui lui donnent son nom, mais au miel foncé et à la farine de seigle de la recette d'origine. Nous avons remplacé le seigle du «pain noir» par du froment, mais conservé les épices et le miel. Aujourd'hui à la mode, le teint «de pain d'épice» était autrefois objet de dédain, voire de crainte : «Quelque effroi que j'eusse naturellement de ce visage de pain d'épice…», se souvient Rousseau (*Les Confessions*) en évoquant le sombre visage du lazariste qui, vers 1725, terrorisait le petit Jean-Jacques.

★ **2**. *Un pain d'épices :* un individu au teint basané. – *Je rigolais tout de bon quand le pain d'épices encaissa* *une nouvelle gifle plus appuyée.* (Michel Audiard, *Le Terminus des prétentieux.*)

Le passage métaphorique du visage à la personne tout entière ne semble pas s'être imposé dans le langage courant.

Au XIXe siècle et au début du siècle suivant, le pain d'épice (sauf sur la table familiale) n'avait pas bonne réputation. « Un gonsier de pain d'épice », c'est un « individu sans valeur, bon à rien », affirme Gustave-Armand Rossignol (*Dictionnaire d'argot*, 1900), complétant la définition par un exemple extrait d'une chanson en argot : « Ma p'tite Suzon, il faut que j'te bonnisse / Que tes manières commencent à m'rendre arnaud ; / J't'ai démarré d'un gonsier de pain d'épice / Qui n'savait pas t'arranger comme il faut. » Certes. Mais qu'est-ce donc qu'un *gonsier* (goncier, gonzier…), qu'il soit ou non « de pain d'épice » ? Un homme de peu ; ou bien un naïf, un bourgeois facile à duper. Le temps passant, le mot a perdu cette connotation un peu ridicule au profit de notre variante moderne *gonze*, tout simplement « individu mâle ».

Le mot *épices* avait sous l'Ancien Régime un sens bien différent ; c'était la rétribution des magistrats pour toute procédure écrite. Que viennent faire l'anis, le gingembre et le poivre au prétoire ? Il ne s'agit pas de ces condiments, le mot *épices* a longtemps désigné des bonbons, des dragées et autres menues confiseries. Et les honoraires des juges ont longtemps consisté en cette sorte d'*épices*. Avant qu'on abandonne les friandises pour des espèces sonnantes et trébuchantes. Le *Dictionnaire françois* de Richelet (édition 1709) précise, avec une note de réprobation : « Prendre des épices, se faire payer par un(des) plaideur(s) ; en parlant d'un juge. "Ce fut certes un triste jeu / Quand à Paris dame Justice / Pour avoir trop mangé d'épices / Se mit le palais tout en feu." »

*

FOIN : Herbe fauchée, séchée pour nourrir le bétail.

★ **1**. *Chercher une aiguille dans une botte de foin :* chercher quelque chose d'introuvable. – *Quant à retrouver un témoin, autant chercher une aiguille dans une botte de foin*. (David Baldacci, *Une seconde d'inattention*, trad. fr. H. Prouteau.)

C'est naturellement tâche impossible, sauf à suivre le conseil de Pierre Dac : il suffit de brûler la botte, l'aiguille apparaîtra.

★ **2**. *Avoir du foin dans ses bottes :* être riche. – *J'ai vu des demoiselles de la haute, – et leur père il d'vait avoir du foin dans ses bottes*. (René Benjamin, *Les Soldats de la guerre. Gaspard.*)

Pour nous, aujourd'hui, *avoir du foin dans ses bottes*, c'est jouir d'une confortable aisance. Au XVIIe siècle, il ne s'agissait pas de richesse, mais d'une opulence récemment acquise. Le paysan cossu a « de la paille dans ses sabots », le nouveau riche a « mis du foin dans ses bottes », c'est un personnage d'humble extraction qui a fait fortune grâce à son intelligence et à son travail.

★ **3**. *Bête à manger du foin :* très bête, stupide. – *Pour [l'instituteur], j'étais « bête, bête à manger* *du foin*». (Daniel Picouly, «L'école est le dernier endroit où on se fait calotter avec amour», in *Le Monde. L'Époque*, 23-24 avril 2017.)

Être bête à manger du foin, c'est être aussi stupide qu'un âne, amateur de foin. L'âne est, depuis l'Antiquité, le symbole de la sottise et de l'entêtement. Des récits émergeant de la nuit des temps nous content l'histoire du roi Midas. Juge d'un concours de musique entre Apollon et le dieu Pan, il donne la palme à Pan ; cela lui vaut la fureur d'Apollon, qui l'affuble incontinent d'oreilles d'âne, pour marquer son imbécillité. Cette réputation de bêtise colle aux sabots du baudet, civilisations et religions confondues. On le croise dans les Évangiles et dans le folklore. Le récit de l'entrée à Jérusalem du Christ monté sur un âne (Mathieu, XXI, 7), la légende du bœuf et de l'âne veillant sur Jésus nouveau-né, celle de la Vierge Marie chevauchant un âne lors de la fuite en Égypte, ont fait aimer aux chrétiens cet animal sobre et endurant ; il continue pourtant d'incarner la stupidité, comme en témoigne le bonnet d'âne dont on affublait autrefois les cancres. Ce qui n'explique pas le lien entre un animal et de l'herbe séchée. On invoque souvent la parenté phonétique *foin / rien*, qui fait du foin une denrée sans valeur, comme l'affirme le proverbe «Année de foin, année de rien».

On notera, à propos de l'alimentation des équidés, qu'il n'y a aucun rapport entre le fourrage qu'ils consomment et les performances que leur prête la ritournelle «Cheval d'avoine, cheval de peine. Cheval de paille, cheval de bataille. Cheval de foin, cheval de rien.» Comme pour l'«année de foin», il s'agit simplement de rimes : *avoine* (autrefois prononcé *avouène* et écrit *aveine*) / *peine* ; *paille* / *bataille* ; *foin* / *rien*.

★ **4**. *Faire l'âne pour avoir du foin :* faire l'imbécile pour obtenir un avantage. – *Ce sont des frimes, ils font les ânes pour avoir du foin.* (Jules Vallès, *L'Enfant*.)

On retrouve ici le petit équidé aux grandes oreilles dans le rôle de l'imbécile de service qui se ridiculise en pure perte.

★ **5**. *Foin de... :* au diable ! – *Au p'tit matin on m'a réveillé. / On secouait mon oreiller / Avec un' fougu' plein' de promesses. / Mais, foin des délic's de Capoue ! / C'était mon père criant : « Debout ! / Vains dieux, tu vas manquer la messe ! »* (Georges Brassens, *Le Fantôme*.)

Probablement liée à l'équivalence « foin / rien », l'exclamation *foin de !* est ancienne. Pour Richelet, c'est une « sorte d'interjection burlesque qui marque une manière d'imprécation. (Foin de vous. Foin du fat. Foin, vous me blessez. Foin, ma bougie est morte.) ». Cette « interjection burlesque », autrefois très usuelle, est passée de la vulgarité (selon Furetière) à la coquetterie littéraire.

★ **6**. *Faire du foin :* faire du bruit, des histoires. – *Courons annoncer à Mac Abbeh ce sinistre présage.* – *Par Buzz ! Ça va faire du foin !* (Jean-Yves Ferri, *Astérix chez les Pictes*.)

L'expression est relevée dans les dictionnaires de langue verte du XIXe siècle ; son origine, tout comme celle de ses variantes, *en faire un foin*, *en faire un foin du diable / de tous les diables*, est inexpliquée. Ferri s'amuse avec l'anglais *buzz* («bourdonnement»), en jouant sur le sens qu'a pris, en «français», ce mot dans les médias, «rumeur, bruit qui court». Pourquoi ? Mais voyons, les Pictes (les Écossais d'autrefois) sont supposés (à tort) parler anglais !

Ce fourrage entrait jadis dans bien d'autres expressions, aujourd'hui disparues. Dont celle-ci, d'une savoureuse gaillardise : selon Oudin (*Curiositez françoises...*), «bailler du Foin à la mule», c'est «faire l'action charnelle».

On notera que, pour les poilus, le *foin*, c'était le tabac : «*As-tu du foin pour ma quenaupe ?* As-tu du tabac pour ma pipe ?», relève François Déchelette (*L'argot des poilus*). Aujourd'hui, le sobriquet ne s'applique qu'au très mauvais tabac.

*

GAZON : Herbe fine tenue courte et dense.

★ Chevelure, naturelle ou non. *Se ratisser le gazon :* se peigner. *Ne plus avoir de gazon sur la fontaine :* être chauve. Perruque. – *Je mets mon gazon, mes favoris, mon tuyau de poêle en toile cirée.* (Xavier de Montépin, *Le Fiacre nº 13.*)

Le gazon rejoint les autres herbes courtes et plantes poussant dru symbolisant la chevelure, tels l'alfa ou le cresson, qu'il s'agisse de «vrais» cheveux ou de postiches. Cela se disait au XIXe siècle, cela ne se dit plus ; au figuré, le mot *gazon* ne s'applique aujourd'hui qu'à la toison pubienne (*Gazon maudit*, film de Josiane Balasko).

Autre sens, usuel à la même époque et disparu de nos manières de dire : « C'EST UN VIEUX GAZON. Terme injurieux envers un homme d'âge : *gazon* est un barbarisme. » (Desgranges jeune, *Petit dictionnaire du peuple à l'usage des quatre cinquièmes de la France*.)

*

HERBE : Petite plante fine, verte, à tige molle, dont les parties aériennes meurent chaque année.

★ **1**. *En herbe :* encore vert (en parlant d'une céréale) ; pas encore adulte (en parlant d'une personne). *Manger son blé en herbe :* dépenser son capital sans attendre qu'il ait fructifié. – *Le Blé en herbe*. (Titre d'un roman de Colette.)

Au XVIIe siècle, on mangeait « son blé en vert » comme on le mangeait « en herbe » : pour Furetière, « Manger son blé en verd », c'est « Manger son revenu avant que les termes en soient échus, & être mauvais menager ». Au siècle précédent, *en herbe* avait le sens plus général de « en devenir » ; on trouve chez Rabelais le cocu « en herbe », pas encore trompé, et le cocu « en gerbe », déjà porteur de cornes. L'attitude imprévoyante de celui qui jette par les fenêtres un argent qu'il n'a pas encore gagné a toujours suscité la réprobation des gens raisonnables : « Quand on broute sa gloire en herbe de son vivant, on ne la récolte pas en épis après sa mort. » (Ernest Renan, *Souvenirs d'enfance et de jeunesse*.)

★ **2**. *Couper l'herbe sous le pied de quelqu'un*, le supplanter pour obtenir avant lui un avantage, un bénéfice ; l'empêcher de s'exprimer. – *Les clients*

> *s'étaient succédé, coupant chaque fois l'herbe sous le pied de mon pauvre Marceau.* (Jean Renoir, *Les Cahiers du capitaine Georges.*)

Autrefois, *couper l'herbe sous le pied* de quelqu'un, c'était le réduire à la misère ; cela renvoie sans doute à un sens disparu du mot *herbe*, « moyen de subsistance ». Pour Antoine Oudin (*Curiositez françoises…*), lorsqu'on est « reduit à l'herbe », on est « en grande necessité » : l'herbe, c'est le minimum de ce qui permet à l'homme de survivre.

★ **3**. *C'est de la mauvaise herbe :* c'est un mauvais sujet. – *Je suis de la mauvaise herbe, / Braves gens, braves gens, / C'est pas moi qu'on rumine / Et c'est pas moi qu'on met en gerbe…* (Georges Brassens, *La Mauvaise Herbe.*)

Le mot *herbe* ne désigne pas seulement *une* plante, mais un ensemble d'herbes, pour la plupart des graminées, et le terrain sur lequel elles croissent. La mauvaise herbe, qui se développe au détriment de la bonne, essentiellement les céréales, est le cauchemar de l'agriculteur. Le mot *herbe* en est donc venu à désigner indistinctement toute plante considérée comme nuisible ; les produits répandus dans les champs pour détruire les adventices se nomment « herbicides » (tueurs d'herbe) ou « désherbants » (éliminateurs d'herbe).

★ **4**. *Mauvaise herbe croît toujours :* les garnements grandissent vite. (Proverbe français.)

L'adventice pousse vite et facilement, le blé demande temps et soin. Le paysan s'en plaint depuis le Moyen

Âge : « Male *[mauvaise]* herbe croist tantost *[tantôt]*, se dist-l'en *[se dit en]* proverbe. » (Guillaume de Lorris et Jehan de Meung, *Roman de la Rose*.) Molière s'empare du proverbe. Le dicton est passé de mode.

★ **5**. *Ailleurs l'herbe est plus verte :* la situation est meilleure dans un autre endroit que celui où l'on vit. – *Est-ce une façon de fuir la maladie ? d'aller voir si l'herbe est plus verte dans un ailleurs où les mots se rangeraient docilement à leur place ?* (Béatrice Gurrey, *La Tête qui tourne et la Parole qui s'en va*.)

Les jardiniers mécontents de leur pelouse ont souvent l'impression que celle du voisin est plus verte, les personnes mécontentes de leur sort croient parfois qu'ils seront plus heureux dans un ailleurs indéterminé. Illusion mélancolique que la plupart des langues ont tournée en proverbe, et dont Stanley Donen s'est emparé pour le titre de son film *The Grass is Greener*, en version française *Ailleurs l'herbe est plus verte*.

★ **6**. *Toutes les herbes de la Saint-Jean :* tous les moyens possibles ; tout ce qu'on peut envisager dans un domaine donné. – *Le rhabilleur de membres, le guérisseur, les herbes de la Saint-Jean pourraient bien faire des centenaires !* (Robert Sabatier, *Les Noisettes sauvages*.)

Les herbes de la Saint-Jean sont des simples, des plantes aromatiques et médicinales récoltées à la Saint-Jean d'été (la fête de saint Jean-Baptiste, le 24 juin, proche du solstice). Henri Vincenot (*La Billebaude*) nous en donne une liste presque exhaustive : « Mémère Nanette [...] avait gagné les coins où poussaient les herbes qui, chez nous, sont les herbes de la Saint-Jean : le millepertuis, la petite joubarbe ou pain d'oiseau, la grande marguerite, l'armoise, mère des herbes, le mille-feuilles ou achillée, la sauge, le lierre terrestre et la bourrache. » Ces simples étaient autrefois les seules substances médicinales de la pharmacopée familiale ; leur abondance permettait, croyait-on, de faire face à toutes les situations, ce qui explique l'emploi ironique de l'expression pour « c'est tout ? et puis quoi encore ! » : « Dites-moi au moins de quoi je suis inculpé. – D'assassinat, de faux, de chantage et de rapt. – Peste ! toutes les herbes de la Saint-Jean ! » (Georges Grison, *L'Ami du commissaire*.)

★ **7**. *L'herbe :* le chanvre indien (*Cannabis sativa*).

Le nom donné au cannabis évoque celui du tabac, l'« herbe à Nicot », qui se fume ; mais il peut aussi venir de son équivalent anglais, *grass*. Le mot, devenu courant dans les années 1960, est déjà employé par Baudelaire à propos du haschisch : « Le haschisch (ou herbe, c'est-à-dire l'herbe par excellence, comme si les Arabes avaient voulu définir en un mot l'*herbe*, source de toutes les voluptés immatérielles)… » (« Le poème du haschisch », in *Les Paradis artificiels*.)

*

MOURON : Nom de diverses menues herbes.

★ **1**. *Se faire du mouron*, du souci. – *Mais il s'en faisait, Pierrot, il se faisait un mouron du diable*. (Bertrand Blier et Philippe Dumarçay, dialogue du film de Bertrand Blier *Les Valseuses*.)

En argot, au XIXe siècle, le *mouron*, c'est la chevelure. *Ne plus avoir de mouron sur la cage* (Georges Delesalle, *Dictionnaire argot-français et français-argot*), c'est être chauve. Et *se faire du mouron*, c'est se faire des cheveux (blancs), se faire du souci, la décoloration de la chevelure étant la marque de l'angoisse. D'autres explications sont possibles. La graine de mouron blanc nourrit les oiseaux, la graine de mouron rouge les tue : selon Marc Fumaroli (*Le livre des métaphores*), *se faire du mouron*, c'est « découvrir qu'on a mangé du mauvais mouron au lieu du bon et redouter les suites ». La locution est usuelle, d'argotique elle est devenue familière.

★ **2**. *Ce n'est pas du mouron pour ton (son...) serin, pour ton (son...) z'oiseau :* ce n'est pas pour toi (lui...). – *Tout ça, ce n'est pas du mouron pour ton serin, Vladimir. C'est de la petite bourgeoise qui vit chez ses parents.* (Pierre Bellemare [dir.], *Instant crucial. Les stupéfiants rendez-vous du hasard.*)

C'est du « bon » mouron qu'on prive le serin, dans une locution récente, à forte connotation sexuelle.

On ne rencontre pas cette herbe uniquement chez Simonin (*Du mouron pour les petits oiseaux*), on la croise aussi dans le cycle romanesque de la baronne Orczy, *Le Mouron rouge* (1905-1936), dont le héros, Percy Blakeney, signe ses lettres d'une fleur de mouron rouge. Et Blakeney « donne à la police de Robespierre soit "du fil à retordre" soit l'occasion de "se faire du mouron" » (Marc Fumaroli, *Le livre des métaphores*).

*

MOUTARDE : Plante herbacée donnant des graines dont on tire un condiment ; ce condiment.

★ **1**. *Gaz moutarde :* gaz de combat utilisé au cours de la Première Guerre mondiale. – *Un caporal allemand […] a été rapatrié. […] Victime d'une attaque anglaise au gaz moutarde sur le front belge, dira la légende. […] Quinze ans plus tard, Adolf Hitler sera le maître de l'Allemagne*. (Gérard Courtois, « 1918, le dernier jour », in *Le Monde*, 18 juillet 2018.)

Le gaz moutarde se nomme aussi « ypérite », parce que son premier usage militaire date de la bataille d'Ypres (septembre 1917). Son odeur prononcée (ail, moutarde, raifort…) lui a valu son nom courant. Il a, depuis, été remplacé par d'autres armes chimiques plus « perfectionnées », mais Saddam Hussein s'en est servi au cours de la guerre Iran-Irak (1980-1988), en particulier contre les Kurdes (massacre de Halabja, 16 mars 1988).

★ **2**. *Avoir la moutarde qui me (te, lui…) monte au nez :* commencer à s'énerver. – *Elle jouait la grande dame pleine de condescendance. Il sentit la moutarde lui monter au nez*. (Patricia Wentworth, *Le Point de non-retour*, trad. fr. P. Berthon.)

L'expression se comprend d'elle-même : piquante, la moutarde irrite le nez, un comportement exaspérant irrite l'humeur. La locution semble d'origine italienne ; en 1640, Antoine Oudin (*Recherches italiennes et françoises…*) la traduit littéralement : « *La mostarda mi sale al naso*, la moustarde me monte au nez, & la colere me prend. »

Cette préparation qui rehausse le goût des mets symbolisait autrefois ce qui est accessoire ou inutile. *S'amuser à la moutarde*, c'est s'attacher à des futilités. *C'est la moutarde après dîner*, c'est quelque chose dont on n'a plus besoin.

On retrouve ce condiment dans des formules pour nous énigmatiques. Que signifie *en aller à la moutarde* ? Pourquoi dit-on « d'Une chose qui estoit secrete, & qui est devenue publique, que *Les enfants en vont à la moustarde* » (*Le dictionnaire de l'Académie françoise*, 1694) ? La première attestation de l'expression pourrait dater du XVe siècle. L'auteur anonyme du *Journal d'un bourgeois de Paris* raconte que, en l'an 1414, lors d'une épidémie de grippe, « chantoient les petiz enfans au soir, en allant au vin ou à la moustarde, tous communement [ensembmle] : *Vostre c.n a la toux, commere / Votre c.n a la toux, la toux* ». Pourquoi la moutarde contribue-t-elle à la rumeur publique ? Philibert-Joseph Le Roux (*Dictionnaire comique, satyrique...*) a une explication. On utilise « cette manière de parler proverbiale pour exprimer qu'une chose est fort connue & fort commune, & qu'elle est si publique que les enfans s'en entretiennent dans les rues ». Ah. Quel rapport entre ces bavardages, le vin et la moutarde ? Alain Rey (*Dictionnaire historique de la langue française*) rappelle qu'on disait *aller à la moutarde* pour « aller chercher de la moutarde », comme nous disons *aller au pain* pour « aller acheter du pain » ; et il précise : « On chantait les *ditz pour aller à la moutarde*, "chansons d'actualité", si bien que l'expression [...] avait pris le sens figuré de "tout le monde en parle". »

D'autres expressions ont disparu. On ne dit plus (on le disait encore au siècle dernier) d'une personne brillante et subtile qu'elle est « fine comme moutarde ». Symbole d'intelligence, la moutarde était aussi symbole de malhonnêteté, comme en témoigne la locution *et le reste est moutarde*, qui « se dit des comptes d'un maître d'hôtel, d'une cuisinière, etc., quand ils ne paraissent pas exacts » (*Dictionnaire de l'Académie française*, 1835). En clair : ce qui ne figure pas dans les comptes du ménage, ce qui « passe à l'as ».

*

MUSCADE : Graine d'un arbre tropical, le muscadier, qui, réduite en poudre, est utilisée comme condiment.

★ *Passez muscade ! :* le tour est joué. – *Il s'est envolé tout seul… Il s'est évanoui dans ma poche… Passez muscade.* (Maurice Leblanc, *Le Bouchon de cristal*.)

Cette expression renvoie aux tours de passe-passe des escamoteurs qui disaient très vite « passez muscade » en faisant sauter une petite boule de liège, apparue et disparue comme par enchantement. L'expression est ancienne, il s'agissait autrefois de vraies noix de muscade, utilisées par les joueurs de gobelets : « La baterie des gobelets consiste à poser trois petites muscades sur le cu d'un gobelet ; à mettre subtilement les gobelets les uns sur les autres, & à faire que ces muscades se rencontrent avec adresse sous un des gobelets. » De cette « baterie » ainsi décrite par Richelet sont issus divers tours d'adresse et la boule de liège a remplacé la noix de muscade. Les tours d'adresse font parfois place à des jeux d'argent, pures arnaques pratiquées sur les marchés et au coin des rues, tels le bonneteau toujours vivant.

*

ORTIE : Plante herbacée aux feuilles dentées et aux tiges couvertes de poils irritants.

★ **1**. *Jeter son froc aux orties :* quitter l'état ecclésiastique. – *A-t-il décidé de jeter le froc aux orties ou de cesser ses études pour devenir curé ? Ou y a-t-il été contraint ?* (Donna Leon, *Brunetti entre les lignes*, trad. fr. G. Zimmermann.)

Jusqu'au concile Vatican II (1962-1965), dans le monde catholique, les clercs portaient des tenues spécifiques, soutane ou habit d'un ordre religieux. Celui-ci comportait autrefois une pièce de laine couvrant tête et épaules, le *froc* ; le mot a ensuite désigné l'habit lui-même, puis toute tenue ecclésiastique. Pour les catholiques, il est scandaleux de renoncer à cet état, ce renoncement, assimilé à un parjure, est symbolisé par le geste impardonnable de jeter aux ordures le vêtement endossé lors de l'entrée dans l'état religieux.

★ **2**. *Pousser mémé (mamie, grand-mère) dans les orties :* exagérer. – *Prenons le risque de la familiarité en disant qu'il ne faut peut-être pas pousser mémé dans les orties*. (Jacques Mandelbaum, « *A Beautiful Day* : des enfances monstrueusement saccagées », in *Le Monde*, 18 décembre 2018.)

L'image parle d'elle-même. Bousculer quelqu'un est marque de dédain ou geste de violence, cela devient inexcusable lorsque la victime est une personne âgée, donc respectable et fragile. D'où la présence insolite d'une aïeule sur un terrain en friche envahi de plantes urticantes.

*

PERSIL : Plante odorante aux feuilles utilisées comme condiment.

★ *Aller au persil, faire son persil* : pour une prostituée, aller au travail, racoler. Se faire admirer, parader. – *« Tu te souviens Momone, quand je te disais que je t'habillerais chez les grands couturiers ? » J'avais rien oublié et ça me plaisait de me foutre sur les fesses des pelures de poule de luxe ! Je me voyais déjà faisant mon persil aux Champs-Élysées.* (Simone Berteaut, *Piaf*.)

L'origine de l'expression est obscure et controversée. Si l'on en croit Delvau, *aller au persil*, c'est « Sortir pendant le jour, aller se promener. – Dans l'argot des filles libres, qui, à leur costume de grisettes d'opéra-comique, ajoutent l'indispensable petit panier pour avoir l'air d'acheter… rien du tout, le persil se donnant pour rien chez les fruitières, mais en réalité pour se faire suivre par les flâneurs amoureux ».

*

POIVRE : Fruit du poivrier ; épice de saveur piquante issue de ce fruit.

★ **1**. Ivre. – *Même « l'apéritif », macéré des semaines avant les jours de ripaille accentuée, ne chauffait* *pas comme ce vin libre ; je suis poivre.* (Albertine Sarrazin, *L'Astragale.*)

Autrefois, le poivre était un tord-boyaux que Rigaud (*Dictionnaire du jargon parisien*, 1878) nomme « poivre d'assommoir ». De là, comme le remarque Boutmy (*Dictionnaire de l'argot des typographes*), est né le mot *poivreau* (ou *poivrot*), toujours usuel : « *Poivreau.* Ivrogne. Le mot *poivreau* tire évidemment son origine du poivre, que certains débiteurs de liquide ne craignent pas de mêler à l'eau-de-vie qu'ils vendent à leurs clients. Ils obtiennent ainsi un breuvage sans nom, capable d'enivrer un bœuf. » Pour Loredan-Larchey (*Dictionnaire historique d'argot*, 1861), si *poivre* est synonyme de *saoul*, cela vient « du vieux mot *poipre*, pourpre ». Comme la trogne rubiconde de l'ivrogne, en somme ; hypothèse séduisante, mais non encore corroborée. Le mot *poivre* est passé de substantif à adjectif et s'est raréfié au profit de ses dérivés, *poivreau* et *poivrot*, qui n'ont pas exactement le même sens ; celui qui est « poivre » est simplement bourré, le « poivreau » est un ivrogne, un alcoolique. Albertine Sarrazin, morte à trente ans en 1967, n'était pas alcoolique, elle avait juste bu un coup de trop.

★ **2**. *Piler du poivre :* ne pas tenir en place, manifester son impatience en s'agitant, en sautant sur son siège.

Avec *piler du poivre*, nous quittons les tapis-francs et les bouis-bouis pour les armées en campagne, le manège et les allées cavalières. *Piler du poivre* se disait, au XVIIIe siècle, des derniers rangs d'une colonne piétinant à l'arrêt. L'expression est ensuite passée au monde du cheval ; quand, au trot, on suit à contretemps le mouvement de la monture et que – toujours à contretemps – on retombe durement sur sa selle, on « pile du poivre ». Ce tressautement (mal) rythmé a donné le sens moderne de « s'agiter nerveusement d'impatience », et le sens désuet de « marcher sur la pointe des pieds, en sautillant, comme quelqu'un qui a mal aux pieds ou un besoin pressant ». Et personne ne sait plus aujourd'hui que, au XIXe siècle, *piler du poivre* était synonyme de *monter la garde*. Pourquoi ? Parce que le factionnaire, gelé ou mort d'ennui (ou les deux), s'agite pour combattre le froid et l'endormissement.

★ **3**. *Brûler du poivre à quelqu'un*, le mystifier, l'induire en erreur. – *C'est encore un tour de son métier. Il nous brûle du poivre, là, à notre nez…* (Louis Boussenard, *Le Tour du monde d'un gamin de Paris*.)

Brûler du poivre, c'est « tendre un rideau de fumée », plus simplement « enfumer », embobiner. La locution, probablement née à la fin du XIXe siècle, ne semble pas s'être popularisée.

★ **4**. *Pisse-poivre :* personne médisante. – *La Clerc protesta et traita la médisante de pissa-pèbre (pisse-poivre), ce qui jeta un froid.* (Robert Sabatier, *Les Noisettes sauvages*.)

L'expression *pisser du poivre* renvoie aux parlers d'oc, que Robert Sabatier a pratiqués dans son enfance auvergnate et qu'il reprend avec gourmandise dans son cycle romanesque autobiographique (*Le Roman d'Olivier*). Le (plus souvent *la*) *pissa-pèbre* peut tout aussi bien « chier du poivre» : «On lui jeta des phrases en patois et en français. […] Et aussi : “Va caguer ton poivre ailleurs !”» (Ibid.)

★ **5**. *Chier du poivre :* filer à l’anglaise. – *Désiré et Léon ont ch… du poivre aux roussins, mais cette fausse couche de Bamboche s’est laissé «agriffer».* (Arnould Galopin, *Les Enracinées.*)

L’élimination par voies naturelles de ce condiment piquant tenait une place non négligeable dans l’argot des mauvais garçons. *Chier du poivre*, c’était refuser de rendre service à quelqu’un dans le besoin, faire faux bond ; ou encore manquer à une promesse. C’était aussi «se tirer des flûtes», notamment pour échapper à la maréchaussée. Ou bien déserter.

★ **6**. *Cheveux, barbe poivre et sel*, grisonnants. – *Il est vrai que le jeune poète anglais est blond et que, moi, je suis poivre et sel (presque pas de poivre)*. (Alphonse Allais, *Vive la vie !*)

La mélancolie d’Alphonse Allais coule de source, au fil du temps la couleur brune du poivre déserte la chevelure des humains.

La cuisine provençale aime le *poivre d’âne*, qui n’est ni du poivre ni un fourrage, mais de la sarriette, *pèbre d’ai* [*d’ase*] en provençal, qui relève les plats de sa saveur un peu piquante ; et qui donne son nom à un fromage du mont Ventoux, enrobé d’herbes sèches, dont la sarriette.

*

SÉNÉ : Arbrisseau d'Afrique portant des fruits dont la gousse et la pulpe ont des propriétés laxatives ; cette pulpe.

★ *Passe moi la casse, je te passe le séné :* locution proverbiale (voir *casse*).

Les propriétés thérapeutiques du séné étaient connues des médecins arabes, qui l'ont introduit dans la pharmacopée ; il a été abondamment utilisé jusqu'à la fin du XVIIIe siècle, en compagnie d'autres purgatifs : « une bonne Medecine purgative & corroborative, composée de Casse récente avec Sené Levantin » (Molière, *Le Malade imaginaire*).

*

TABAC : Grande plante aux feuilles aromatiques ; préparation obtenue avec ces feuilles séchées, destinée à être fumée ou chiquée.

★ **1**. *C'est le même tabac*, la même chose. – *Ma capacité est de trois litres de blanc et autant de rouge […]. Pour les copains, c'est sensiblement le même tabac.* (Louis Forton, « À la revoyure », in *Les Nouvelles Aventures des Pieds Nickelés.*)

★ **2**. *Le tabac :* la bagarre. – *J'aurai […] du tabac […] et pas pour votre pipe à tête de taureau.* (Léo Malet, *Faux frère.*)

★ **3**. *Passer (quelqu'un) à tabac*, le rouer de coups ; *passage à tabac :* volée de coups violents. – *Le pauvre gamin essaye de résister encore. Mais cette lutte désespérée lui procure les désagréments d'un* *sérieux passage à tabac.* (Louis Boussenard, *Le Fils du gamin de Paris.*)

★ **4**. *Coup de tabac :* gros coup de vent, tempête. – *Dans un coup de tabac soudain et violent, sa pontée (les conteneurs arrimés sur le pont) s'est défaite, provoquant un gîte prononcé.* (Hervé Hamon, *L'Abeille d'Ouessant.*)

★ **5**. *Faire un tabac :* remporter un grand succès. – *Chaque fois que je suis revenu dans ce bar, le patron m'a dit : « Vous me le ramenez, votre Chirac, on a fait un tabac ! »* (Jean-Louis Debré, *Ce que je ne pouvais pas dire.*)

Le paradoxe, c'est qu'aucune de ces expressions n'a le moindre rapport avec l'herbe à Nicot. Elles proviennent toutes d'un mot « occitan », répandu avec diverses orthographes au sud de la Loire, le verbe *tabassar*, « secouer ». Autrement dit, ce n'est pas *tabasser* qui vient de *tabac*, mais le contraire. La violence est présente dans toutes les locutions, au propre (la bagarre, les coups, la bourrasque qui secoue dangereusement) ou au figuré (les gros ennuis, les grands succès) ; la plus ancienne acception, « volée de coups », date du début du XIXe siècle. Le *coup de tabac* n'est pas réservé aux marins ; pour les militaires, dès 1830, c'est la bataille. Le sens « affaires » en général, sans connotation, qui a complètement disparu, remonte sans doute aux années 1860, d'abord sous la forme *connaître le tabac*, « connaître la musique », comme nous le disons encore : « on connaît la musique », on sait de quoi on parle.

*

THÉ : Arbrisseau cultivé pour ses feuilles utilisées en infusion ; cette infusion.

★ *Ce n'est pas ma (ta, sa…) tasse de thé :* cela ne me (te, lui…) convient pas ; cela me (te, lui…) déplaît, ce n'est pas mon (ton, son…) style, mon (ton, son…) genre. – *Les ragots et les rumeurs, ce n'est pas ma tasse de thé.* (Arnaldur Indridason, *Les Nuits de Reykjavik*, trad. fr. É. Boury.)

L'expression traduit l'anglais *It's not my (our, your, his, her…) cup of tea.* D'abord affirmativement employée par métaphore à propos d'une personne (qu'on apprécie) ou d'une chose (qu'on aime), la locution s'est répandue en français au début du siècle dernier dans la bonne société. Elle a perdu sa connotation snobinarde pour devenir courante sous forme négative ; la forme affirmative a disparu de l'usage.

*

TRÈFLE : Plante herbacée dont certaines espèces sont utilisées comme fourrage.

★ **1**. Tabac. – *T'as du trèfle ? Ma blague est vide. – T'auras pas le temps d'en rouler une.* (Roland Dorgelès, *Les Croix de bois*.)

Depuis le début du XIXe siècle, le *trèfle*, c'est du tabac, à fumer ou à chiquer. Pourquoi ? Pour Lorédan-Larchey (*Dictionnaire historique d'argot*), c'est « une allusion à la couleur brune de ce fourrage quand il est sec ». Jacques Cellard et Alain Rey (*Dictionnaire du français non conventionnel*) sont du même avis : le trèfle a « un peu l'aspect et la couleur du tabac à fumer grossier». Vidocq (*L'argot des voleurs*) écrit: «Trèfle ou treffoin: tabac.»

★ **2**. Argent, richesse. – *Il n'était qu'onze heures du soir et déjà, l'endroit était bourré de trèfle*. (Auguste Le Breton, *Du rififi chez les femmes*.)

À première vue, rien ne relie une plante fourragère à la richesse. Il ne peut s'agir du même type de métaphore que, par exemple, avec *blé*: le trèfle n'entre pas dans l'alimentation humaine. On pense plutôt à une allusion au trèfle à quatre feuilles, porte-bonheur, donc possible annonce de future richesse; ou au jeu de cartes, où le trèfle est une des quatre couleurs.

BIBLIOGRAPHIE

AMERLYNCK, Julie, *Phraséologie potagère*, Louvain-la-Neuve, Peeters, 2006.

ANON., *Le dictionnaire de l'Académie françoise, dedié au Roy*, Paris, veuve Coignard et J.-B. Coignard, 1694.

ANON., *Dictionnaire universel françois et latin, vulgairement appelé dictionnaire de Trévoux*, Paris, La Compagnie des libraires associés, 1771.

ANON., *Dictionnaire d'argot, ou guide des gens du monde, pour les tenir en garde contre les mouchards, filoux, filles de joie, et autres fashionables et petites-maîtresses de la même trempe, par un monsieur comme il faut, ex-pensionnaire de Ste-Pélagie*, Paris, chez les marchands de nouveautés, 1827.

BOUTLER, Charles, *Argoji. Dictionnaire d'argot classique.*

BOUTMY, Eugène, *L'argot des typographes*, Paris, C. Marpon et E. Flammarion, 1883.

CELLARD, Jacques, et REY, Alain, *Dictionnaire du français non conventionnel*, Paris, Hachette, 1980.

COLIN, Jean-Paul, MÉVEL, Jean-Pierre, LECLÈRE, Christian, *Le dictionnaire de l'argot et du français populaire*, Paris, Larousse, 2010.

DÉCHELETTE, François, *L'argot des poilus, dictionnaire humoristique et philologique du langage des soldats de la grande guerre de 1914. Argots spéciaux des aviateurs, aérostiers, automobilistes, etc.* (préface de G. Lenôtre), Paris, Jouve & Cie, 1918.

DELESALLE, Georges, *Dictionnaire argot-français et français-argot*, Paris, Ollendorff, 1896.

DELVAU, Alfred, *Dictionnaire de la langue verte. Argots parisiens comparés*, Paris, Dentu, 1866.

DESGRANGES jeune, I.-C.-L.-P., *Petit dictionnaire du peuple à l'usage des quatre cinquièmes de la France. Aperçu comique et critique des trivialités, balourdises, mots tronqués et expressions vicieuses des gens de Paris et des provinces. Suivi d'un grand nombre de phrases absurdes qu'on répète sans réflexion. Et terminé par une petite épreuve offerte à ceux qui se targuent d'écrire correctement*, Paris, Chaumerot, 1821.

ESNAULT, Gaston, *Dictionnaire historique des argots*, Paris, Larousse, 1965.

ESNAULT, Gaston, *Le poilu tel qu'il se parle. Dictionnaire des termes populaires récents et neufs employés aux armées en 1914-1918, dans leur étymologie, leur développement et leur usage*, Paris, Bossard, 1919.

FRANCE, Hector, *Dictionnaire de la langue verte. Archaïsmes, néologismes, locutions étrangères, patois*, Paris, Librairie du progrès, 1907.

FUMAROLI, Marc, *Le livre des métaphores*, Paris, Robert Laffont, 2012.

FURETIÈRE, Antoine, *Dictionnaire universel, contenant generalement tous les mots françois tant vieux que modernes…*, La Haye et Amsterdam, A. et R. Leers, 1690.

HALBERT D'ANGERS, Arthur, *Le nouveau dictionnaire complet du jargon de l'argot, ou le langage des voleurs dévoilé*, Paris, Le Bailly, 1849.

HAUTEL, Charles-Louis d', *Dictionnaire du bas langage ou des manières de parler usitées parmi le peuple*, Paris, d'Hautel et F. Schœll, 1808.

HAYARD, Napoléon, dit l'« Empereur des camelots », *Dictionnaire argot-français*, Paris, Veuve Hayard, 1907.

LAMBERT, Raoul, *Le dicodingue*, Rodez, Éditions du Rouergue, 1997.

LA RUE, Jean, *La langue verte. Dictionnaire d'argot et des principales locutions populaires*, Paris, Arnould, 1894.

LE ROUX, Philibert-Joseph, *Dictionnaire comique, satyrique, critique, burlesque, libre et proverbial*, Amsterdam, Zacharie Chastelain, 1750.

LOREDAN-LARCHEY, Étienne, *Dictionnaire historique d'argot, ou les excentricités du langage*, Paris, aux bureaux de la *Revue anecdotique*, 1861.

MEYER, Benoît, *Dictionnaire de la « Der des Der ». Les mots de la Grande Guerre*, Paris, Honoré Champion, 2014.

MONTREYNAUD, Florence, PIERRON, Agnès, SUZZONI, François (dir.), *Dictionnaire de proverbes et dictons*, Paris, Le Robert, 1980.

OUDIN, Antoine, *Curiositez françoises, pour supplement aux dictionnaires…*, Paris, A. de Sommaville, 1640.

QUITARD, Pierre-Marie, *Dictionnaire étymologique, historique et anecdotique des proverbes et des locutions proverbiales de la langue française*, Paris, P. Bertrand, et Strasbourg, veuve Levrault, 1842.

RAT, Maurice, *Dictionnaire des expressions et locutions traditionnelles*, Paris, Larousse, 1957.

REY, Alain (dir.), *Dictionnaire culturel en langue française*, Paris, Le Robert, 2005.

REY, Alain, CHANTREAU, Sophie, *Dictionnaire des expressions et locutions*, Paris, Le Robert, 1993.

RICHELET, César Pierre, *Dictionnaire françois contenant les mots et les choses, plusieurs nouvelles remarques sur la langue françoise…*, Genève, J.-H. Widerhold, 1680.

RIGAUD, Lucien, *Dictionnaire du jargon parisien*, Paris, Ollendorff, 1878.

SAINÉAN, Lazare, *L'argot des tranchées d'après les lettres des poilus et les journaux du front*, Paris, E. de Boccard, 1915.

SAINÉAN, Lazare, *Le langage parisien au* XIXe *siècle*, Paris, E. de Boccard, 1920.

SIMONIN, Albert, *Le petit Simonin illustré*, Paris, P. Amiot, 1957.

TENGOUR, Abdelkarim, *Tout l'argot des banlieues. Le dictionnaire de la zone*, Paris, Éditions de l'Opportun, 2013.

VIRMAÎTRE, Charles, *Dictionnaire d'argot fin-de-siècle*, Paris, A. Charles, 1894.

REMERCIEMENTS

Merci à François Gaudin, qui m'a autorisée à lui emprunter sa dédicace au « malin génie » ; à Bernard Jourdes pour son soutien, sa patience et ses souvenirs de savoureux proverbes et dictons ; à André Pozner pour sa lecture attentive, ses remarques toujours fondées et ses suggestions ; à Daniel Pozner pour son appui sans faille ; à Bernard Cerquiglini pour m'avoir permis de lui emprunter le monstre du Loch Ness ; à Jean Pruvost pour son regard amical ; à Tristan Pimpaneau, Céline Chiflet et Annie Morvan pour leurs encouragements. Et pardon à tous ceux dont mon obsession à trouver locutions improbables et expressions disparues a empoisonné l'existence.

INDEX DES NOMS PROPRES

F

G

H

I

J

K

L

M

N

INDEX DES MOTS CLÉS

HERBES FOLLES ET HAUTES FUTAIES

Arbres et buissons

Des racines aux fleurs

Herbes et arômes

LE JARDIN D'ÉDEN

Les fleurs

ISBN : 9782380157130
Dépôt légal : Mars 2023
Achevé d'imprimer en mars 2023 en Espagne par Liberdúplex